MW01712581

Le Grand Livre de la Magie

150 Tours de Magie Faciles à Réaliser

LE GRAND LIVRE DE LA MAGIE

150 Tours de Magie Faciles à Réaliser

SOUS LA DIRECTION DE
LYDIA DARBYSHIRE

Sélection du Reader's Digest

PARIS • BRUXELLES • MONTREAL • ZURICH

LE GRAND LIVRE DE LA MAGIE est l'adaptation française de *The Magic Book, Master the Mysteries of over 150 Magic Tricks*, un ouvrage conçu, réalisé et publié par Quintet Publishing Limited, 6 Blundell Street, London N7 9BH

ÉDITION ORIGINALE
Quintet Publishing Limited
Création : Richerd Dewing
Directeur artistique : Clare Reynolds
Maquettiste : Pete Laws
Photographe : Paul Forrester
L'ouvrage a été édité sous la direction de Lydia Darbyshire

ÉDITION FRANÇAISE
Réalisation de l'adaptation française : Little Big Man
Traducteur : Philippe Beaudouin

Sous la direction de l'équipe éditoriale de Sélection du Reader's Digest
Direction éditoriale : Gérard Chenuet
Responsable de l'ouvrage : Philippe Leclerc
Lecture-correction : Béatrice Omer
Couverture : Claude Ramadier
Fabrication : Frédéric Pecqueux

Note de l'éditeur
Ce livre n'est pas spécialement destiné aux enfants et certains tours qui y sont décrits nécessitent l'emploi d'allumettes, de cigarettes allumées et de matériaux inflammables. La présence d'un adulte est indispensable tout au long de la réalisation de ces tours. Veillez à toujours prendre toutes les précautions afin que ces effets soient réalisés dans les meilleures conditions de sécurité. Les tours décrits dans cet ouvrage peuvent être exécutés indifféremment par des droitiers ou des gauchers. Pour les exemples cités dans ce livre, nous avons considéré que l'exécutant était droitier.

PREMIÈRE ÉDITION
Édition originale
© 1997, Quintet Publishing Limited

Édition française
© 1998, Sélection du Reader's Digest, S.A.
212, boulevard Saint-Germain, 75007 Paris
© 1998, Sélection du Reader's Digest, S.A.
20, boulevard Paepsem, 1 070 Bruxelles
© 1998, Sélection du Reader's Digest, S.A.
215, avenue Redfern, Montréal, Québec H3Z 2V9
© 1998, Sélection du Reader's Digest, S.A.
Räffelstrasse 11, « Gallushof », 8 021 Zurich

ISBN 2-7098-1005-0

Tous droits de traduction, d'adaptation et de reproduction, sous quelque forme que ce soit, réservés pour tous pays.

Achevé d'imprimer : juin 1998
Dépôt légal en France : juillet 1998
Dépôt légal en Belgique : D-1998-0621-107

Impression et reliure : Graficas Estella
Imprimé en Espagne
Printed in Spain

TABLE DES MATIÈRES

Introduction 6

Petit historique de la magie 8

Organiser un spectacle 10

TOURS DE PASSE-PASSE 14

LE FORÇAGE DES CARTES 41

TOURS DE CARTES COMPLEXES 53

AUTRES TOURS DE CARTES 84

PRESTIDIGITATION 112

LE FAUX POUCE 144

MAGIE RAPPROCHÉE 155

TOURS DE MAGIE DIVERS 166

LA MAGIE MENTALE 191

ILLUSIONS 211

Glossaire 220

Bibliographie 221

Associations et clubs 222

Index 223

BIENVENUE DANS LE MONDE MERVEILLEUX DE LA MAGIE ! ENTREZ DANS L'UNIVERS DES HOMMES DE L'ART ET VENEZ PARTAGER LEURS SECRETS ! VOUS SOUHAITEZ DÉCOUVRIR UN PASSE-TEMPS AGRÉABLE

et gratifiant, faire de cette pratique votre métier ? Quelle que soit votre motivation, nous espérons que cet ouvrage vous guidera sur le chemin de la réussite !

Certes, magie et prestidigitation sont synonymes de couleurs, de mystères et d'émotions fortes, mais elles sont avant tout destinées à procurer du plaisir aux spectateurs et aux participants. S'il est bien de parfaire sa technique et de la mettre en pratique, il est encore mieux de savoir affronter un public en quête de divertissement et de mystification. L'apprenti magicien ne doit en effet pas seulement produire un effet spectaculaire, mais aussi se souvenir qu'un commentaire habile, une gestuelle déliée et la pleine maîtrise de ses tours importent autant que l'exercice lui-même.

À la lecture de ce livre, vous constaterez que la magie permet d'évoluer dans des milieux fascinants : les magasins spécialisés dans la vente d'articles pour professionnels, les dîners et les événements mondains auxquels sont conviés les plus grands noms du métier, les congrès qui associent séminaires, démonstrations et formations d'une valeur incomparable pour le novice, les clubs et associations et nés aux quatre coins du monde.

Au fil des pages, vous apprendrez également que la magie se divise en plusieurs branches, dont chacune peut convenir à un certain type de personnalité. *Le Grand Livre de la magie* explore les principales spécialités, décrit en détail les techniques les plus utiles, dévoile les nombreux trucs indispensables au perfectionnement de chacun et donne des conseils sur la présentation de numéros devant toutes sortes de publics.

Bien sûr, vous ne deviendrez pas magicien en un clin d'œil, seulement parce que vous aurez

acheté un livre de magie. Mais, avec de l'entraînement et de l'enthousiasme, vous pourrez faire un joli bout de chemin. Quand vous aurez lu une explication, n'écartez pas le tour auquel elle se rapporte sous prétexte qu'il serait trop simple. Certains exercices parmi les plus faciles sont ceux qui produisent le meilleur effet. Répétez chaque tour et, quand vous vous en sentirez capable, réalisez-le devant un ami ; vous serez surpris de voir qu'on peut tromper son monde avec peu de moyens !

N'essayez pas d'apprendre trop à la fois. Commencez par lire le livre de bout en bout pour vous imprégner de son sujet. Familiarisez-vous avec les tours qu'il présente, choisissez-en un ou deux et consacrez-vous à leur étude. Lorsque vous serez certain de pouvoir les accomplir aisément, passez à la suite. Ne dit-on pas : « Rien ne sert de courir, il faut partir à point » ? Voilà qui s'adapte particulièrement bien à l'univers de la magie !

Réussir des tours

Bon nombre de gadgets et d'accessoires mécaniques utilisés par les magiciens sont d'un maniement extrêmement simple. S'il faut en croire la publicité, certains objets vendus dans le commerce vont jusqu'à fonctionner sans l'intervention de l'exécutant. Les néophytes se verront ainsi proposer des articles dont l'usage « ne nécessite aucune compétence particulière » ou qui sont « complètement automatiques ». Il n'en est rien, car un exercice – même un tour de cartes élémentaire – ne se fait pas tout seul ; pour le réussir, vous devrez donc fournir un travail important, avec ou sans accessoires « automatiques ». Si vous vous entraînez en vous concentrant sur le caractère divertissant de votre prestation, vous atteindrez une dimension véritablement magique ; de simple faiseur de tours que vous étiez, vous accéderez alors à la qualité de magicien. Comme quoi les efforts se révèlent toujours payants !

Les instructions regroupées dans cet ouvrage n'ont pas force de loi. Lorsqu'un exercice présente une caractéristique qui vous gêne, vous pouvez toujours le modifier pour l'adapter à votre style. Par exemple, quand on vous demande de saisir un objet de la main droite, n'hésitez pas à vous servir de la gauche si vous vous sentez plus à l'aise.

Les règles de la magie

Tout jeu, toute profession, toute organisation comporte des règles qui s'imposent à ses membres. On en accepte quelques-unes, on en aime certaines et on en déteste d'autres. La première – et peut-être la seule – règle en matière de magie, c'est qu'un artiste ne doit jamais dévoiler ses secrets. En effet, le public tire une grande part de son plaisir du mystère qui entoure le numéro. Expliquer un tour reviendrait donc à priver les spectateurs de leur joie. Ils auraient le sentiment d'avoir été amusés, puis abusés, et ce à juste titre... « Il faut savoir garder un secret » : telle doit être votre devise. En serez-vous capable ?

PETIT HISTORIQUE DE LA MAGIE

Nul ne peut dater avec exactitude l'apparition de la magie, mais il est probable qu'elle soit aussi ancienne que l'humanité. Certains éléments attestent que les hommes des cavernes la pratiquaient déjà 50 000 ans avant notre ère. La première mention d'un mage figure dans des textes égyptiens vieux d'environ quatre mille ans et transcrits sur le papyrus Westcar. On y décrit l'exploit d'un certain Djédi de Meïdoum, qui, après avoir décapité un canard et un pélican, remet chaque tête à sa place sans que les volatiles se ressentent de l'opération.

Au Moyen Âge, la croyance en la magie était très répandue et fortement associée à la religion. Parce qu'elle voyait en cette pratique la marque du péché, l'Église imposait les pires persécutions aux magiciens. Jusqu'au XVIIIe siècle, les sorcières qui s'y adonnaient furent condamnées au bûcher. En Angleterre, le premier ouvrage à traiter de prestidigitation s'est même intitulé *Discovery of Witchcraft* (révélations sur la sorcellerie). Il y expliquait de nombreux tours, dont certains sont encore accomplis par nos contemporains, comme celui intitulé « Les gobelets et les boules », où des boules apparaissent et disparaissent sous trois gobelets.

En Europe, les premiers professionnels à vivre de tours de magie sont nés au temps des cathédrales. Connus sous le nom de jongleurs, ces artistes itinérants, qui appréciaient qu'un badaud s'aventure à parier contre eux, étaient à la fois avaleurs de sabres, cracheurs de feu, chanteurs et danseurs.

L'apparition des jongleurs en Europe remonte au Moyen Âge. Également acrobates, avaleurs de sabres et cracheurs de feu, ces artistes itinérants divertissaient aussi bien le public des villes que celui des campagnes. La tradition du spectacle de rue reste très vivante à l'heure actuelle.

Le magicien et prestidigitateur français Jean Eugène Robert-Houdin (1805-1871) était célèbre pour ses illusions d'optique. Reconnu comme le père de la prestidigitation moderne, il a été le premier à utiliser l'électromagnétisme dans ses effets.

ROBERT-HOUDIN

Le répertoire s'est étendu avec l'apparition de magiciens dans les foires, puis, au XIXe siècle, dans les music-halls et les théâtres. À cette époque, les professionnels portaient de longues robes flottantes et leur table de travail se couvrait d'une draperie qui retombait à terre. Dans les années 1850, le Français Jean Eugène Robert-Houdin (1805-1871) abandonna ce décorum suspect au profit d'une tenue de soirée classique et d'un petit nombre d'accessoires. Horloger de formation, il a apporté à la magie une inventivité inédite en mettant au point quantité d'automates qu'il a intégrés à ses spectacles. Par ailleurs, il a été le premier à présenter un

numéro de télépathie. Ses compétences étaient si grandes que les autorités françaises l'envoyèrent en Algérie en 1856 afin qu'il y contre l'influence des derviches en dévoilant les secrets de leurs prétendus miracles.

HOUDINI

Considéré comme le père de la prestidigitation moderne, Houdin a inspiré le jeune Erich Weiss (1874-1926) au point de lui souffler son nom de scène : Harry Houdini. Connu comme le roi de l'évasion, Houdini a remporté son premier succès en se libérant de menottes au beau milieu de Scotland Yard, le siège de la police britannique. À dater de ce jour, le public a pris un intérêt constant à le voir s'échapper de camisoles de force, de boîtes, de cellules, de chaînes et de tout ce que le génie humain pouvait produire pour l'enfermer.

Parmi ses contemporains figuraient certains des plus grands noms du métier : Harry Kellar (1849-1922), surnommé le Doyen de la magie, qui s'était enfui du domicile parental pour devenir le plus grand illusionniste des États-Unis ; T. Nelson Downs, qui faisait pleuvoir les pièces de monnaie ; Harry Blackstone, un artiste de premier plan dont le fils compte parmi les meilleurs magiciens américains contemporains ; et Chung Ling Soo, dont le meilleur tour n'a été révélé qu'à sa mort : alors qu'on le prenait pour un Chinois (il faisait même appel à un interprète), on s'est aperçu qu'il était en fait américain et qu'il s'appelait William Robinson !

LA MAGIE OUTRE-MANCHE

Lors du premier séjour d'Houdini en Grande-Bretagne, John Nevil Maskelyne (1839-1917) était le plus grand magicien du pays. Professionnel hors pair, il était en outre connu pour ses automates – comme Houdin, il avait commencé par étudier l'horlogerie. Psycho, le plus célèbre d'entre eux, se présentait comme un Oriental, capable de battre n'importe quel spectateur aux cartes. Le personnage, assis sur un socle de verre transparent, ne laissait prise à aucune explication rationnelle quant à son fonctionnement. Maskelyne ne confinait pas son génie de la mécanique à la magie ; entre autres inventions, on lui doit en effet un système de fermeture pour toilettes publiques, un certain type de machine à écrire et un distributeur de tickets d'autobus.

Maskelyne n'avait d'égal qu'en la personne de David Devant (1868-1941), avec lequel il a longtemps partagé le devant de la scène britannique. En 1911, tous deux ont coécrit *Our Magic* (notre magie) ; Devant est également l'auteur de *My Magic Life* (ma vie magique, 1931) et *Secrets of My Magic* (les secrets de ma magie, 1936). Ceux qui ont assisté à ses spectacles voient en lui le plus grand magicien britannique de tous les temps. Ce superlatif est désormais attribué à Paul Daniels, à qui la magie doit plus qu'à tout autre homme de l'art. Pendant une vingtaine d'années,

Erich Weiss selon l'état civil, Harry Houdini (1874-1926) a choisi son nom de scène en hommage à Robert-Houdin, dont il avait lu les mémoires lorsqu'il était enfant. Doué pour différentes branches de la magie, il s'est fait connaître du monde entier comme le roi de l'évasion.

Daniels s'est produit dans une série d'émissions de télévision. Qui plus est, ses spectacles ont attiré l'attention du public britannique sur certains des meilleurs professionnels internationaux.

À L'HEURE ACTUELLE

Quantité de spectacles remarquables ont été produits depuis peu, notamment en Amérique du Nord. Des magiciens de talent tels que Siegfried et Roy, David Copperfield, Harry Blackstone Fils et Lance Burton ont imprimé à leur art une véritable métamorphose. Les extravagances hautes en couleur qu'ils ont élaborées font désormais appel aux effets théâtraux les plus modernes.

Destinée à impressionner les foules, cette haute technologie de la sorcellerie ne se substitue pourtant pas aux spectacles intimistes qui animent les théâtres, les restaurants ou les réunions informelles. Présentée devant un seul spectateur ou dix mille personnes, la magie conserve le même pouvoir de séduction. Encore faut-il que l'exécutant ait pris le temps de s'initier à l'art de divertir un public...

ORGANISER UN SPECTACLE

Tous les livres de magie révèlent les trucs qui permettent de réaliser certains tours. De toute évidence, cet ouvrage-ci n'échappe pas à la règle. Mais n'oubliez pas que le plus grand secret – certains magiciens le découvrent après bien des années et d'autres l'ignorent à jamais – tient en ces quelques mots : dans un tour, le moins important, c'est précisément le secret... En magie, peu importe ce que vous faites ; ce qui compte, c'est la façon dont vous le faites. Comme l'affirme un adage parfaitement adapté à notre propos : « C'est la manière qui fait le jeu ».

« Les cartes en lévitation », un des tours expliqués plus loin, a étonné les publics du monde entier. On est allé jusqu'à publier un livre qui décrit quelque deux cents méthodes permettant de l'exécuter. Depuis lors, les magiciens ont défini bien d'autres techniques. Elles présentent toutes certaines variantes, mais l'effet de l'exercice reste immuable : les cartes choisies s'élèvent d'elles-mêmes au-dessus du jeu. Cet exemple prouve bien que les prétendus secrets ne représentent pas l'essentiel de la magie.

De spectacle en spectacle, une véritable évolution personnelle se dessine ; elle représente un des aspects les plus intéressants de cet art. Au début, vous pourrez accomplir vos gestes comme un robot ; mais peu à peu, l'expérience aidant, votre personnalité prendra le dessus et votre spectacle s'améliorera d'autant.

On dit d'un bon magicien que c'est en fait un acteur jouant le rôle d'un magicien. Il vous faut donc croire en vos capacités et vous glisser dans la peau du personnage. Dans un premier temps, vous aurez du mal à y parvenir, car vous vous concentrerez sur la mécanique du tour. C'est pourquoi il faudra vous exercer autant que faire se peut. Plus on investit dans la technique et moins elle a d'importance. Clarifions cet apparent paradoxe : si vous vous entraînez sérieusement, la mécanique du tour deviendra un automatisme et elle s'effacera devant l'effet recherché.

Certains professionnels présentent un pot-pourri d'illusions et de tours tirés de différentes branches de la magie, tandis que d'autres se spécialisent dans un seul domaine (la magie mentale, la magie rapprochée, etc.). Faites preuve de discernement quand vous choisirez votre champ d'action. En effet, sous le coup de l'enthousiasme, les débutants se lancent trop souvent dans des exercices qui ne leur conviennent pas et s'achèvent en désastre.

Si vous aimez la magie comique, c'est-à-dire la magie ordinaire sur fond d'histoires drôles, faites cela et uniquement cela. Mais si vous manquez de présence, si vous n'avez aucun talent de conteur et si vous oubliez toujours la chute des blagues, réfléchissez-y à deux fois ! Malgré des jours et des nuits d'entraînement, il est à craindre que vous ne fassiez jamais un bon spécialiste du genre.

Si vous vous sentez apte à toucher un public plus mûr, vous pourrez sans doute vous orienter vers la magie mentale. Le cas échéant, assurez-vous de pouvoir produire un commentaire théâtral et adoptez un comportement prouvant que vous êtes capable de lire les pensées ou l'avenir.

Si vous voulez simplement être un touche-à-tout et mettre vos talents au service de quelques amis et collègues, vous échapperez aux catégorisations et resterez un magicien généraliste. Étudiez tranquillement les tours décrits dans ce livre et sélectionnez ceux qui vous plaisent. Entraînez-vous, apprenez à maîtriser les différentes méthodes de présentation et choisissez celle qui vous paraît correspondre à vos capacités. Ensuite, partez à la rencontre de votre public. Attendez le bon moment pour vous présenter à lui et évitez coûte que coûte de vous produire en état de stress. Prenez soin d'adapter vos tours à votre personnalité et de les réaliser avec naturel. Il vous faudra certainement du temps pour y parvenir, car c'est là le plus difficile...

Enfin, n'oubliez pas que chaque spectacle de magie est une vaste conspiration du silence où l'artiste n'est qu'un truqueur parmi tant d'autres. Le public, lui aussi, sait bien que vous ne recourez pas à la véritable magie et que, d'une certaine façon, vous le trompez. Il est pourtant prêt à voir en vous un être doté de pouvoirs hors du commun. Or, si vous lui présentez vos tours avec charme et vivacité, il acceptera totalement cette convention et se persuadera que vous respectez l'accord tacite établi entre vous et lui afin de le divertir. Travaillez dans cet esprit et les spectateurs voudront vous croire. Alors, vous aurez parcouru plus de la moitié du chemin.

L'ENTRAÎNEMENT

L'entraînement se compose de l'apprentissage des effets et de la répétition d'un numéro complet. Les professionnels emploient le terme « répétition » pour désigner un travail préparatoire en compagnie d'un ou de plusieurs partenaires ; la répétition en costume présente le spectacle tel qu'il doit se dérouler en public.

Pour plaisanter, l'homme de l'art et le néophyte affirment souvent que tout ira bien lors de la représentation. Mais en sont-ils sûrs ? Quant à l'artiste avisé, il sait que seules la pratique et une attention constante aux détails lui garantiront une prestation correcte. Or, pour parvenir à ce résultat, trois éléments sont nécessaires : la patience, le temps et la compréhension.

Trop souvent, les apprentis magiciens se jettent à l'eau sans avoir minutieusement planifié leur programme. Pendant la représentation, ils accumulent les maladresses, font tomber leurs accessoires, oublient leur texte et produisent une désagréable impression de ridicule. Plus que votre prestance ou votre compétence, c'est votre présentation qui constitue l'essentiel de votre spectacle. Vous devez vous entraîner à réaliser non seulement vos numéros, mais aussi les mouvements qui les accompagnent. S'il est admirable d'accomplir un tour avec brio, il est déraisonnable de faire passer la gestuelle au second plan. Et rien n'est plus ennuyeux que de voir un magicien se baisser dans le feu de l'action pour ramasser un élément du décor et le remettre en place devant son public !

L'entraînement peut se faire devant un miroir. Cette méthode n'est pas forcément la meilleure, car elle peut vous contraindre à garder la même position ; vous risquez alors de produire un spectacle statique. Si vous vous exercez chez vous, debout devant une table ou votre lit, vous prendrez l'habitude d'y déposer vos accessoires après les avoir utilisés ; lorsque vous vous produirez en public, vous aurez du mal à perdre ce pli. Faute d'avoir répété dans différentes circonstances, vous serez déstabilisé par un environnement inhabituel.

Vous devez travailler la lenteur, la fluidité et l'élégance de vos gestes. Un magicien doit allier la grâce à l'autorité. Appliquez-vous à faire votre entrée et votre sortie sans tourner le dos aux spectateurs, sauf si l'effet du numéro l'exige. Le salut, qui peut paraître facile, s'avère souvent ridicule si on se sent mal à l'aise. Une fois parvenu au temps fort du tour, n'hésitez pas à avertir l'assistance par un sourire, en écartant les bras, en les levant au ciel ou en saluant discrètement. Il importe de savoir jouer avec son public et de le faire participer. L'artiste avisé veillera à réussir son effet, de sorte qu'il puisse rentrer chez lui en ayant le sentiment du devoir accompli.

L'apprenti avisé répétera chaque tour jusqu'à ce qu'il puisse le réaliser les yeux fermés. Si vous visez la représentation publique, vous devez vous entraîner sans relâche, afin de vous imprégner de chaque détail et de chaque propos au point que la magie soit pour vous une seconde nature. Si vous pouvez exécuter un exercice sans y penser, vous aurez tout le loisir de vous concentrer sur votre présentation, à la manière d'un vrai professionnel. Songez à ce qui se passe lorsqu'on apprend à conduire : au début, on est attentif au clignotant ou au changement de vitesse, mais avec le temps ces gestes deviennent automatiques. Mieux encore : un joueur de tennis ne pense pas consciemment à lever le bras pour frapper la balle ni à lifter pour tromper son adversaire. Il le fait, voilà tout. Seules la pratique et l'expérience permettent d'atteindre un tel niveau. Travaillez et vous y parviendrez.

Rien n'illustre mieux notre propos que la déclaration d'un magicien connu pour ses émissions de télévision : il affirme avoir si souvent répété son numéro que, lorsqu'il se présente devant un public ou une caméra, il n'a l'esprit occupé que par ce qu'il va manger après le spectacle !

LE COMMENTAIRE

Il s'agit là de votre atout majeur, surtout si votre numéro se compose essentiellement de tours de cartes. En règle générale, ces dernières ne peuvent ni sauter à travers un cerceau, ni s'enflammer, ni produire les effets d'accessoires plus élaborés. Ce sont de simples morceaux de carton, même si vous vous efforcez de convaincre votre public du contraire. Vous devez donc faire en sorte que les effets magiques surviennent dans l'esprit des spectateurs, que vous vous efforcerez de manipuler. À votre décharge, sachez que c'est exactement ce qu'ils attendent de vous...

Pour ce faire, le commentaire est votre meilleur allié. Il permet de détourner l'attention de l'assistance afin d'agir librement (voir le paragraphe ci-dessous). Chaque tour peut se prêter à la création d'une histoire, l'idéal étant que vous l'inventiez vous-même. Certaines descriptions présentées dans ce livre vous indiqueront la façon de commenter les tours.

Elles vous permettront aussi d'élaborer des explications raisonnablement absurdes que vous pourrez inclure dans vos propos si vous le souhaitez. La tradition veut que quelques exercices (dont « Les vilains valets », p. 73-75) s'accompagnent d'un récit convenu. Mais mieux vaut prendre le tour comme base d'inspiration, l'adapter comme bon vous semble et concevoir l'histoire qui lui sera associée.

Votre commentaire doit également dépendre de la relation que vous aurez établie avec le public. D'ordinaire, vous aurez à le faire rire pour le mettre de votre côté. Vous atteindrez le même résultat en vous moquant de lui avec gentillesse, humour et doigté. Résistez toujours à la tentation de ridiculiser les spectateurs qui se seront portés volontaires pour vous assister sur scène. Ils ont payé leur billet, comme les autres, et ont pris sur eux pour s'exposer devant une salle pleine. Vous seriez donc impardonnable de les blesser. En outre, les autres spectateurs ne tarderaient pas à vous manifester leur hostilité, et ce à juste titre.

Essayez d'enchaîner vos tours afin de concevoir un numéro complet. Entre un exercice et le suivant, évitez de modifier radicalement votre discours. Tout au long de votre prestation, vos propos doivent au contraire se fondre naturellement les uns avec les autres. Vous obtiendrez cette harmonisation en choisissant un thème unique ou en égrénant une plaisanterie de bout en bout.

SAVOIR FAIRE DIVERSION

À certains moments de votre prestation, il vous faudra orienter l'attention des spectateurs dans une direction particulière. Aussi mettrez-vous en évidence une main qui, pense-t-on, renferme un objet, alors qu'elle est vide et que vous manipulez l'objet en question de l'autre main. De même, vous lèverez le bras droit pour montrer une boule de billard tandis que, de votre main libre, vous extrairez une colombe de votre poche en vue de l'effet suivant.

Demandez à n'importe qui de lever les yeux au ciel et vous constaterez qu'on vous obéira. Saisissez un accessoire quelconque, tendez le bras en l'air pour le faire voir, et le regard de l'assistance suivra sans doute votre mouvement. Au moment où vous souhaitez prendre quelque chose que vous cachez sur vous, faites entrer votre charmante assistante pour que l'attention générale se fixe sur elle. C'est ainsi que les magiciens font diversion et qu'ils peuvent obtenir les meilleurs effets. La parole peut enfin vous aider à détourner l'attention de votre public. Pour ce faire, il suffit de changer de ton ou d'insister sur un propos particulier. Ces changements subtils n'échappent pas aux spectateurs, qui se concentrent sur tout sauf sur la manœuvre que vous voulez précisément leur cacher.

ACCESSOIRES ET ÉQUIPEMENT

Dans leur grande majorité, les tours expliqués dans cet ouvrage peuvent s'exécuter en solo et au moyen d'accessoires ordinaires – très souvent, un jeu de cartes classique suffit. De plus, il est possible de réaliser ces tours n'importe où.

Pour accomplir certains exercices, il est toutefois préférable de disposer d'une table et de deux ou trois chaises. Une petite table de jeu pliante répondra parfaitement à vos besoins. Si vous la recouvrez d'une étoffe, évitez les draperies dont les nombreux plis retombent à terre car l'assistance pensera qu'ils dissimulent toute une panoplie d'accessoires et elle se méfiera dès que vous en approcherez. Une nappe fine, dont la surface est un peu plus grande que le plateau, suffit amplement. Disposez-la en losange, de sorte que les angles retombent sur chaque face de la table. Choisissez éventuellement un tissu à motifs qui vous permettra de poser ou de prendre des objets sans que le public s'en aperçoive. Dans cette même optique, il est conseillé de créer un léger désordre en associant des étuis de cartes vides, un vase de fleurs, etc.

Les chaises sont particulièrement utiles pour réaliser un tour de cartes dans un espace intime. En effet, bon nombre d'exercices deviennent plus faciles lorsque le volontaire et vous êtes assis de part et d'autre d'une table.

Le recours à des complices est une pratique problématique qui peut provoquer l'effet inverse de celui escompté. La plupart du temps, le public devinera, quand il ne la connaîtra pas déjà, la relation qui existe entre vous et eux.

L'usage de gadgets est, lui aussi, susceptible de nuire à votre prestation, surtout si chacun de vos tours en dépend. Mieux que personne, vous savez que votre prétendu pouvoir magique est illusoire et que les spectateurs peuvent s'en rendre compte. Utilisez donc les artifices avec modération.

Au début, vous pourrez vous procurer très facilement la plupart des accessoires dont vous aurez besoin – un jeu de cartes s'achète dans n'importe quelle boutique. Mais avec l'expérience, vous souhaiterez réaliser des tours plus originaux qui nécessiteront l'emploi d'un matériel particulier que vous trouverez seulement dans les magasins spécialisés.

Les vendeurs de magie sont en réalité des fabricants de magie. Ils conçoivent leurs produits à partir d'éléments divers, les lancent sur le marché et cherchent à toucher leur clientèle de plusieurs façons. La plupart d'entre eux ont recours à la vente par correspondance et font paraître leur publicité dans les revues. D'autres, plus importants, éditent un catalogue ou un magazine pour y présenter toute la gamme de leurs accessoires.

Il existe trois sortes d'adresses. Les magasins de magie ressemblent souvent à des boutiques de farces et attrapes : ils proposent des objets insolites ou d'un goût douteux, ainsi que des jeux et des jouets. Seule une petite partie de l'espace est réservée à la vente d'accessoires de magie et de prestidigitation. D'ordinaire, ils possèdent surtout des articles de base. Bien qu'il vende du matériel professionnel, le responsable de ce genre d'établissement ne se préoccupe généralement que des effets classiques et il est très rarement compétent en matière de magie.

Viennent ensuite les petites sociétés de vente par correspondance dont on remarque fréquemment les publicités dans les revues spécialisées. Bon nombre d'entre elles ne disposent pas de locaux et il est souvent difficile de dénicher celles qui en possèdent. La plupart des marchands de magie travaillent chez eux ; aussi n'est-il pas rare de les voir conserver leur stock dans une chambre d'amis... Certains se montrent rapides et efficaces, quand bien même ils ne proposent qu'un nombre limité d'articles.

En troisième position arrivent les vendeurs qui travaillent à grande échelle. Leur expérience et leur bonne connaissance des besoins du client leur permettent d'offrir un large choix de produits classiques ou modernes. Quelques-uns font imprimer un magazine destiné à promouvoir leur marchandise. On reconnaît les vrais professionnels au fait qu'ils n'ont pas besoin de s'appuyer sur les farces et attrapes pour augmenter un chiffre d'affaires déjà assuré par les ventes d'accessoires de théâtre.

LA TENUE VESTIMENTAIRE

Le choix de votre tenue de scène est laissé à votre entière appréciation. Sans doute opterez-vous pour un costume différent en fonction des circonstances. Pour effectuer la plupart des tours, aucun vêtement particulier n'est nécessaire. Sachez toutefois que vous aurez éventuellement besoin de poches et, à l'occasion, de manches longues. Le plus simple est encore de porter des pantalons (évitez les jeans et autres coupes trop moulantes) à poches classiques, une chemise ou un chemisier opaque, ainsi qu'une veste pourvue de poches latérales et d'une poche de poitrine.

Certains tours impliquent que vous possédiez un mouchoir. Il doit être non seulement grand et opaque, mais aussi (très important !) propre et fraîchement repassé. Pour préserver le naturel de votre tenue, le mieux est de le plier élégamment et de le glisser dans votre poche de poitrine.

LA PUBLICITÉ

Lorsque vous aurez travaillé une série de tours au point de les maîtriser à la perfection, vous n'aurez plus qu'à les regrouper en numéro destiné à un public. Le moment sera alors venu de vous faire connaître.

Vous pouvez assurer votre publicité de différentes manières, la plus simple étant de faire insérer une annonce dans un journal local ou un encart dans l'annuaire téléphonique. Relativement bon marché, ces méthodes vous permettront de toucher la clientèle de proximité qui, dans un premier temps, va constituer votre cible.

Quel que soit le support de votre publicité – une revue, un journal, voire la vitrine d'un commerce voisin –, celle-ci doit être claire, informative et agréablement présentée. Trop pauvre, l'accroche ne vous attirera aucun spectateur ; trop compliquée, elle suscitera plus de perplexité que d'intérêt.

Pour bénéficier d'une publicité gratuite, l'idéal est de créer l'événement auprès de la presse régionale ou nationale. Si elle a valeur d'information, une histoire toute simple vous fera connaître sans que vous déboursiez un centime ; de plus, elle occupera un espace nettement supérieur à celui d'une publicité. Méditez cette anecdote : toutes les semaines, un magicien faisait paraître en vain une annonce dans un journal du cru. Un beau jour, il a raconté à qui voulait l'entendre que son lapin magique avait disparu du clapier. Ce scénario monté de toutes pièces a fait l'objet d'une couverture médiatique dans le pays tout entier. Au bout du compte, un petit mensonge a valu à l'habile homme plus de contrats qu'il n'en avait obtenus par une publicité chèrement payée depuis des années...

En distribuant des photographies, des cartes de visite professionnelles, des prospectus et toutes sortes de petits cadeaux publicitaires, vous pourrez assurer la promotion de votre spectacle. Les ballons imprimés à votre nom, les affiches à colorier, l'argent dit « de scène » amuseront les éventuels spectateurs tout en stimulant leur curiosité. Une jolie image du lapin que vous aurez sortie d'un chapeau pendant le spectacle incitera le public à emporter chez lui votre carte ou votre programme au lieu de les abandonner sur un siège.

Promouvoir votre prestation peut être aussi amusant que réaliser vos tours et présenter votre numéro. Mais n'oubliez pas que, en faisant la promotion de votre spectacle, c'est vous-même que vous cherchez à vendre. En conséquence, veillez à toujours mettre en avant vos qualités ou vos talents, et dites la vérité, toute la vérité, rien que la vérité !

TOURS DE PASSE-PASSE

TOUT MAGICIEN SE DOIT DE MAÎTRISER LES TOURS DE PASSE-PASSE. GRÂCE À EUX, VOS GESTES SERONT PLUS ASSURÉS, Y COMPRIS LORSQUE VOUS UTILISEREZ DES ACCESSOIRES INHABITUELS. EN outre, si votre matériel vous trahit, ils vous permettront d'aller au bout de votre exercice. Enfin, votre prestation gagnera en diversité et en intérêt si vous les mêlez à vos effets classiques. Certes, l'acquisition d'une bonne technique demande du temps et des efforts ; mais, une fois peaufiné, ce nouveau talent se révélera source de plaisir, autant pour vous que pour votre public.

Les cartes

Presque tous les magiciens se forment par le biais des cartes. Chaque famille en possède un jeu et il est possible de s'en procurer partout. Avant d'aborder les tours complexes décrits au chapitre suivant, mieux vaut vous exercer aux manipulations de base présentées ici. En vous entraînant à battre les cartes, à en faire apparaître certaines et disparaître d'autres, vous améliorerez votre dextérité. Vous en apprécierez tout le bénéfice lorsque vous exécuterez d'autres tours, et votre confiance s'en trouvera accrue.

Le mélange simple

Pratiqué par la plupart des joueurs, il permet plusieurs supercheries que seule une parfaite connaissance de la technique du mélange rend possibles. Lorsque vous battez les cartes, votre rapidité doit être telle qu'un observateur ne puisse suivre leurs déplacements.

1 Prenez le jeu de la main gauche, la face des cartes tournée vers l'intérieur de la main. Des doigts et du pouce de la main droite, saisissez les extrémités d'un certain nombre de cartes et extrayez celles-ci du jeu. Il ne vous en reste qu'un petit paquet dans la main gauche.

2 De la main droite, laissez tomber quelques cartes dans la main gauche, d'abord au-dessus, puis au-dessous du paquet, et renouvelez l'opération jusqu'à ce qu'elles soient toutes revenues dans la main gauche.

Supercheries du mélange simple

On peut réaliser plus de supercheries avec le mélange simple qu'avec les autres types de mélanges, à l'exception du mélange hindou (voir p. 17).

Il est très facile de laisser la carte du dessus en place. Assurez-vous que les dernières cartes tombent toujours de la main droite au-dessous du paquet tenu dans la main gauche.
De même, vous pouvez laisser jusqu'à quinze ou vingt cartes dans le même ordre au-dessus du jeu.

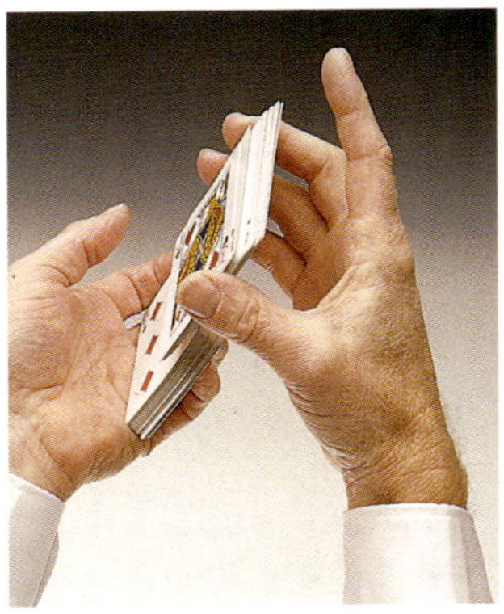

Inversement, vous pouvez laisser la carte ou les cartes du dessous en place. Commencez le mélange en orientant les cartes vers l'extérieur, de sorte qu'elles soient opposées au pouce gauche.

Vous pouvez aussi ne pas battre les cartes du tout. Tout en accomplissant les gestes d'un mélange normal, faites systématiquement tomber les cartes de la main droite au-dessous du paquet tenu dans la main gauche. Si vous procédez de la sorte devant un public, n'espérez pas voir cette supercherie fonctionner à coup sûr. Sachez toutefois que vous pouvez la réaliser en vous plaçant de profil ou en détournant l'attention des spectateurs sur autre chose. Vous pourrez ainsi donner l'impression de battre les cartes consciencieusement.

Vous pouvez faire passer une carte du dessous au-dessus du jeu. Lorsque vous saisissez les cartes de la main droite, ne laissez qu'une carte dans la main gauche. Lors du premier mélange, faites toujours tomber les cartes au-dessus du paquet tenu dans la main gauche. Enchaînez sur le deuxième mélange et mélangez les cartes en veillant à laisser la nouvelle carte du dessus en place.

Pour faire passer une carte du milieu au-dessus du paquet, prenez soin de localiser la carte choisie en insérant un ongle (par exemple) dans le jeu. De la main droite, saisissez soigneusement le premier paquet contenant les cartes jusqu'à l'ongle (la carte choisie n'en fait donc pas partie). Procédez ensuite comme pour le mélange précédent.

Il existe un mélange où aucune carte face en haut ne se trouve au-dessous d'un paquet face en bas.

❶ À la fin d'un mélange normal, placez les doigts de la main gauche autour du paquet pour agripper la dernière carte.

❷ De la main droite, saisissez le reste du jeu et faites comme si vous vous serviez de vos deux mains pour égaliser les bords du paquet.

LE MÉLANGE AMÉRICAIN

Ce procédé est, lui aussi, fréquemment employé par les joueurs.

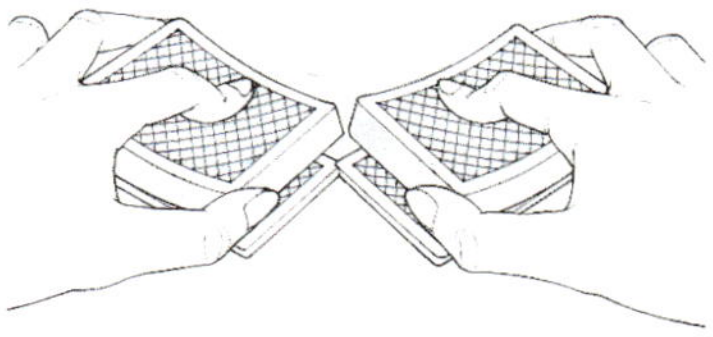

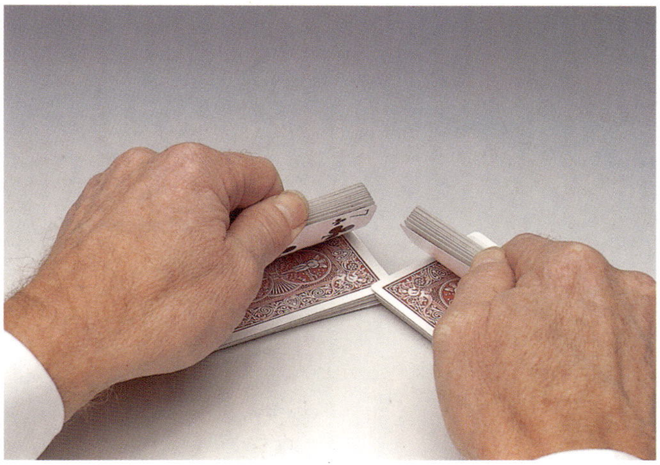

1 Divisez le jeu en deux paquets et posez chacun d'eux face en bas sur une surface plane. Placez les angles des cartes bord à bord, soulevez-les avec les pouces, rapprochez légèrement les deux paquets et libérez les cartes de sorte que leurs angles s'intercalent. Des deux mains, poussez les deux paquets l'un dans l'autre pour qu'ils ne forment plus qu'un jeu aux bords égalisés. Pour changer, vous pouvez forcer les cartes à se chevaucher non par les angles, mais par leurs bords courts. On appelle parfois cette variante « mélange en queue de colombe ».

2 Il est plus difficile d'exécuter le mélange américain sur une surface non plane. Placez les deux paquets face à face et saisissez chacun d'eux d'une main. Retenez les cartes entre le pouce et la première phalange des doigts. Faites glisser chaque index de l'autre côté du paquet et appuyez fortement. Rapprochez vos pouces l'un de l'autre et laissez tomber les cartes qui vont se chevaucher par leur extrémité. Il vous faudra sans doute beaucoup d'entraînement avant d'y parvenir. Mais peut-être considérerez-vous que les deux méthodes décrites précédemment produisent un meilleur effet.

LE MÉLANGE HINDOU

Rarement employé par les joueurs, ce procédé est plus connu des magiciens.
En effet, il est assez impressionnant et permet des supercheries impossibles avec les autres mélanges.
Il exige un entraînement soutenu. À vous de juger si le jeu en vaut la chandelle.
Correctement exécuté, le mélange hindou force l'admiration en raison de son évidente difficulté. C'est sans doute pourquoi personne ne s'étonnera devant l'usure des cartes que vous tiendrez dans la main gauche. Vous serez alors en mesure d'organiser une des supercheries qu'il autorise. À tout moment de l'exercice, vous pourrez vous servir des cartes qui vous restent dans la main droite pour frapper celles de la main gauche afin de les ordonner. Ce geste vous fournira le moyen de jeter un œil à la carte située au-dessous du paquet de droite. Il sera alors facile de la faire passer au-dessus du paquet à la fin du mélange.

1 Pour commencer, tenez le jeu à l'horizontale, face en bas, entre les doigts et le pouce de la main droite.

2 Avancez le jeu vers la main gauche légèrement repliée en coupe, saisissez les cartes du dessus entre les doigts et le pouce, en faisant passer l'index derrière le paquet afin de le contrôler (faute de quoi vous risquez de laisser tomber les cartes à terre, ce qu'il vaut mieux éviter en période d'apprentissage).

3 La main droite sort les cartes de sous le paquet à mesure que vous le laissez tomber des doigts de la main dans votre paume gauche. Pendant ce temps, la main droite fait avancer le jeu pour répéter le processus.

LE SAUT

Ce tour a pour but de faire passer une carte au-dessus ou au-dessous d'un paquet à l'insu du public. Tendez le jeu à un spectateur et demandez-lui de choisir une carte, puis de la placer au centre.

Deux méthodes vous permettent alors de faire passer cette carte sur le dessus. Lorsque vous les maîtriserez, essayez de les adapter (notamment la première), afin que le spectateur replace la carte dans un jeu présenté en éventail.

La première méthode implique qu'au moins un doigt de la main qui tend le paquet possède un ongle long (on choisira de préférence l'auriculaire gauche). Le spectateur croit remettre la carte choisie n'importe où. Mais vous avez inséré votre ongle à l'arrière du jeu, que vous divisez ainsi en deux paquets, le tout étant dissimulé par les cartes. Comme vous tendez les deux mains pour présenter le jeu au spectateur, il vous est facile de décaler légèrement les deux paquets de la main droite au moment où la carte choisie réintègre le jeu. Vous pouvez effectuer un mélange simple après avoir coupé au niveau de votre ongle, de sorte que la carte choisie se trouve placée au-dessus des autres.

Cette première méthode ne demande qu'un peu d'entraînement, mais la seconde est bien plus difficile. Si vous comptez vous y attaquer, préparez-vous donc à fournir un grand effort. Lui seul vous permettra d'obtenir la fluidité et la rapidité nécessaires, car le tour doit rester invisible du spectateur placé face à vous. Essayez de ne faire passer qu'une carte du dessous au-dessus du jeu, ce qui est sans doute l'application la plus utile du tour. Ne vous découragez pas si vous faites tomber les cartes lors de vos premiers essais. Votre objectif étant de vous familiariser avec cette technique au point qu'elle devienne mécanique, entraînez-vous pendant un voyage en train ou dès que vous avez un peu de temps libre. Si vos mains sont suffisamment grandes, une seule vous sera nécessaire pour exécuter le saut.

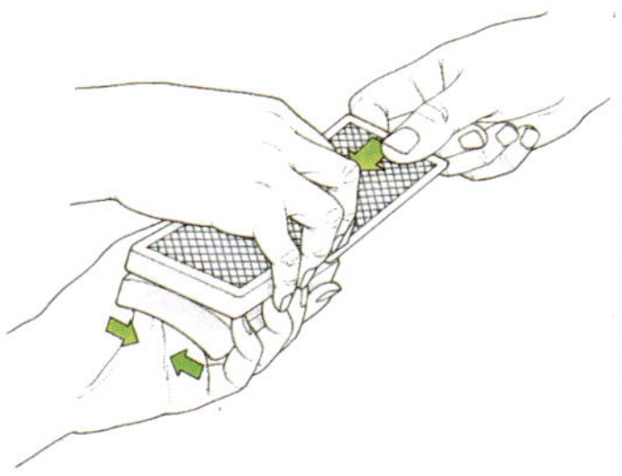

❶ Au moment où le volontaire remet sa carte dans le jeu, les doigts de votre main gauche (celle qui tient le paquet) doivent imprimer une légère courbure aux cartes situées au-dessous. Les deux paquets seront ainsi tout à fait distincts l'un de l'autre.

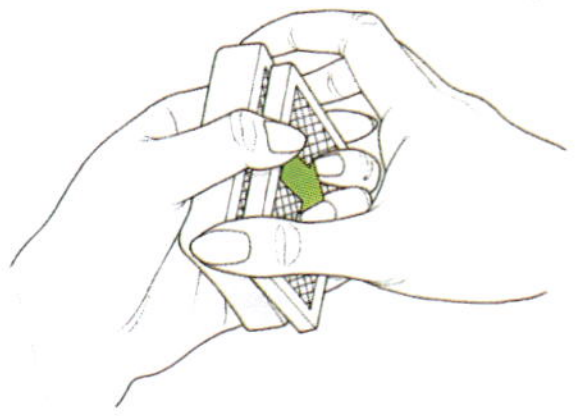

❷ Faites passer le majeur et l'annulaire de votre main gauche au-dessus du jeu, dont vous ferez glisser la partie supérieure sur la partie inférieure.

3 Faites semblant d'ordonner les cartes et, des doigts de la main droite, séparez davantage les deux paquets en calant les bords du paquet inférieur sur la base du pouce gauche.

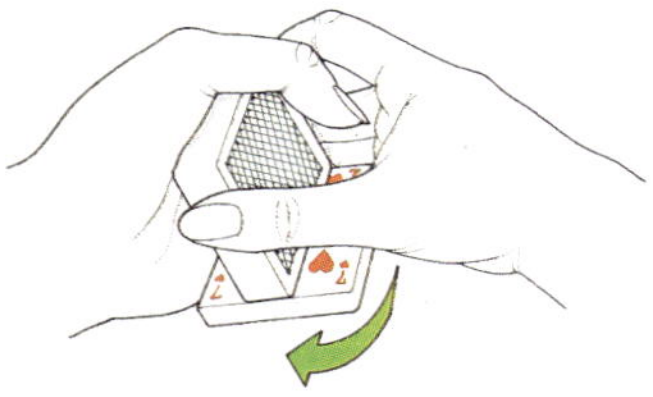

4 Placez l'extrémité des doigts de la main gauche sous le paquet inférieur et fléchissez le pouce en refermant la main pour transférer ce paquet sur celui du dessus.

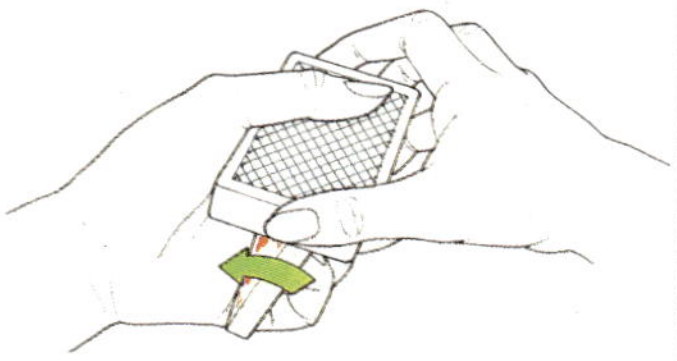

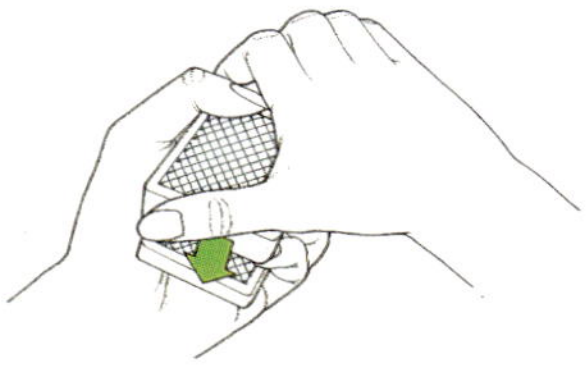

5 Cette manipulation fait passer la carte choisie au-dessus ou au-dessous du jeu, selon que vous l'avez recourbée avec le paquet inférieur ou que vous l'avez laissée intacte et insérée dans le paquet supérieur.

L'EMPALMAGE

Magiciens et prestidigitateurs produisent la plupart de leurs effets au moyen de l'empalmage. Les tours de cartes font appel à deux grandes techniques : la première fait bien intervenir la paume, mais pas la seconde, ce qui est source à la fois de confusion et de complication.

Ces deux méthodes vous permettront de conserver des cartes en main sans que le public s'en aperçoive. La première technique consiste à maintenir une carte à l'intérieur de la main en lui faisant épouser la courbe de la paume et en la coinçant (le plus souvent) entre la base du pouce et la deuxième phalange des doigts. L'extrémité supérieure de la carte atteint des niveaux différents en fonction de la taille de vos mains. Si celles-ci sont grandes, la carte arrive au niveau des deuxièmes phalanges de vos doigts, voire au niveau de la base des doigts. Si elles sont plus petites, vous pourrez coincer l'extrémité de la carte contre la deuxième phalange du majeur, de l'annulaire et de l'auriculaire. Entraînez-vous pour découvrir la position qui vous convient. Si vous avez de petites mains, exercez-vous avec les cartes utilisées dans les patiences. Peut-être jugerez-vous plus commode d'employer ce type de jeu.

Deux versions sont ici expliquées : l'empalmage à plat et l'empalmage en creux. Exercez-vous à chacune d'elles, puis essayez d'empaumer la carte supérieure du jeu pour donner l'impression que votre main s'est contentée de glisser dessus. Vous pourrez ensuite essayer de renouveler l'expérience avec plusieurs cartes à la fois.

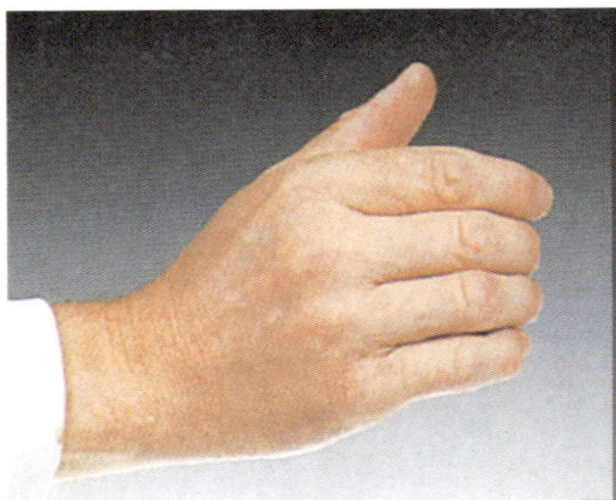

L'EMPALMAGE À PLAT
Placez la carte, face tournée vers vous, dans votre paume. Du point de vue de l'assistance, la carte reste invisible et la main conserve une position naturelle.

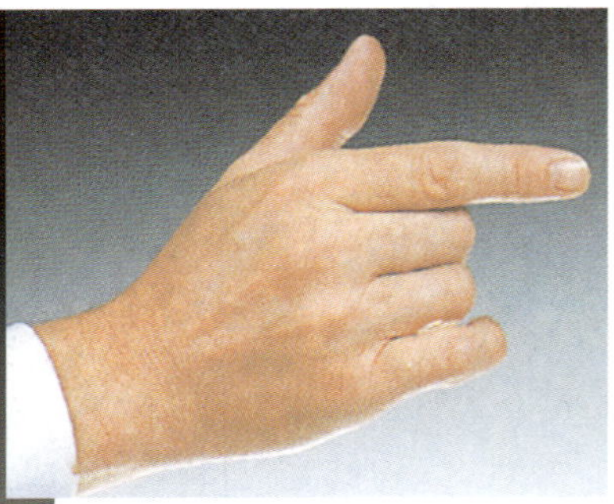

L'EMPALMAGE EN CREUX
Placez la carte à plat dans votre paume et refermez les doigts pour la replier sur elle-même. Elle est alors indétectable par le public. Cette version vous permet d'adopter une position de main différente.

L'autre technique d'empalmage vous permet de montrer l'intérieur de votre main au public afin qu'il la croie vide, alors qu'en fait vous y cachez une carte. Celle-ci est simplement maintenue par les angles d'un côté court entre le majeur et l'annulaire. Le corps de la carte n'est donc visible que sur le dos de votre main. Le profil de la carte ne se remarque pas entre les doigts, soit parce qu'il coïncide avec la ligne qui se dessine naturellement entre eux, soit parce que la chair qui maintient la carte y projette une ombre. Il est facile de tenir une carte de cette façon. La difficulté réside dans le fait de l'amener à cette position.

Bien que cette technique soit peu utilisée pour empaumer une carte – vous courez le risque de la faire tomber ou de la montrer au public, réduisant ainsi votre effet à néant –, vous pourrez y recourir pour faire apparaître une carte dans le cadre d'un exercice plus général. En soi, l'effet ne manque pas d'être divertissant.

La production de cartes

En manipulant les cartes avec dextérité, il est possible d'effectuer des tours inventifs et étonnants. Pratiquez les exercices suivants, puis, lorsque vous vous sentirez à l'aise, enchaînez-les en une suite de mouvements complexes.

Faire apparaître une seule carte
D'abord visible entre les doigts, la carte disparaît pour réapparaître ensuite.

❶ Montrez la carte au public.

❷ Bloquez les côtés de la carte entre l'index et l'auriculaire, le majeur et l'annulaire étant repliés derrière, et faites-la pivoter avec le pouce...

❸ ... comme ceci. En contrôlant la carte du majeur et de l'annulaire, poursuivez le mouvement de sorte que la carte disparaisse et se retrouve...

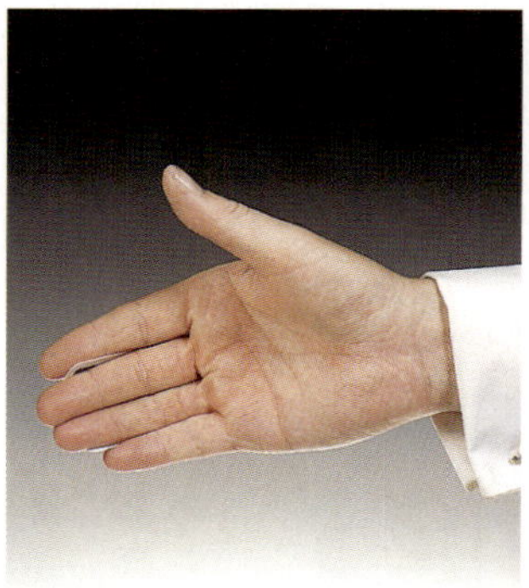

❹ ... en position d'empalmage postérieur.

❺ Présentez le profil de votre main au public et inversez le mouvement de pivot.

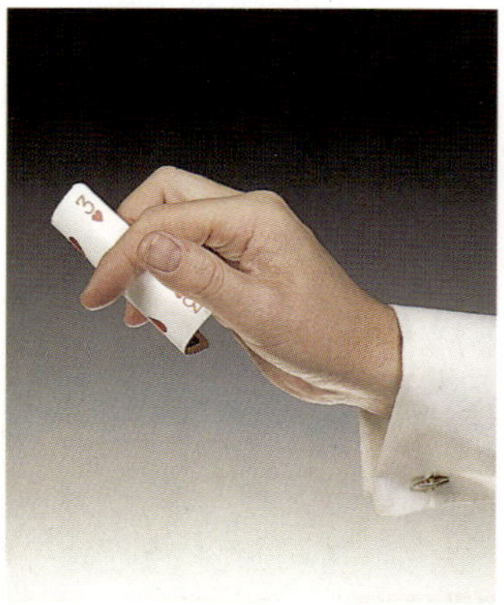

❻ Servez-vous de vos doigts pour amener la carte en position d'empalmage interne.

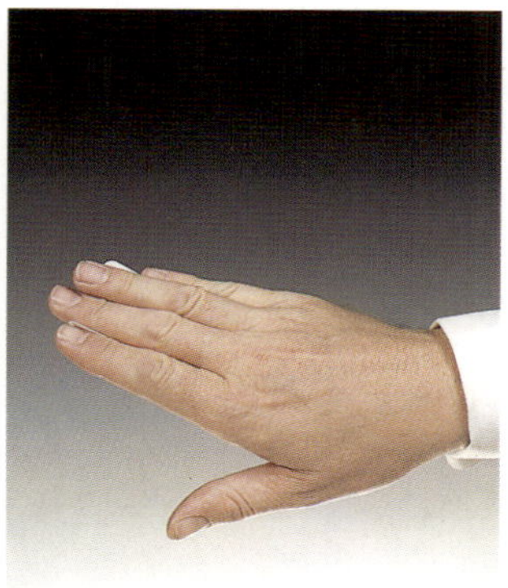

❼ Montrez le dos de la main au public pour lui faire voir que la carte a encore disparu.

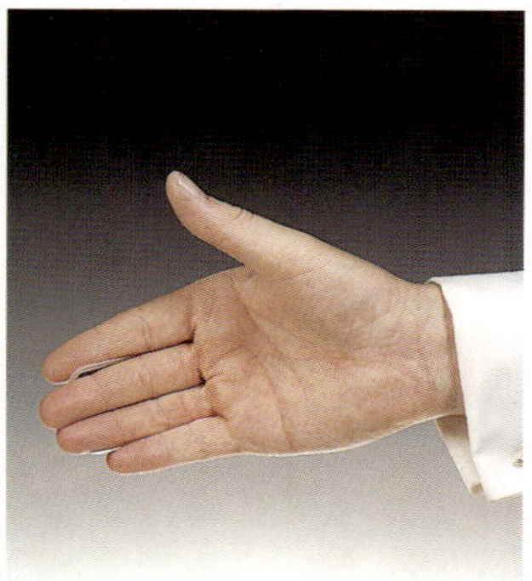

❽ Reproduisez les étapes 1, 2 et 3 pour réempaumer la carte au dos de votre main.

❾ Pour faire apparaître la carte, faites semblant de saisir quelque chose dans le vide tout en faisant pivoter la carte vers l'intérieur de la main.

Faire apparaître plusieurs cartes

Le même mouvement de pivot peut faire apparaître plusieurs cartes d'un petit paquet dissimulé sur ou dans la main. Encore une fois, on croit qu'elles sortent du néant.

1 Empaumez le petit paquet au dos de votre main et faites-le pivoter vers l'intérieur...

2 ... comme ceci.

3 Isolez la première carte et faites pivoter le paquet pour le réempaumer...

4 ... ainsi, au dos de la main..

5 Laissez tomber la première carte et reproduisez les mêmes gestes pour faire apparaître la deuxième, puis la troisième, etc., jusqu'à épuisement du petit paquet.

Faire apparaître plusieurs cartes-Variante

La plupart des magiciens font apparaître des cartes en tournant la paume face au public, pour donner l'impression de les extraire du vide. Cette variante permet au contraire de faire apparaître des cartes en présentant au public le dos de la main repliée.

1 Dissimulez le petit paquet de cartes dans votre paume.

2 Maintenez-le avec les doigts. Isolez la première carte avec le pouce...

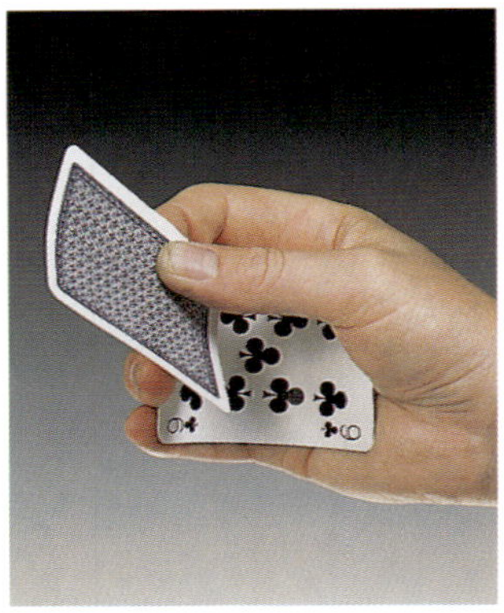

3 ... et montrez-la au public en la tenant entre le pouce et l'index.

4 Voici comment la carte se présente au public. Reproduisez l'action pour faire apparaître d'autres cartes, que vous laisserez tomber jusqu'à épuisement du petit paquet.

Faire apparaître un éventail de cartes

L'empalmage postérieur est essentiel si vous souhaitez faire apparaître un éventail de cartes. Le magicien produit un éventail, qu'il laisse tomber dans un réceptacle. Puis il en produit d'autres et les jette à chaque fois. En réalité, chaque éventail est divisé en deux, la majorité des cartes étant replacées en position d'empalmage postérieur. À chaque fois que vous faites apparaître un éventail, vous ne devez jeter que quelques cartes.

❶ Formez un éventail avec les cartes et présentez-le.

❷ Repliez l'annulaire sous l'extrémité de l'éventail, que vous maintenez avec l'auriculaire, et faites pivoter la majorité des cartes pour les empaumer au dos de votre main...

❸ ... comme ceci.

❹ L'amorce du mouvement de pivot vue de dos.

❺ À la fin du mouvement, toujours vu de dos, les cartes sont en position d'empalmage postérieur.

❻ Jetez quelques cartes qui composent l'éventail et inversez le mouvement de pivot pour ramener celles qui restent dans votre main. Faites apparaître un nouvel éventail.

FAIRE DISPARAÎTRE LA MOITIÉ D'UN JEU

Pendant une manipulation, la moitié d'un jeu de cartes semble disparaître.

❶ Présentez la moitié d'un jeu de cartes de la main gauche et déployez l'autre moitié en éventail de la main droite.

❸ Vue de dos, la moitié du jeu apparaît dans la main droite, devant l'éventail.

❷ Dissimulez la main gauche avec l'éventail et saisissez la moitié du jeu des doigts de la main droite restés libres. Simultanément, retournez la main gauche et fermez-la.

❹ Ouvrez le poing gauche pour montrer au public que la moitié du jeu a disparu et rassemblez toutes les cartes dans la main droite.

LES CARTES VOLANTES

Le magicien lance avec adresse une carte à un spectateur. Ce geste peut se répéter rapidement en direction de plusieurs membres de l'assistance. Il s'agit moins d'un tour que d'une fioriture, d'un geste à accomplirà tout moment du spectacle. Il n'implique aucune supercherie.

Note : veillez à ne pas jeter les cartes avec trop de force. Elles vont voler assez rapidement et tourner sur elles-mêmes à l'horizontale, risquant ainsi de blesser le spectateur au visage.

Trucs de métiers

- Utilisez de préférence des cartes neuves.
- Essayez de tenir chaque carte entre le pouce et l'index pour voir si vous êtes plus à l'aise.

❶ Prenez le côté court de la carte entre l'index et le majeur.

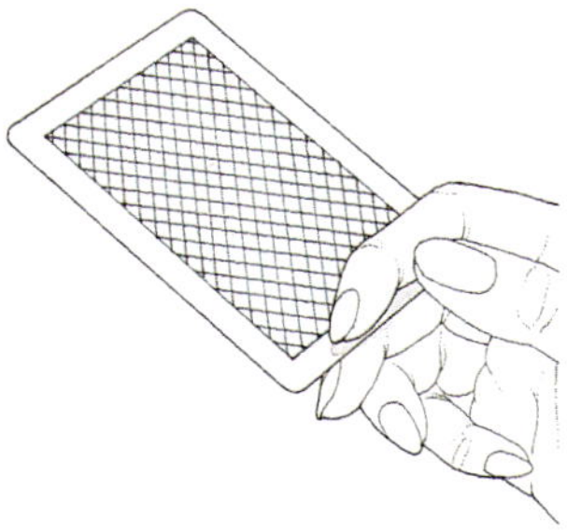

❷ Projetez le bras vers l'avant pour lancer la carte, à laquelle vous donnerez une pichenette pour qu'elle tourne sur elle-même. Le mouvement ressemble à celui du revers au tennis de table. Au début, la carte va sans doute tomber devant vous en virevoltant. Mais tôt ou tard – au bout du troisième essai ou d'une demi-heure –, vous verrez que vous pourrez la lancer à la perfection. Exercez-vous encore un peu et vous réussirez à tous les coups.

Les cartes volantes - Variante

Quelqu'un choisit une carte et la remet dans le paquet. Pour montrer qu'il utilise un jeu tout à fait normal, le magicien lance plusieurs cartes au public. À la surprise générale, l'une d'elles arrête son vol au-dessus des spectateurs et s'en revient vers l'artiste. Il s'agit de la carte initialement choisie.

Truc de métier

• Ce tour nécessite un entraînement plus poussé que « Les cartes volantes » classiques. Ne vous découragez pas s'il vous semble impossible à réaliser, même en tenant la carte par son côté long plutôt que par son côté court. Quand vous maîtriserez le tour de main, exercez-vous devant un miroir pour vous assurer que votre lancer paraît normal. Et, bien sûr, n'oubliez pas de vous entraîner à rattraper la carte.

1 Utilisez le saut (voir p. 18) et le mélange simple (p. 15) pour faire passer la carte choisie au-dessous du jeu.

2 Lancez les premières cartes en employant la technique des « Cartes volantes » (p. 25). Quand vous en aurez assez, prenez la carte située sous le jeu – celle qui a été choisie – de la façon suivante...

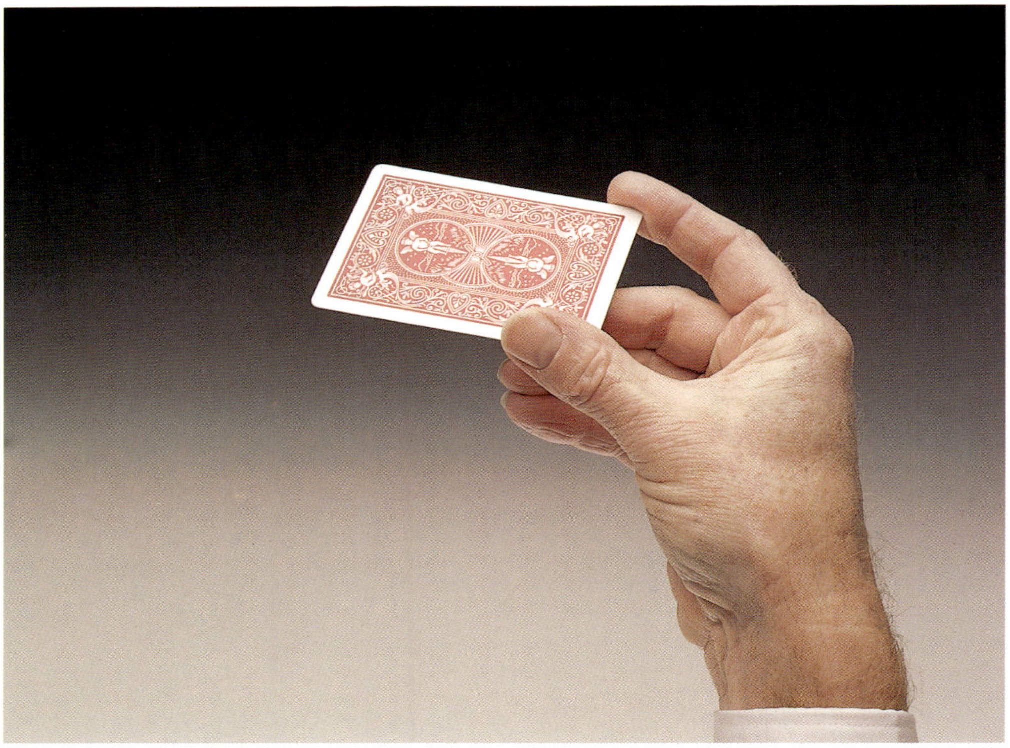

3 ... Saisissez-la par l'angle le plus proche de vous, entre le pouce, le majeur, l'annulaire et l'auriculaire. L'index doit reposer sur l'angle opposé.

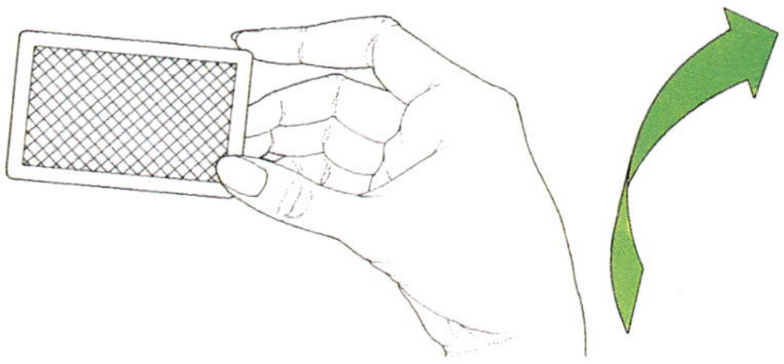

4 Le lancer doit s'effectuer doucement, à la verticale, selon un angle d'environ 45°. Lorsque vous lâchez la carte, donnez-lui une pichenette de l'index. Quand elle aura atteint le point le plus haut de son vol, elle vous reviendra en tournant sur elle-même.

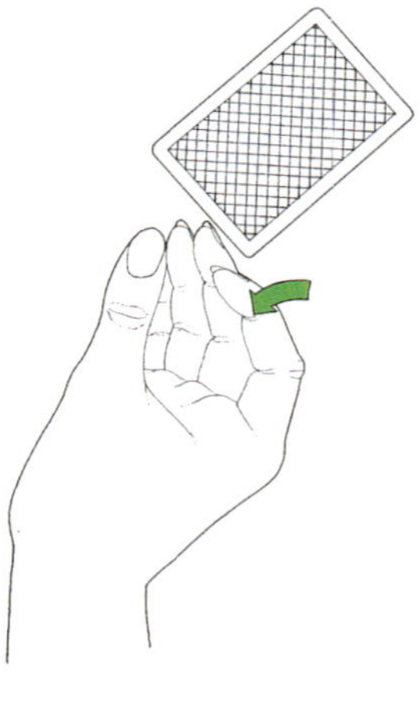

Les cartes volantes - autre variante

Bien qu'il ne nécessite pas une grande dextérité, cet effet se révèle très divertissant. Le magicien demande à un spectateur de choisir une carte au hasard. Il lance tout le jeu en l'air et la carte choisie retombe dans sa main, comme un pigeon voyageur qui rentre au bercail.

MATÉRIEL

1 JEU DE CARTES

DU MIEL

❶ Demandez à un volontaire de choisir une carte. En la montrant au public, expliquez que les cartes vous ont toujours fait penser aux pigeons, mais qu'il est plus difficile de leur apprendre à regagner leur pigeonnier parce qu'elles sont dépourvues de cerveau. Incitez le volontaire et l'assistance à « dresser » la carte choisie en lui répétant : « Tu es la carte la plus intelligente du jeu. Prouve-le nous en retournant chez toi. »

❷ Pendant que le public s'amusera à voir des adultes essayer de dresser une carte à jouer, imprégnez le dos de votre main droite d'une goutte de substance poisseuse (le miel est idéal) que vous aurez préalablement déposée sur votre table.

❸ Demandez au volontaire de remettre sa carte parmi les autres. Battez-les et exécutez un saut (voir p. 18) pour faire passer la carte choisie au-dessus du jeu.

❹ Lancez les cartes en l'air pour qu'elles retombent tout autour de vous. Au moment où vous vous tournez pour effectuer ce geste, trouvez le moyen d'appuyer le dos de la main droite sur celui de la carte choisie. Bien évidemment, celle-ci ne doit pas se trouver au-dessus du paquet. La main placée de sorte que son dos échappe à la vue du public, lancez le reste du paquet en l'air.

❺ Profitez de la chute des cartes pour retourner la main et montrer la carte choisie. Si vous accomplissez cette action trop tôt ou trop tard, les spectateurs s'apercevront de la manœuvre. Choisissez donc bien votre moment.

TRUC DE MÉTIER

- Compte tenu du fait que votre main est désormais poisseuse, il est conseillé de conclure votre numéro par ce tour ou de changer de jeu avant d'aborder le tour suivant.

Les cartes volantes – 4

Moins salissante que la précédente, cette version implique en revanche une bonne dose d'adresse.

❶ Reproduisez le tour précédent jusqu'à ce que vous battiez le jeu en exécutant un saut pour faire passer la carte choisie au-dessus. Assurez-la entre l'index et le majeur.

❷ Aussitôt après, lancez les cartes en l'air tout en appuyant du pouce sur la carte choisie pour la faire ressortir au dos de la main. Quand les cartes retombent autour de vous, imprimez à votre main levée un mouvement brusque (comme pour essayer d'attraper une carte) et retournez la carte choisie pour la montrer. (Pour plus de détails, voir « Faire apparaître

LES DÉS À COUDRE

LES TOURS AVEC DES DÉS À COUDRE PRODUISENT TOUT LEUR EFFET DEVANT UN PETIT NOMBRE DE SPECTATEURS. UTILISEZ DES DÉS DONT LE DIAMÈTRE VOUS PERMET DE LES GLISSER FACILEMENT AU DOIGT. TROP ÉTROITS, ILS RISQUERAIENT DE TOMBER AU MAUVAIS MOMENT.

LA PRODUCTION DE DÉS

Faire apparaître un seul dé
Le magicien donne l'impression d'extraire un dé du vide pour le montrer passé à son pouce.

❶ Maintenez le dé en position d'empalmage postérieur, coincé entre l'index et l'annulaire, et présentez votre paume vide à l'assistance.

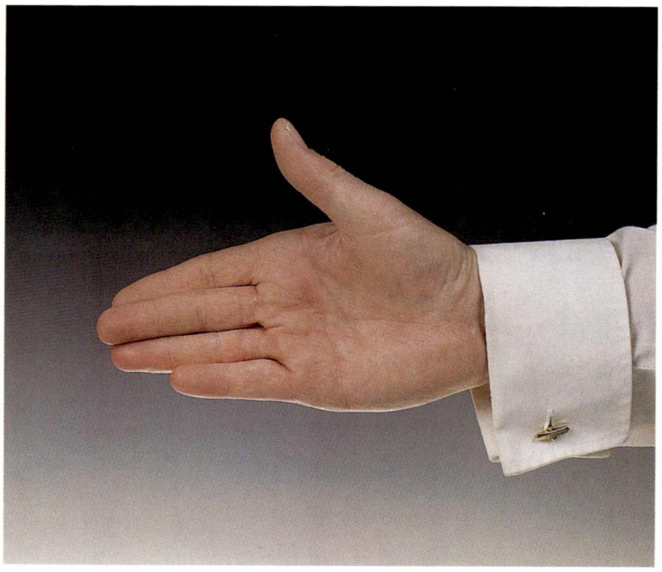

❷ Le dé reste invisible du public.

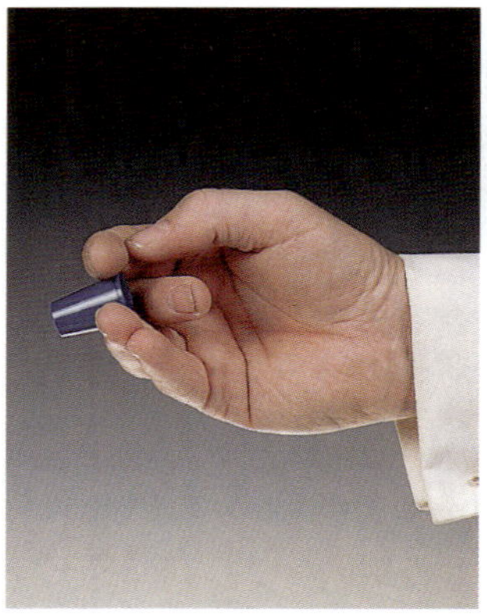

❸ Faites-le pivoter vers l'intérieur de la main...

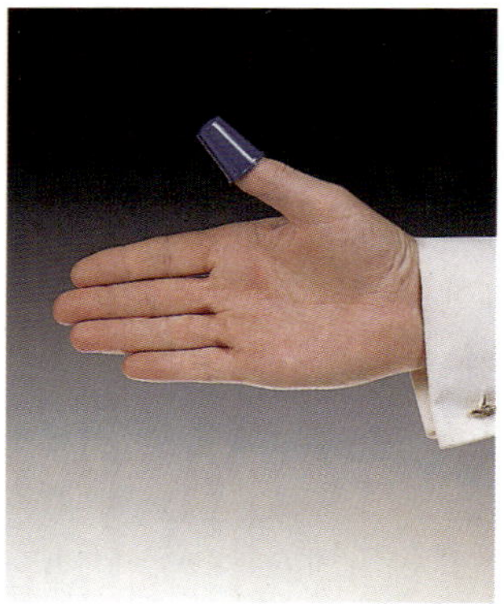

❹ ... et enfoncez-le sur votre pouce tout en faisant semblant de l'attraper dans le vide.

Faire apparaître plusieurs dés

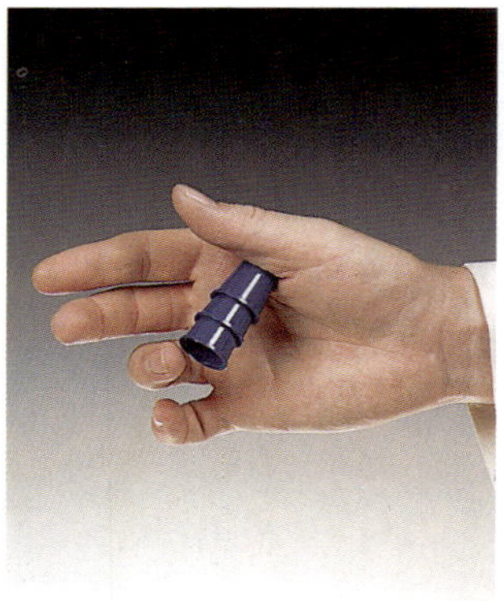

Procédez à un empalmage par le pouce pour dissimuler les dés enfilés les uns sur les autres. Ils se retrouvent coincés entre la base du pouce et le creux de la paume. Pour les faire apparaître, repliez un doigt, enfoncez-le dans l'orifice du premier dé, et ainsi de suite avec les autres doigts. Répétez l'opération de l'autre main.

LE PORTE-DÉS
Le porte-dés vous permet de produire facilement et discrètement un ou plusieurs dés tout en gardant les mains libres. Les dés se détachent aisément de leur support, que vous aurez préalablement fixé ou caché à l'intérieur de votre veste.

Faire disparaître des dés

Étudiez les techniques destinées à faire disparaître des dés et pratiquez-les jusqu'à ce que vous puissiez les reproduire sans y penser.

Disparition par enfoncement
Cette méthode permet de faire disparaître un dé de façon tout à fait convaincante.

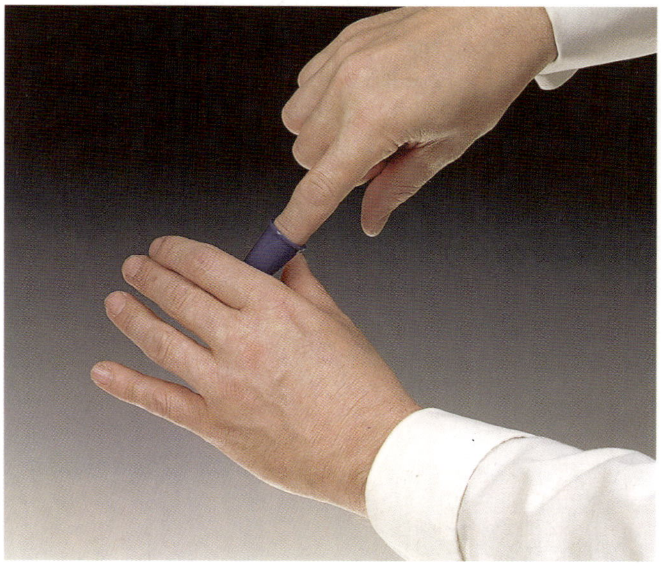

❶ Présentez le dé passé à l'index de la main droite, puis enfoncez ce doigt dans la main gauche.

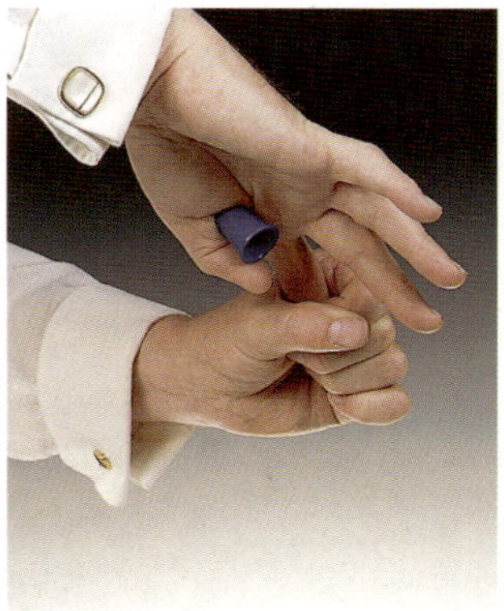

❷ Tout en fermant la main gauche, recourbez l'index qui porte le dé et amenez celui-ci en position d'empalmage par le pouce.

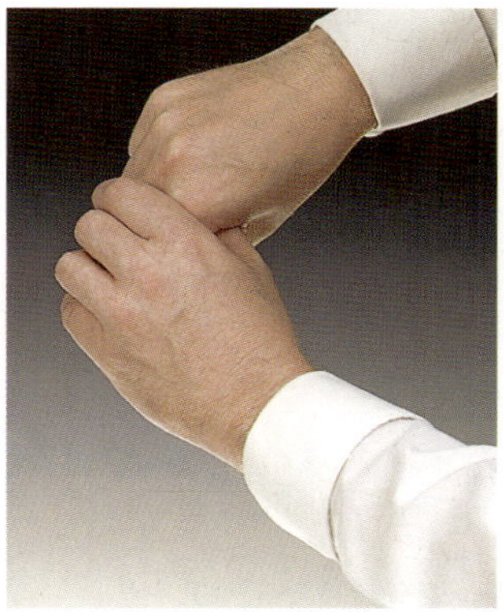

❸ Aux yeux du public, votre main gauche paraît renfermer votre index droit et le dé qui y est passé.

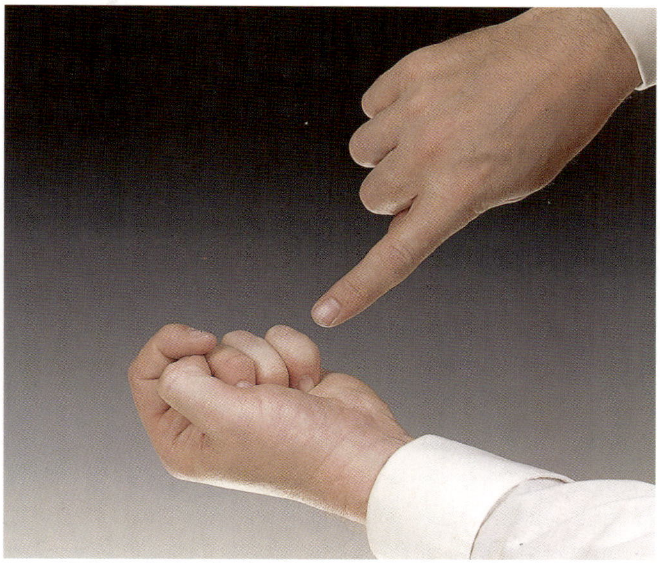

❹ Extrayez l'index droit et tendez-le vers votre main gauche fermée pour renforcer l'impression que le dé s'y trouve toujours.

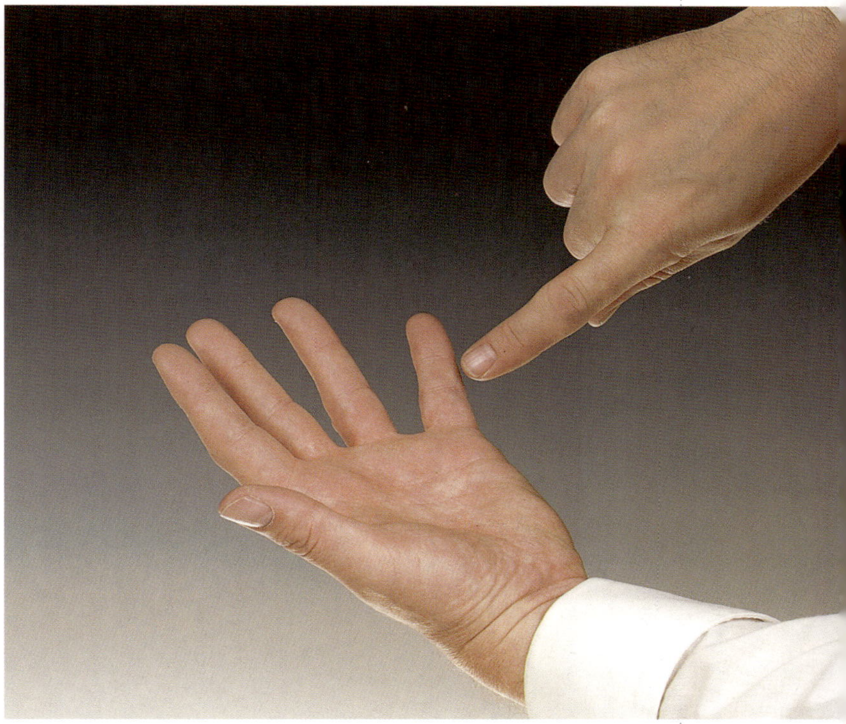

❺ Ouvrez la main gauche pour montrer que le dé a disparu. Il reste en fait dissimulé dans la main droite.

Disparition simple

Vous semblez lancer un dé tellement haut qu'il disparaît.

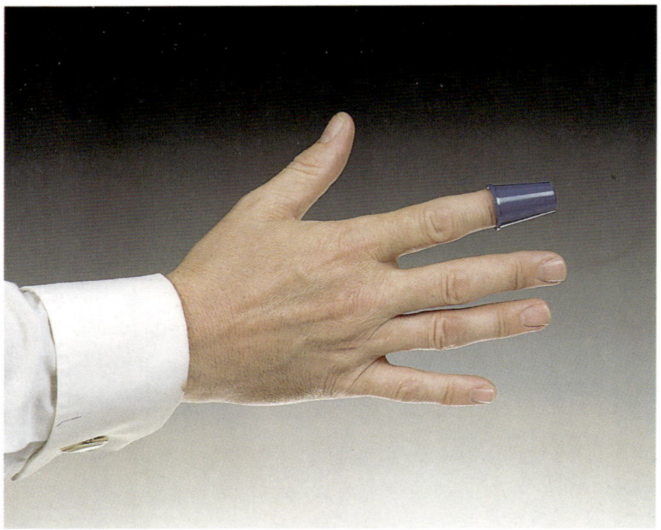

❶ Montrez le dé passé à l'index d'une main.

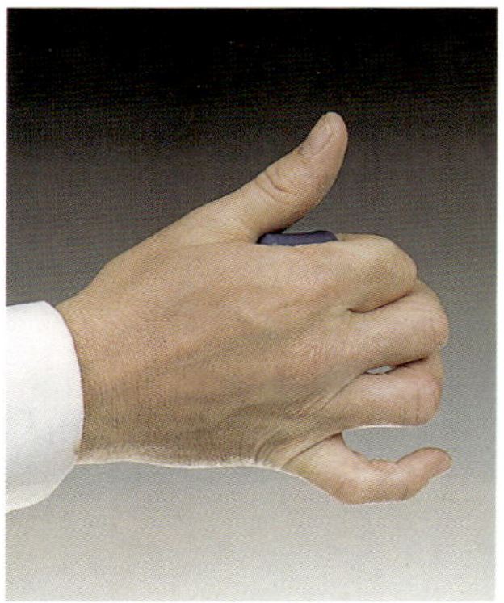

❷ De cette même main, faites un mouvement vertical tout en recourbant l'index vers la base du pouce.

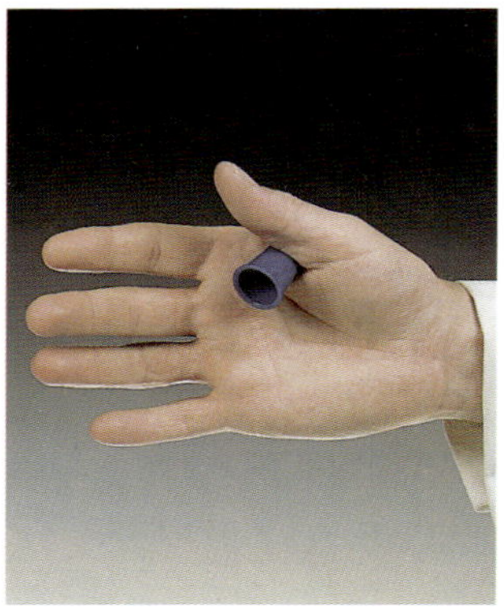

❸ Libérez aussitôt le dé de votre index et empaumez-le par le pouce.

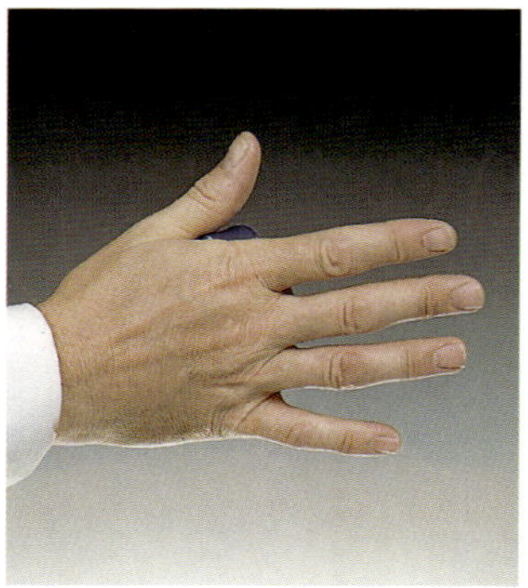

❹ Vue du public, votre main semble vide à la fin du mouvement.

Présenter des mains vides

Cette technique peut s'appliquer au faux pouce (voir pp. 144-154).

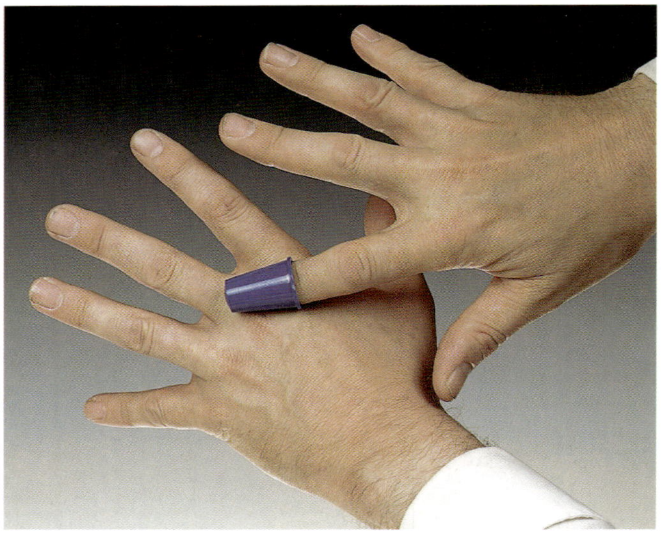

❶ Dissimulez votre index droit, sur lequel est passé le dé, derrière votre main gauche.

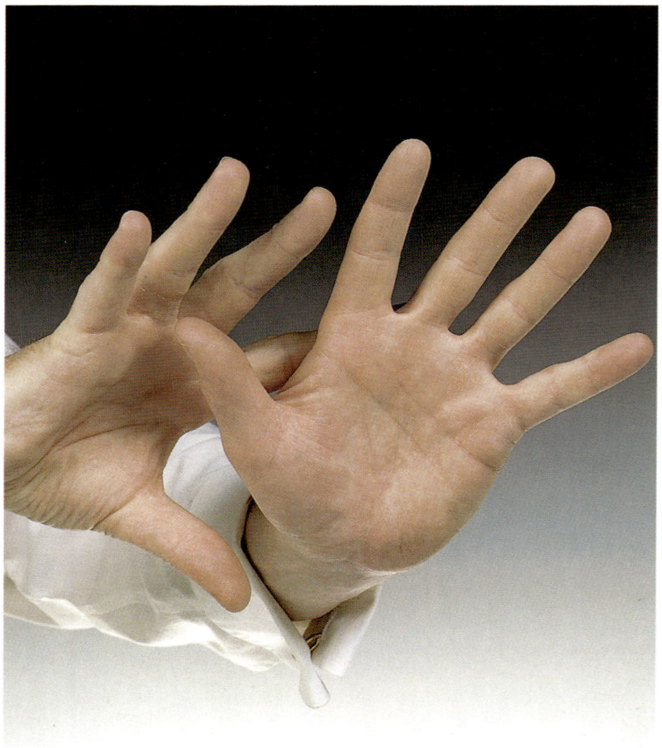

❷ Aux yeux des spectateurs, vos deux mains sont vides.

LES BOULES

LÉGÈRES ET COLORÉES, LES PETITES BOULES DE PLASTIQUE SONT IDÉALES POUR RÉALISER DES TOURS DESTINÉS À MARQUER UNE PAUSE. DES EXERCICES AUSSI SIMPLES QUE CELUI-CI PEUVENT ÉGALEMENT SAUVER UN SPECTACLE QUI TOURNE MAL. PRATIQUÉS INTENSÉMENT, ILS VOUS METTRONT EN CONFIANCE DÈS LE DÉBUT DE VOTRE PRESTATION.

L'EMPALMAGE D'UNE BOULE

La boule adhère à votre paume, que vous avez enduite de crème hydratante.

❶ Vue de dos, la boule est collée à votre paume. En accomplissant ce geste, conservez un certain naturel pour que le public ne remarque rien.

❷ Cette variante, l'empalmage par les doigts, vous autorise un geste différent. Vue de dos, la boule est bien coincée entre la paume, le majeur, l'annulaire et l'auriculaire.

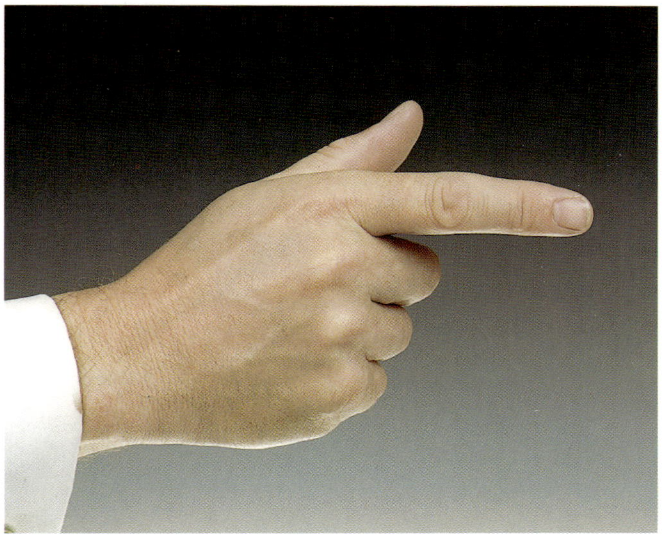

❸ Pour les spectateurs, votre geste reste naturel. Ils pensent que vous montrez quelque chose du doigt. La boule leur est totalement invisible.

FAIRE DISPARAÎTRE UNE BOULE

Voici trois méthodes permettant de faire disparaître une boule. Entraînez-vous à les reproduire machinalement.

Disparition par transfert

❶ Fermez la main droite et posez la boule au sommet. Approchez la main gauche légèrement repliée en coupe, comme pour saisir la boule.

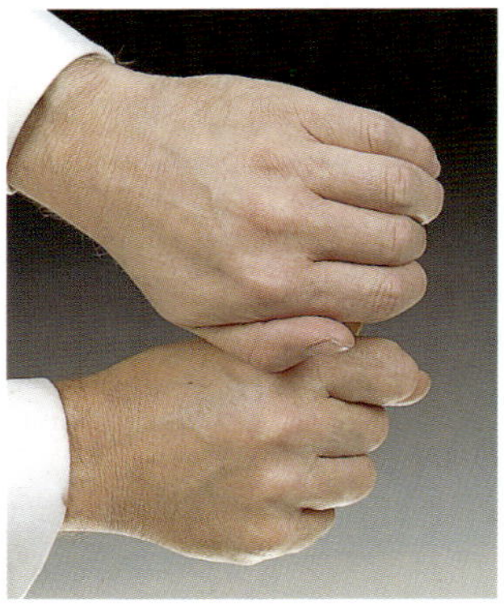

❷ Faites semblant de prendre la boule sur votre poing droit...

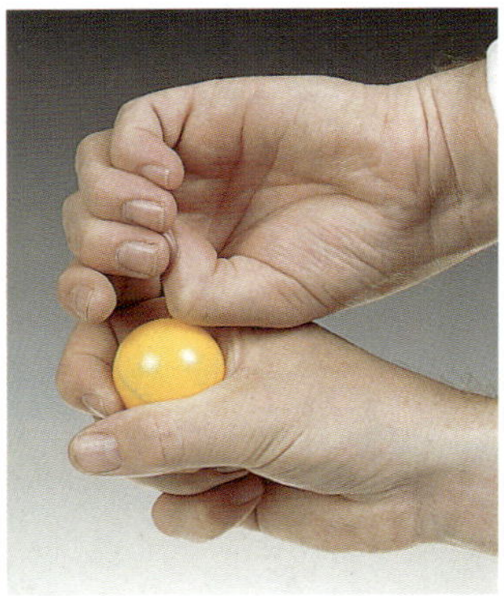

❸ ... tout en la laissant glisser à l'intérieur de la main droite, comme le montre cette vue de dos.

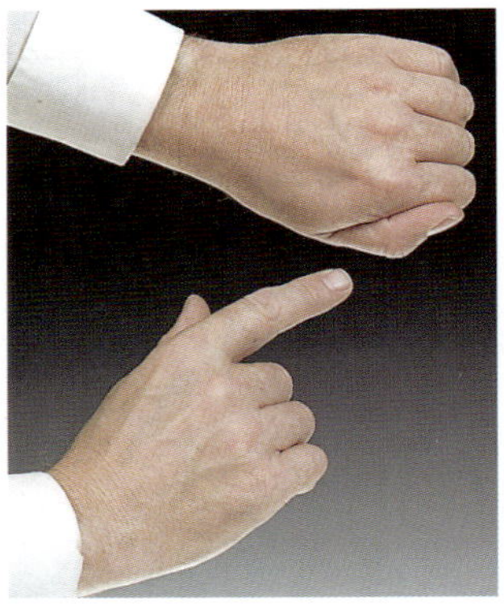

❹ La boule empaumée par les doigts de la main droite, pointez l'index vers le poing gauche.

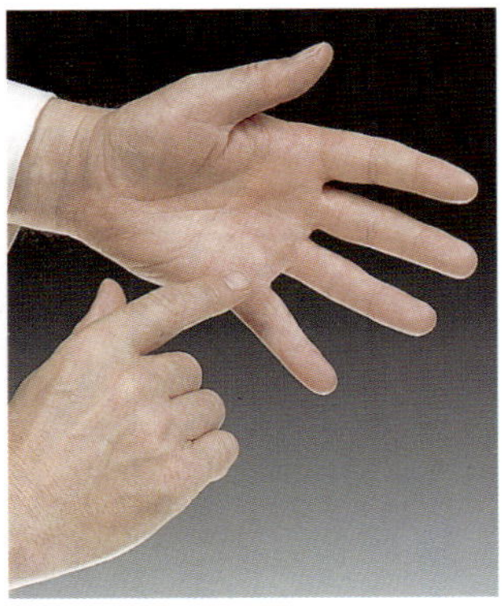

❺ Dépliez lentement les doigts de la main gauche pour montrer que la boule a disparu.

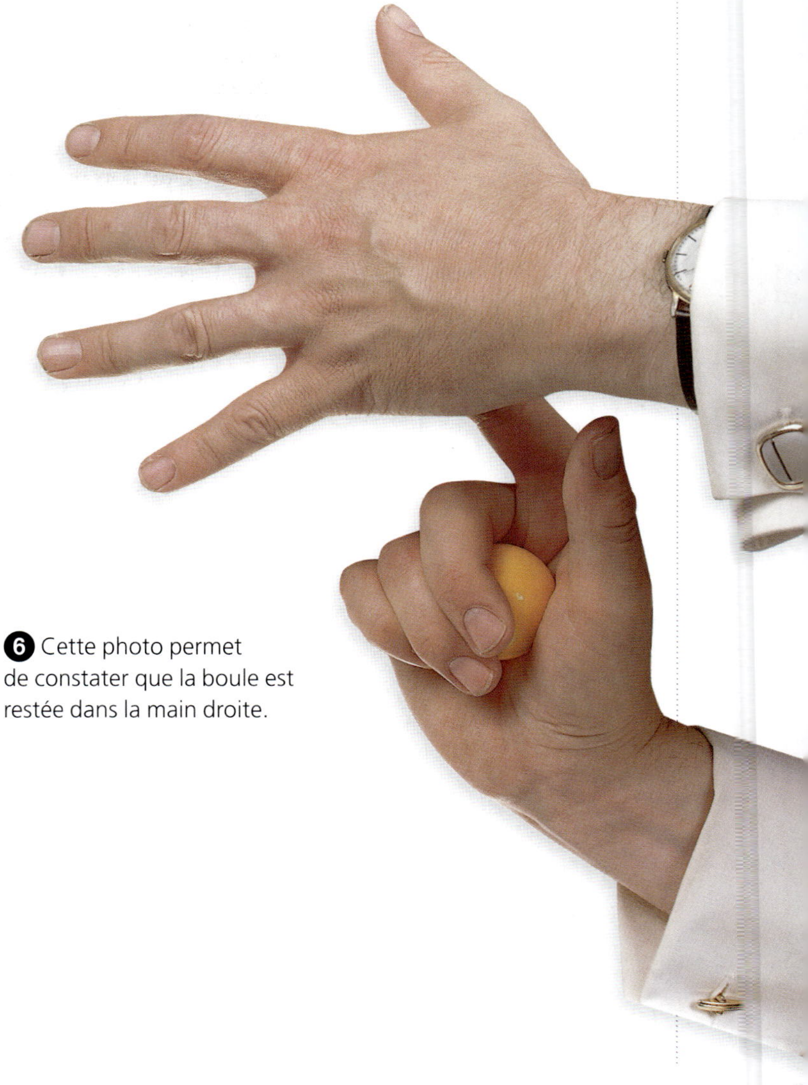

❻ Cette photo permet de constater que la boule est restée dans la main droite.

Disparition par enfoncement

❶ Serrez bien la main gauche sur la boule et présentez votre poing de profil pour que le public voie la boule. Placez la main droite au-dessous de la gauche.

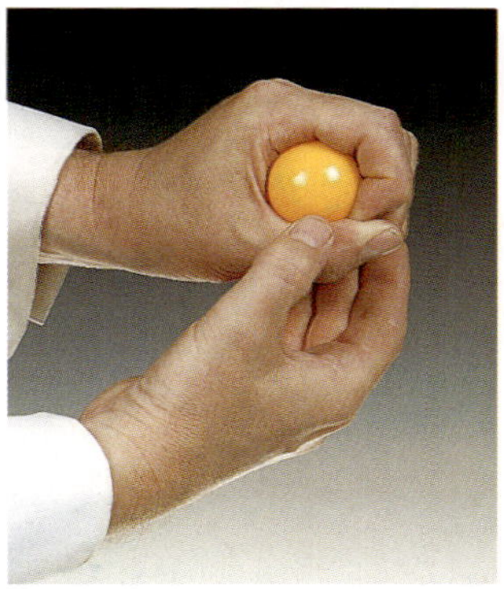

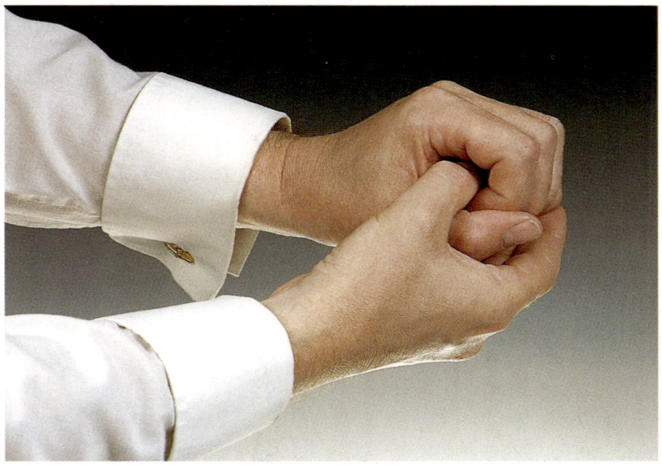

❷ Du pouce droit, enfoncez la boule dans votre poing gauche tout en repliant la main droite en coupe sous la gauche.

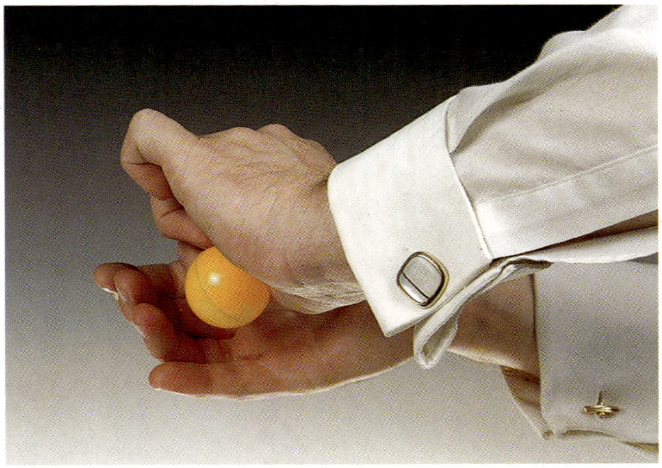

❸ De dos, on voit que le pouce droit pousse la boule dans le poing gauche et la fait tomber dans la main droite.

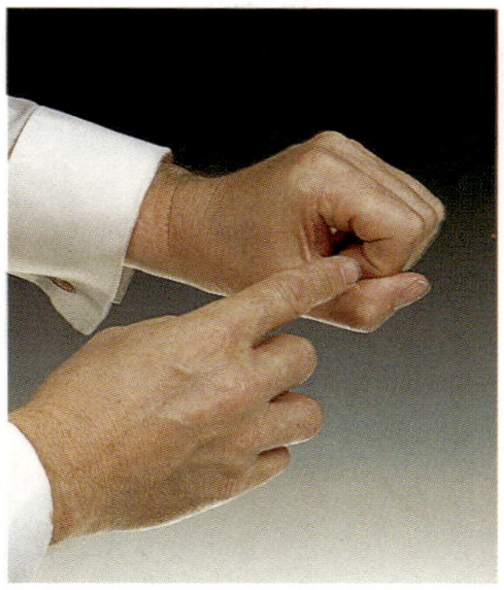

❹ La boule empaumée par les doigts de la main droite, enfoncez un peu plus l'index droit dans le poing gauche. Devant cette manœuvre, le public pense que la boule est restée dans votre main gauche.

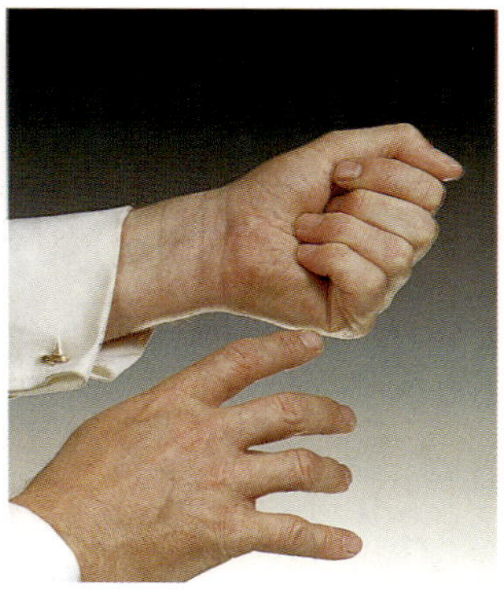

❺ Retournez la main gauche en la gardant fermée, comme si elle serrait toujours la boule, à présent coincée en position d'empalmage entre les doigts de la main droite.

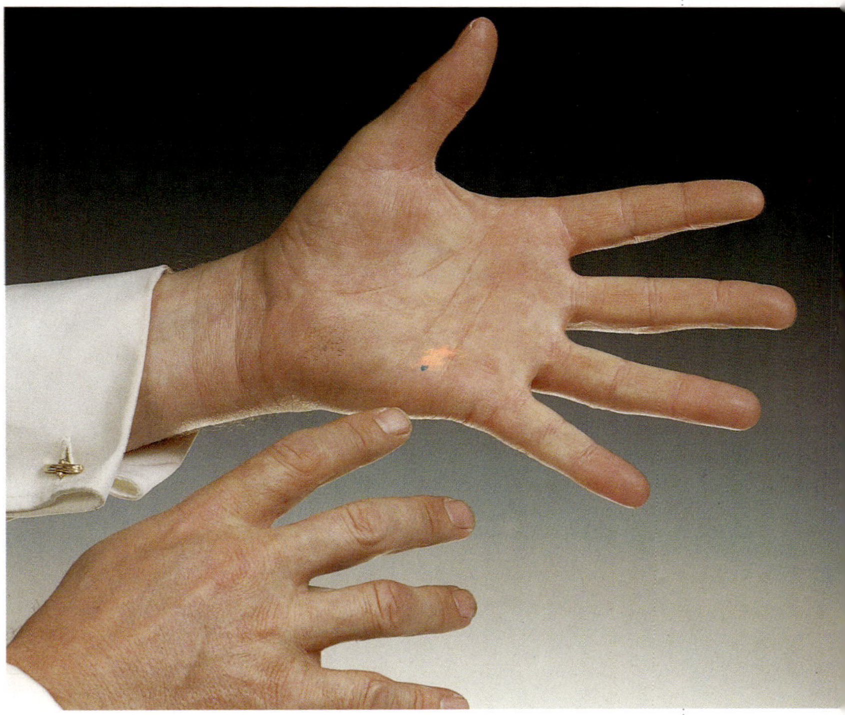

❻ Dépliez lentement les doigts de la main gauche pour montrer que la boule a disparu.

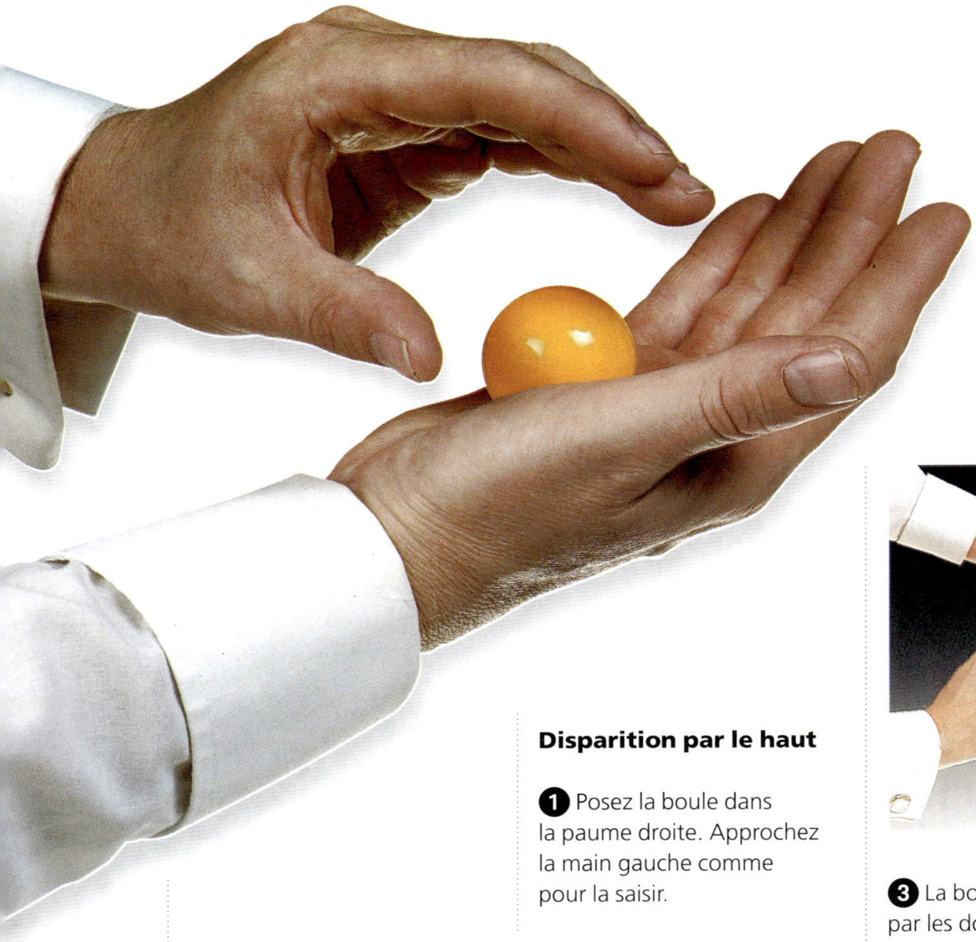

Disparition par le haut

❶ Posez la boule dans la paume droite. Approchez la main gauche comme pour la saisir.

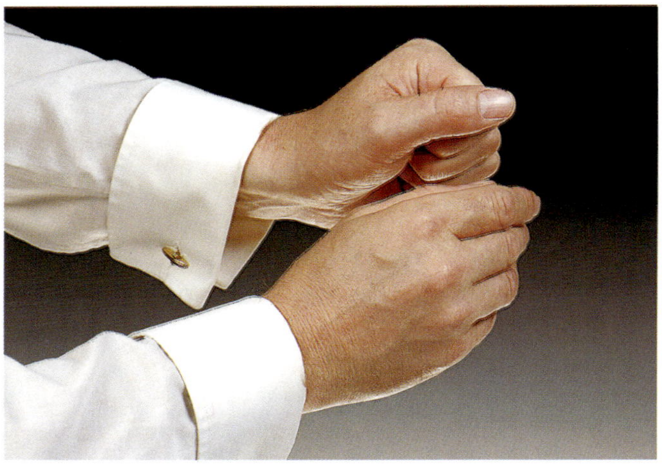

❷ Au moment où la main gauche semble prendre la boule, tournez la main droite de sorte que le public en voie le dos. La boule est restée à l'intérieur.

❸ La boule empaumée par les doigts de la main droite, tendez l'index droit vers le poing gauche.

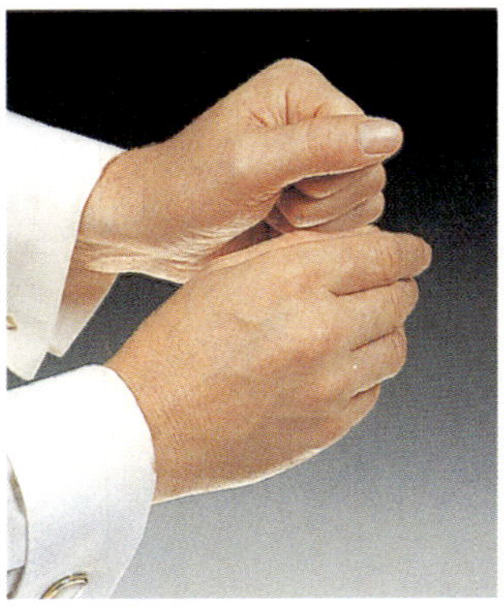

❹ Dépliez lentement les doigts de la main gauche pour montrer que la boule a disparu.

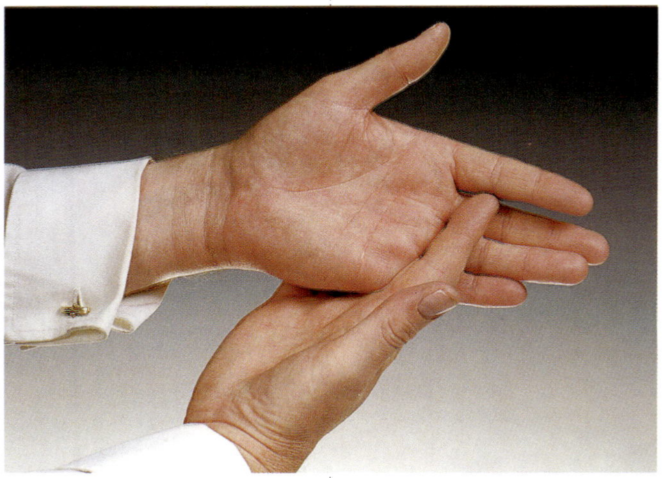

❺ Il est possible d'ajouter un effet à cet exercice. Pour ce faire, tournez légèrement la main droite vers le public et faites passer la boule au dos de la main gauche ouverte. La boule reste invisible des spectateurs.

LES CIGARETTES

COMME LES CARTES ET LES BOULES, LES CIGARETTES SONT DES ARTICLES QU'IL EST FACILE DE SE PROCURER. CEPENDANT, SI VOUS OBSERVEZ ATTENTIVEMENT LES PHOTOS CI-DESSOUS, VOUS CONSTATEREZ QU'ON A UTILISÉ DES BÂTONNETS EN PLASTIQUE TAILLÉS À UNE CERTAINE LONGUEUR. CE SUBTERFUGE EST PARTICULIÈREMENT UTILE À CEUX QUI POSSÈDENT DE PETITES MAINS ET QUI SOUHAITENT POUVOIR Y DISSIMULER DES CIGARETTES SANS QUE LE PUBLIC PENSE À UN TRUCAGE. DE PLUS, CONTRAIREMENT AUX VRAIES CIGARETTES, CES BÂTONNETS NE SE CASSENT JAMAIS ET NE SENTENT RIEN.

PRODUIRE DES CIGARETTES

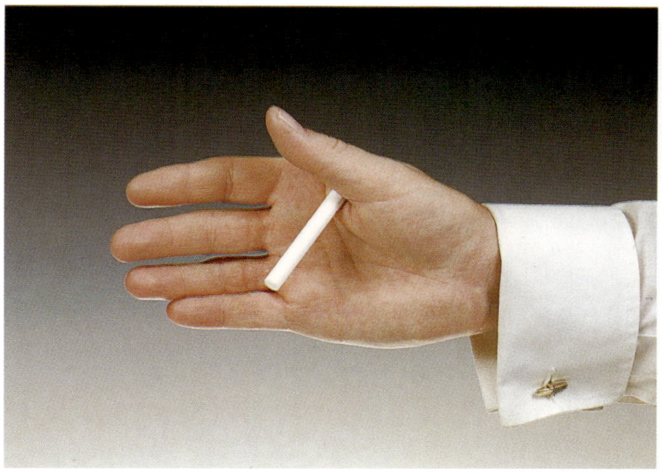

Faire apparaître une seule cigarette
Il est possible d'empaumer une cigarette et de l'extraire du vide en respectant la méthode suivante.

❶ Coincez la cigarette en position d'empalmage par le pouce. Le dos de la main semble tout à fait normal, bien que la cigarette se trouve dans la paume.

❷ Pour la faire apparaître, repliez les doigts et saisissez-la entre l'index et le majeur.

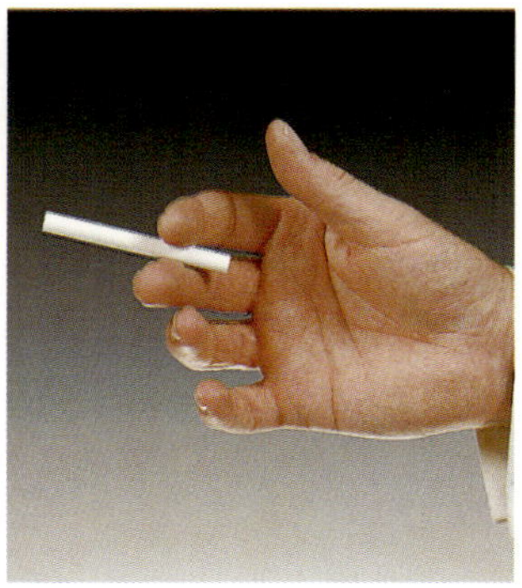

❸ Puis, d'un mouvement rapide, dépliez les doigts et montrez la cigarette au public.

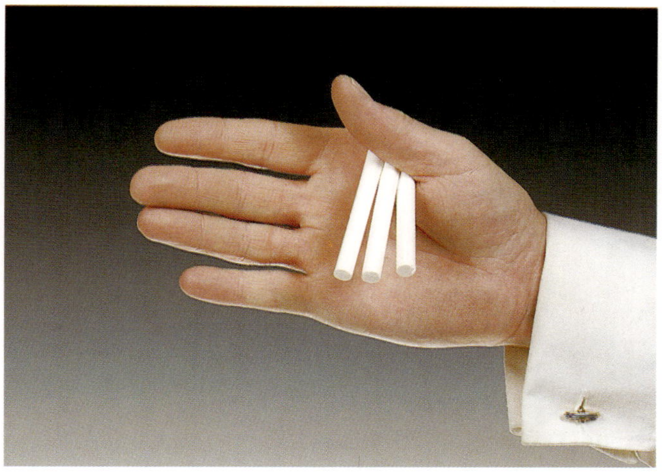

Faire apparaître plusieurs cigarettes
La technique précédente s'applique également si vous souhaitez produire plusieurs cigarettes.

❶ Coincez plusieurs cigarettes – autant que votre confort l'autorise – en position d'empalmage par le pouce.

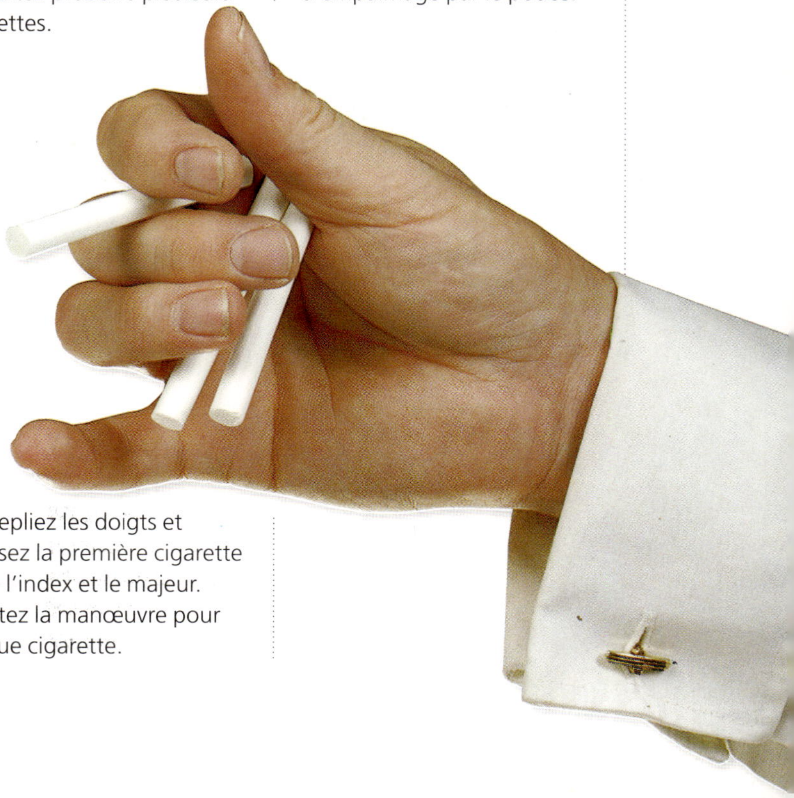

❷ Repliez les doigts et saisissez la première cigarette entre l'index et le majeur. Répétez la manœuvre pour chaque cigarette.

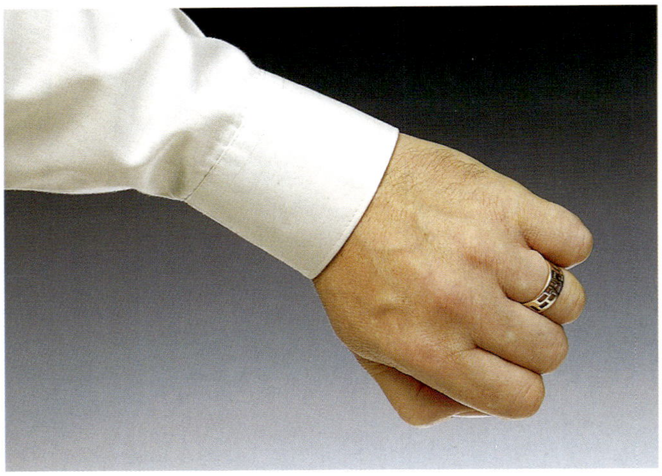

Faire sortir des cigarettes d'un chapeau

Pour effectuer ce tour, vous avez besoin d'un chapeau claque. Vous le dépliez avec élégance et faites apparaître une série de cigarettes que vous jetez une à une à l'intérieur. Au-dessus de la table, vous retournez le chapeau, d'où tombe un grand nombre de cigarettes. En fait, vous n'avez produit qu'une seule et même cigarette.

❶ Avant de commencer le tour, prenez un chapeau claque et coincez autant de cigarettes que vous le souhaitez entre les renforts.

❷ Au début, présentez au public le haut du chapeau. Comme celui-ci est replié, l'assistance le croira vide. Donnez-lui un petit coup pour le déplier. Les cigarettes coincées dans les renforts tombent alors au fond.

❸ Faites semblant d'extraire une cigarette du vide. Au moment de la jeter dans le chapeau, faites-la pivoter pour l'empaumer par le pouce. Répétez le geste, en produisant à chaque fois la même cigarette, jusqu'à ce que vous en ayez fait « apparaître » autant de cigarettes que le chapeau en contient.

La cigarette qui sort du poing

Entre deux tours faisant appel aux cigarettes, vous pouvez réaliser quelques petites fioritures. L'exercice qui va suivre produit un bel effet. Associé à d'autres, il permet d'obtenir un programme amusant. Il consiste à faire sortir une cigarette de son poing.

❶ Coincez une cigarette dans votre paume et repliez le pouce à l'intérieur pour qu'il repose sur l'extrémité de la cigarette. Présentez le dos de la main au public.

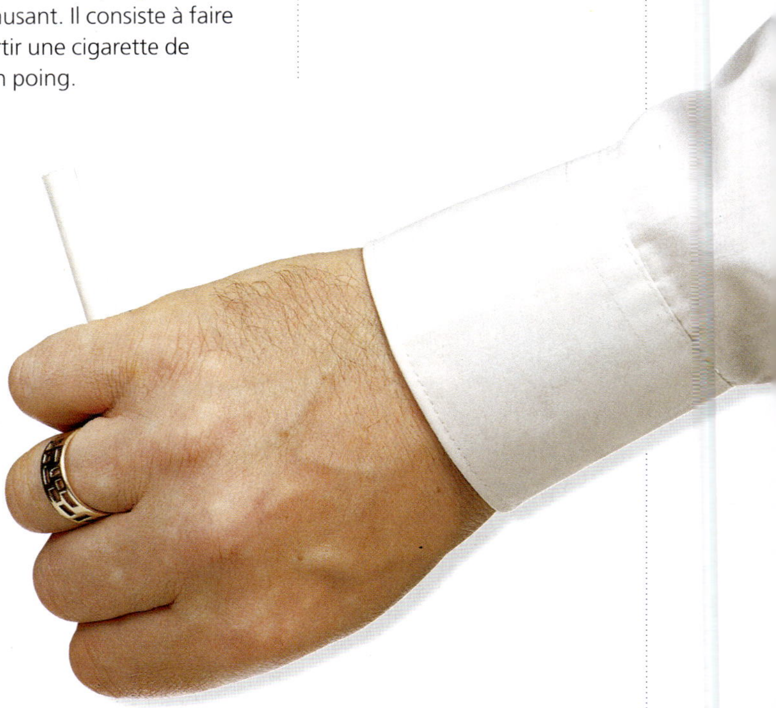

❷ Avec le pouce, enfoncez lentement la cigarette afin de la faire ressortir par le haut du poing.

Les cigarettes et la boîte d'allumettes
Ce tour vous permet de garder les mains libres avant de faire apparaître des cigarettes. Celles-ci sont en fait placées dans une boîte d'allumettes que vous avez préparée en découpant une extrémité de sa partie interne. La boîte doit être placée sur votre table, le plus loin possible du public, et cachée par d'autres accessoires.

❶ Prenez la boîte d'allumettes de telle façon que la partie découpée et les cigarettes qui en sortent se trouvent à l'intérieur de votre main. Pour les spectateurs, qui ne voient pas les cigarettes, vous tenez une vraie boîte d'allumettes. La position de votre main reste naturelle, surtout si vous faites semblant de gratter une allumette.

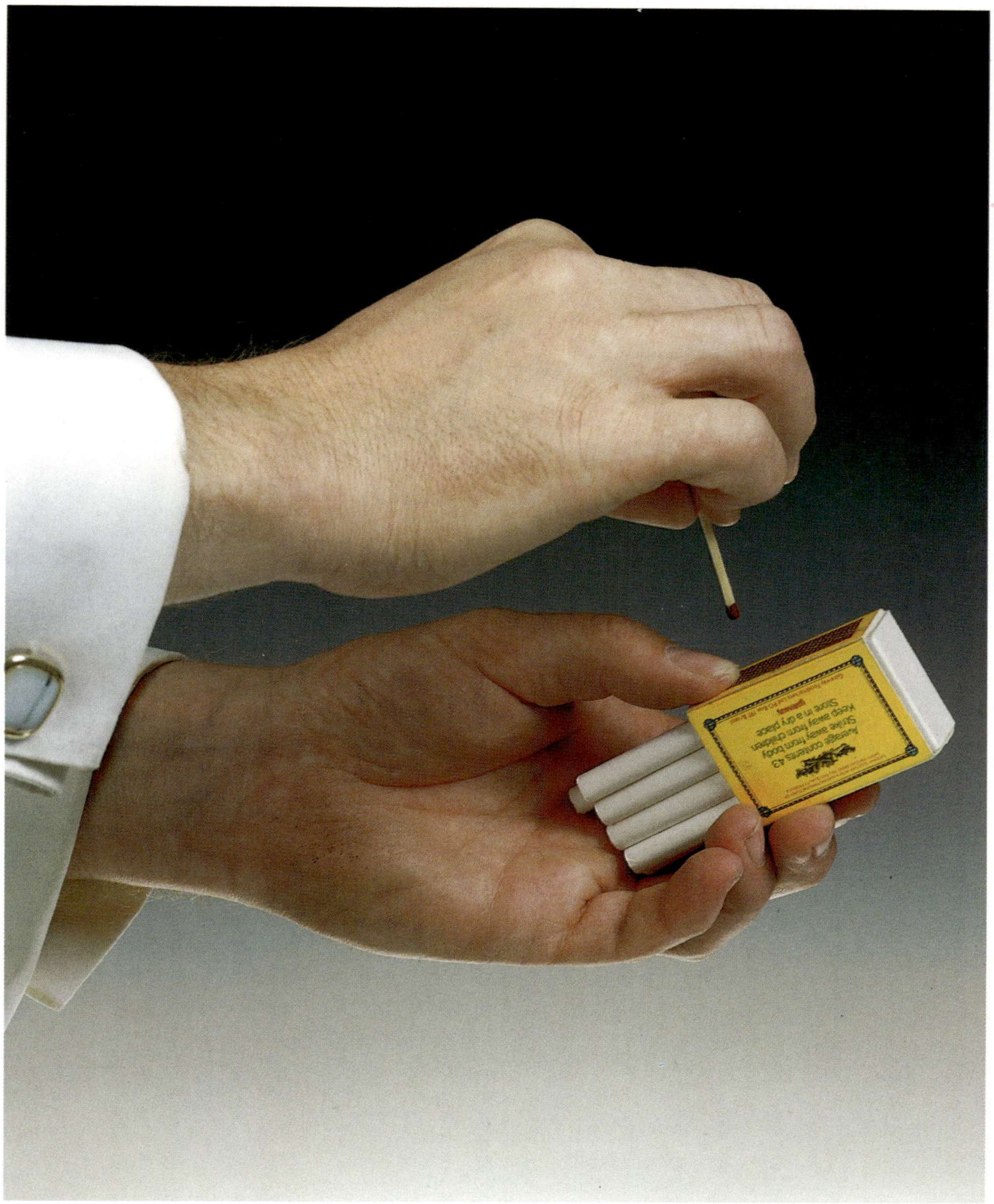

❷ Comme l'indique cette vue de dos, vous devez légèrement incliner la boîte pour que les cigarettes glissent vers le creux de la paume. Vous pourrez ainsi les faire apparaître une à une.

FAIRE DISPARAÎTRE DES CIGARETTES

Disparition par le haut

❶ Tenez la cigarette entre le pouce et l'index de la main droite et présentez-la à l'assistance.

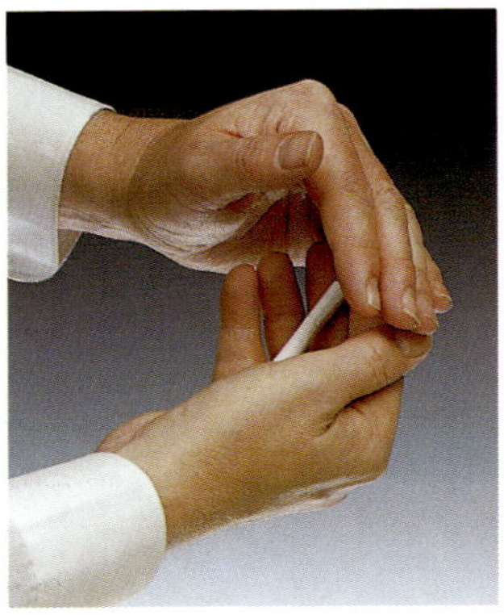

❷ Repliez la main gauche au-dessus de la cigarette comme si vous alliez saisir celle-ci, tout en la faisant pivoter dans votre paume droite.

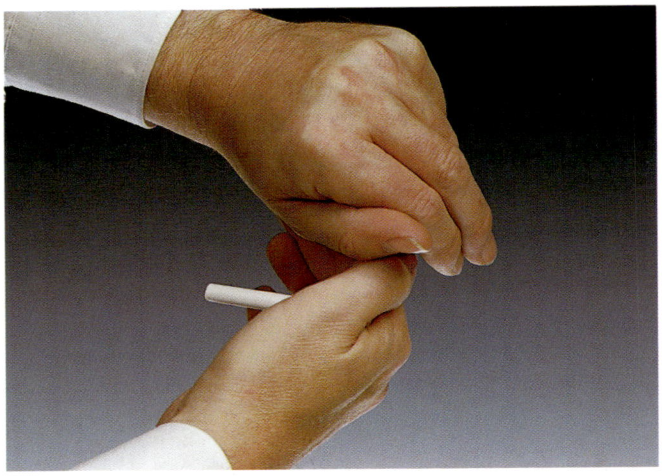

❸ Refermez la main gauche. Simultanément, procédez à un empalmage par le pouce de la main droite.

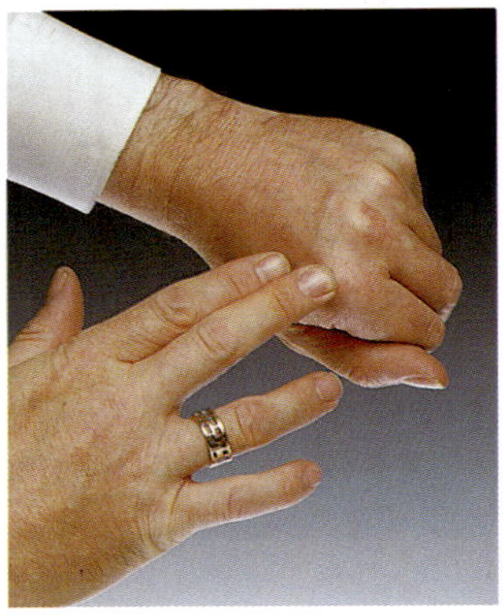

❹ Frottez le dos de votre poing gauche avec la main droite, apparemment vide.

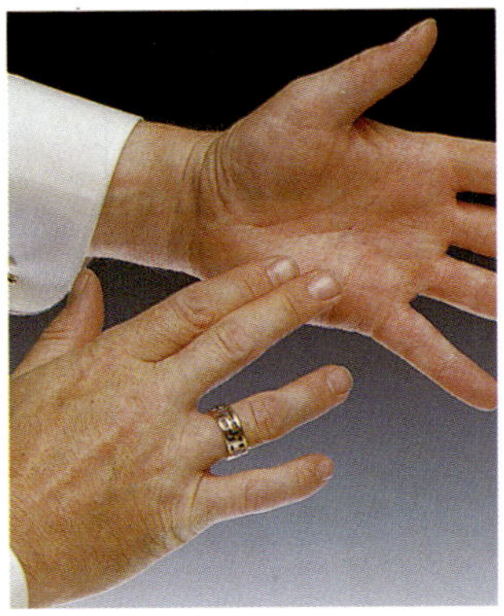

❺ Dépliez les doigts de la main gauche pour montrer que la cigarette a disparu.

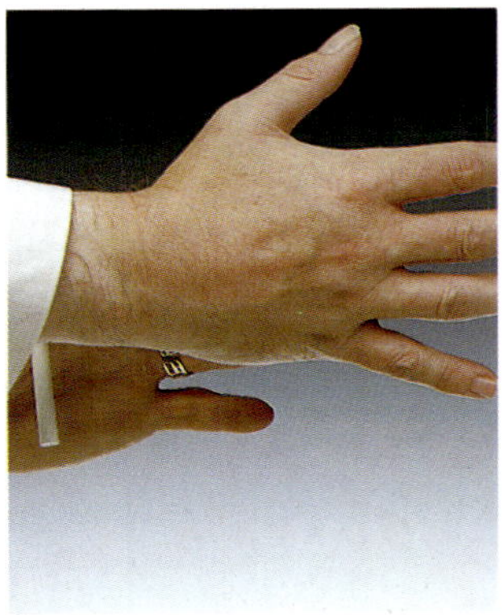

❻ Vue de dos, la cigarette est restée empaumée par le pouce dans la main droite.

Disparition par enfoncement
Ce mouvement est exactement le même que celui qui aboutit à la disparition des boules (voir p. 32). L'effet consiste à enfoncer une cigarette dans le poing gauche avec le pouce droit et à ouvrir la main gauche pour montrer que la cigarette a disparu. De la main droite, extrayez du vide la cigarette disparue. En réalité, vous l'avez fait tomber dans la main droite, où elle est restée cachée jusqu'à ce que vous la fassiez apparaître.

LES PIÈCES DE MONNAIE

POUR CONCLURE CETTE PRÉSENTATION DE TOURS DE PASSE-PASSE SIMPLES, VOICI DEUX EXERCICES QUI PERMETTENT DE FAIRE APPARAÎTRE ET DISPARAÎTRE DES PIÈCES DE MONNAIE. CES TECHNIQUES ÉLÉMENTAIRES AMUSERONT PARTICULIÈREMENT LES ENFANTS. QUI PEUT RÉSISTER AU PLAISIR DE VOIR UNE PIÈCE SORTIR DE DERRIÈRE SON OREILLE ?

FAIRE APPARAÎTRE ET DISPARAÎTRE UNE PIÈCE

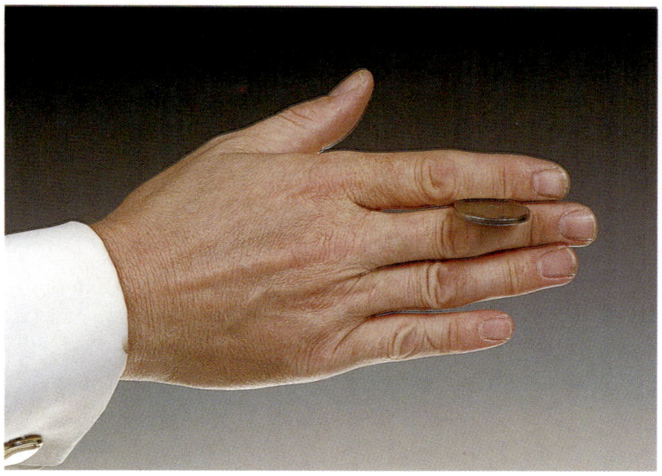

Ce mouvement simple et efficace permet d'extraire une pièce du vide, d'un vêtement, ou de cheveux. On peut faire disparaître la pièce en inversant l'action.

❶ Coincez bien la pièce au dos de la main, entre l'index et le majeur.

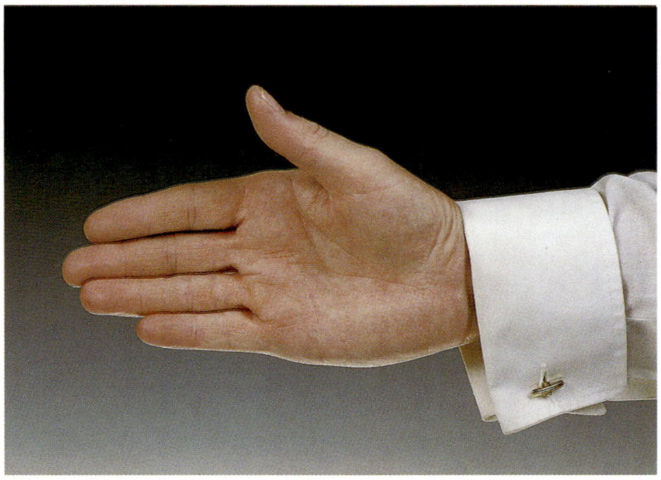

❷ Présentez votre paume au public pour lui donner l'impression que vous ne tenez rien.

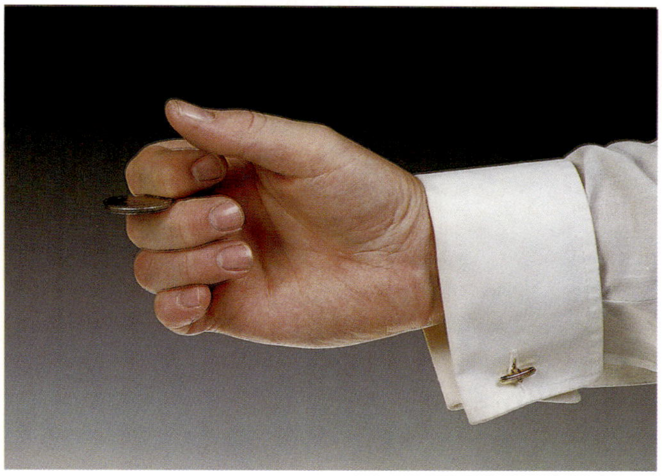

❸ Pour faire apparaître la pièce, repliez les doigts vers l'intérieur et...

❹ ... servez-vous du pouce pour faire glisser la pièce vers l'avant. Montrez-la au public.

FAIRE APPARAÎTRE PLUSIEURS PIÈCES DE MONNAIE

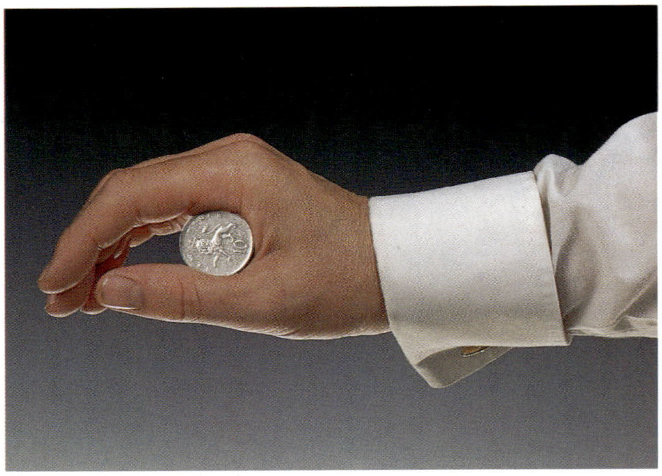

1 Coincez plusieurs pièces à la base du pouce.

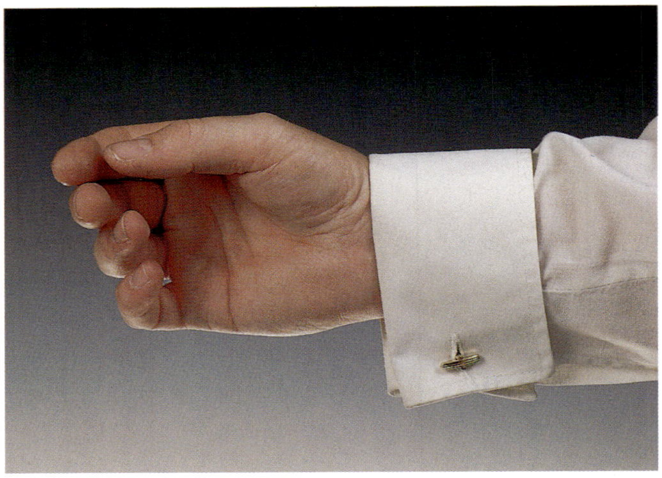

2 Présentez votre paume au public, qui voit une main totalement vide.

3 Repliez le pouce au-dessus de l'index et faites glisser la première pièce. Répétez l'opération jusqu'à la dernière.

LE FORÇAGE DES CARTES

LES DÉBUTANTS S'EXERCENT SOUVENT À LA MAGIE EN RÉALISANT DES TOURS DE CARTES. UN JEU NE COÛTE PRESQUE RIEN ET IL EST TOUJOURS POSSIBLE D'EN DÉNICHER UN CHEZ SOI. EN outre, ce type d'exercice se réalise partout : sur une table, par terre, ou simplement dans la main de l'exécutant. Certains magiciens préfèrent utiliser un tapis pour que les cartes ressortent sur la couleur sombre du tissu velouté. D'autres se contentent d'une table nue.

La plupart du temps, vous n'aurez besoin que d'un jeu de cartes. Mieux vaut pourtant en posséder deux, à la face identique et au dos différent. Si vos moyens vous le permettent, procurez-vous un jeu de qualité supérieure. En effet, il n'est guère avantageux d'acheter des cartes médiocres qui vont craquer à la première torsion et produire un mauvais effet. Certains professionnels n'utilisent que des cartes plastifiées, et d'autres des cartes au fini entoilé. Tout dépend des goûts... Précisons cependant que les cartes plastifiées durent plus longtemps et qu'elles glissent facilement les unes sur les autres. Il est également conseillé de disposer d'un troisième jeu, identique à l'un des deux premiers, mais doté d'un fini entoilé plutôt que lisse.

Quand l'un ou l'autre de vos jeux principaux sera usé, remplacez-les tous les deux. Souvenez-vous que des cartes tordues, déchirées ou abîmées ne vous rendront pas service car le public prendra ces défauts pour des marques censées vous aider dans vos exercices. Toutefois, ne jetez pas vos anciens jeux. Ils vous permettront de vous entraîner – et ce mieux que des jeux neufs – et vous pourrez vous en servir pour réaliser des leurres ou pour remplacer des cartes involontairement détruites ou endommagées. En outre, vous aurez parfois besoin d'un autre exemplaire d'une carte précise.

Quand vous choisirez vos jeux, évitez ceux dont le dos s'orne d'un motif inhabituel et préférez-leur un décor plus classique. Achetez systématiquement des cartes au dos entouré d'une bordure blanche. En effet, vous aurez souvent besoin de faire croire à un spectateur que vous lui tendez un jeu face en bas, alors qu'il s'agira en fait d'un jeu face en haut dont seule la première carte sera retournée. Lorsque vous présenterez les cartes, leur marge blanche vous permettra de renforcer l'illusion.

Par correspondance ou dans les magasins spécialisés, il est possible de se procurer des jeux truqués qui se révèlent parfois utiles. Sachez pourtant que vous pouvez parfaitement les confectionner vous-même. Si vous comptez vous produire dans une grande salle, vous envisagerez peut-être l'achat de cartes géantes. N'oubliez pas qu'elles coûtent fort cher et que leur usage reste assez limité. Et essayez d'imaginer comment on bat des cartes géantes !

Il est pourtant nécessaire de réfléchir à l'achat de cartes particulières. Si vous avez de petites mains, vous aurez du mal à exécuter certains tours avec un jeu normal. Refaites-les avec un jeu de patience. Généralement assez jolies – notamment en raison de leur taille –, ces cartes constitueront alors votre signe distinctif.

Il vous arrivera de devoir « forcer » une ou plusieurs cartes auprès d'un spectateur. En clair, celui-ci pensera sélectionner une carte au hasard, alors qu'il tirera précisément celle que vous aurez choisie. La méthode du forçage ajoute un plus considérable au répertoire des magiciens. En outre, si certains tours ne reposent pas toujours sur la technique du passe-passe ou la dextérité, d'autres dépendent totalement de la méthode du forçage. Destiné aux apprentis magiciens désireux d'apprendre ces manipulations, le chapitre suivant présente les plus connues.

FORCER UNE CARTE

Comme indiqué ci-dessus, le but du forçage est de faire croire à un volontaire qu'il tire une carte au hasard alors qu'en fait cette carte est prédéterminée par l'exécutant. La méthode la plus simple est aussi la plus faillible ; ne l'utilisez donc que si vous êtes absolument sûr de votre public. Dans l'idéal, celui-ci doit être rieur, sans prétention, et déjà convaincu de votre compétence absolue. Il est conseillé d'opérer lors d'une soirée ou dans un bar pour être certain que l'assistance aura déjà bu quelques verres...

Pendant que vous présentez le jeu en éventail, ou juste après l'avoir fait, utilisez l'ongle du pouce pour faire légèrement ressortir la carte à forcer. Celle-ci doit se trouver plus ou moins au centre du jeu. (À noter : lorsque vous déployez un jeu complet en éventail, vous n'avez qu'à faire ressortir les cartes du milieu et laisser les autres plus ou moins regroupées de part et d'autre.) Le volontaire lambda va probablement tirer la carte qui pointe légèrement hors du jeu. Sinon, rien ne vous empêche de tourner discrètement le poignet pour que la carte prédéterminée se présente sous les doigts du spectateur. En cas de nouvel échec, faites comme si vous aviez oublié un élément du tour et retournez à votre table. Essayez ensuite de reproduire ce même forçage sur quelqu'un d'autre ou rabattez-vous sur une des méthodes expliquées plus loin : « Le forçage américain », « Le pont », le « Coupez vous-même », « Le mélange arrêté » ou le « Donnez vous-même ».

LE FORÇAGE AMÉRICAIN

POUR EXÉCUTER CE FORÇAGE, VOUS DEVEZ VOUS ASSURER QUE LA CARTE PRÉDÉTERMINÉE SE TROUVE AU-DESSUS DU JEU. CETTE TECHNIQUE EST PARFAITE SI VOUS VOULEZ FORCER PLUS D'UNE CARTE À LA FOIS.

❶ De la main gauche, prenez les cartes face en bas et repliez les doigts autour d'elles. « Effeuillez » les cartes en passant le pouce sur un angle exposé à la vue du public. Répétez alors ce geste plusieurs fois, puis demandez à un spectateur de vous arrêter en cours d'opération et de mémoriser une carte. Lorsque c'est chose faite, saisissez le paquet supérieur de la main droite et présentez le paquet inférieur au volontaire

en rappelant à l'assistance que la première carte est celle qu'il a choisie.

❷ En fait, lorsque vous avez séparé le premier paquet du second, vous avez appuyé les doigts de la main droite au dos de la première carte. Quand vous avez présenté le paquet au spectateur, cette carte est restée dans votre main droite et elle est tombée naturellement sur le paquet inférieur. Avec un peu d'entraînement, vous verrez que vous pouvez accomplir ce geste avec tant de rapidité et de naturel qu'il passe complètement inaperçu.

LE PONT

CETTE TECHNIQUE DE FORÇAGE PERMET DE FAIRE PASSER LA CARTE PRÉDÉTERMINÉE AU-DESSOUS DU JEU.

Vous pouvez effectuer cette manipulation à votre table plutôt qu'en tenant les cartes dans la main, mais sachez que la chose est risquée. Non seulement vous donnez davantage de temps au spectateur pour réfléchir, donc pour couper ailleurs qu'à l'endroit le plus évident, mais en outre vous ne savez pas comment il a l'habitude de couper un jeu. La plupart des gens saisissent les cartes par les côtés tandis que d'autres les prennent par les extrémités. Peut-être aurez-vous donc recourbé le jeu dans le mauvais sens (en largeur et non en hauteur ou vice versa). Votre façon de tenir les cartes influera sur la manière dont le volontaire les coupera, quelle que soit sa méthode de prédilection.

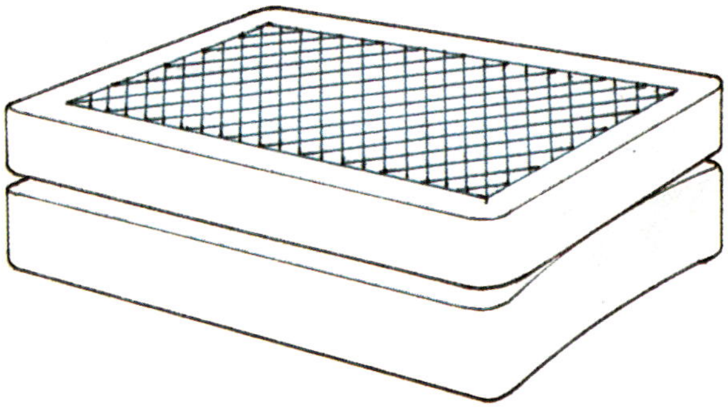

❶ Coupez d'abord le jeu vous-même et recourbez le paquet du dessus de façon à lui donner la forme d'un pont. Quand vous reconstituez le jeu, un vide sépare le paquet du dessous (auparavant au-dessus) et celui du dessus (auparavant au-dessous).

❷ Présentez le jeu à un spectateur et demandez-lui de couper. Si vous effectuez l'opération avec rapidité et naturel, le volontaire coupera invariablement au niveau du vide, donc sur la carte prédéterminée.

Coupez vous-même

Cette méthode très simple permet de forcer une ou deux cartes auprès d'un spectateur. Vous devez effectuer la manipulation rapidement, en l'accompagnant d'un commentaire distrayant.

MATÉRIEL

1 jeu de cartes

❶ Demandez à un spectateur de couper le jeu au hasard et de poser le paquet du dessous sur celui du dessus pour que le tout dessine une croix. Vous pouvez accomplir ce dernier geste vous-même.

❷ Comme vous avez fait intervenir un spectateur, l'assistance va croire que le choix des deux cartes placées en croix à la jonction des paquets est le fruit du hasard. Pourtant, à l'origine, ces cartes se trouvaient respectivement au-dessus et au-dessous du jeu.

Dans votre paume

Les néophytes qui souhaitent employer la méthode du passe-passe pour forcer une carte apprécieront ce tour. Auparavant, étudiez les techniques qui impliquent le recours à l'empalmage (voir p. 20). L'intérêt de ce tour tient au fait qu'il ne nécessite aucun préparatif ni aucun matériel particulier (vous pouvez même emprunter le jeu de cartes).

MATÉRIEL

1 jeu de cartes

❶ Avant de commencer, veillez à ce que la carte à forcer se trouve au-dessus du jeu. Effectuez un faux mélange en laissant cette carte à sa place.

❷ Annoncez sa valeur et sa couleur au public. Prenez le paquet entre les doigts et le pouce de la main droite. Faites-le passer dans votre main gauche et faites pivoter la carte du dessus en position d'empalmage. Cette manœuvre doit avoir lieu au moment où vous posez le jeu sur la table. Faites en sorte que la main droite, où la carte est empaumée, semble normale et naturelle.

❸ Demandez à un spectateur de couper le jeu. De la main droite (qui dissimule toujours la carte empaumée), saisissez avec naturel le paquet du dessous. Ce faisant, posez la carte empaumée au-dessus du paquet et faites passer le tout dans la main gauche.

❹ Invitez le volontaire à prendre la carte située au niveau de la coupe et à la retourner pour la montrer au public.

LE MÉLANGE ARRÊTÉ

PLUS FACILE QU'IL N'Y PARAÎT, CETTE VARIANTE DU MÉLANGE SIMPLE (VOIR P. 15) PEUT SE RÉVÉLER ARDUE SI ON L'ACCOMPLIT AVEC DES CARTES NEUVES, TROP VIEILLES OU GRAISSEUSES. UTILISEZ DONC UN JEU MOYENNEMENT USÉ POUR VOUS ENTRAÎNER ET VOUS PRODUIRE. VOUS POUVEZ COMMENCER CE FORÇAGE EN PLAÇANT LA CARTE PRÉDÉTERMINÉE AU-DESSUS OU AU-DESSOUS DU JEU.

MATÉRIEL

1 JEU DE CARTES

❶ Demandez à un spectateur de vous arrêter pendant que vous battez les cartes. Commencez à les mêler d'une façon qui paraîtra normale à l'assistance. Vous procédez en fait à un mélange un peu particulier...

❷ Si la carte à forcer se trouve au-dessus du jeu, effectuez d'abord un mélange simple pour la faire passer au-dessous.

❸ Pour réussir la variante à laquelle vous allez maintenant recourir, prélevez un paquet de cartes non à l'extérieur, mais à l'intérieur du jeu (c'est-à-dire du côté le plus proche de votre pouce). Les cartes que vous faites tomber de chaque côté du nouveau groupe central proviennent toutes de l'arrière de ce paquet. L'extrémité de vos doigts retient toujours fermement les dernières cartes du paquet, jusqu'à ce que vous les laissiez tomber au-dessous du jeu.

❹ Répétez l'opération plusieurs fois tout en expliquant au volontaire ce qu'il doit faire. Dès qu'il vous demandera d'arrêter, la carte face en bas située au-dessous du paquet de votre main levée sera automatiquement celle que vous aurez forcée.

DONNEZ VOUS-MÊME

COMMENCEZ CET EXERCICE EN AYANT PLACÉ LA CARTE À FORCER AU-DESSUS DU PAQUET.

MATÉRIEL

1 JEU DE CARTES

❶ Pour prouver au public que le choix s'opère au hasard, battez les cartes en vous assurant que la carte à forcer reste en place. Demandez à un spectateur de penser à un nombre entre 1 et 52.

❷ Lorsqu'il a fait son choix, arrêtez de battre le jeu et expliquez que vous attendez qu'il compte les cartes à partir de la première jusqu'à ce qu'il atteigne le nombre auquel il a pensé. Effectuez l'action vous-même pour illustrer votre demande. Si le nombre choisi est 17, comptez seize cartes et montrez la dix-septième au public. Bien évidemment, elle n'a aucune importance. Placez cette carte (la dix-septième) au-dessus du tas que vous avez formé en comptant les cartes. Remettez ce tas au-dessus du paquet.

❸ Tendez le paquet au spectateur et demandez-lui de reproduire l'exercice. Bien sûr, suite à votre « démonstration », la carte qui se trouvait au début au-dessus du paquet (la carte forcée) est maintenant la dix-septième.

LA CARTE PHOTOGRAPHIQUE

LE MAGICIEN DEMANDE À UN SPECTATEUR DE SÉLECTIONNER UNE CARTE ET DE NE LA MONTRER QU'À L'ASSISTANCE. PENDANT CE TEMPS, IL COUPE LE JEU SUR LA TABLE. LE SPECTATEUR LUI REND LA CARTE. LE MAGICIEN LA PLACE AU CENTRE DU JEU ET BAT LES CARTES. IL EXPLIQUE ALORS AU PUBLIC QUE CELLES-CI ONT PARFOIS LA PROPRIÉTÉ D'UN FILM ET QU'ELLES CONSERVENT UN TEMPS LA DERNIÈRE IMAGE À LAQUELLE ELLES ONT ÉTÉ EXPOSÉES. IL LES RETOURNE ET SURSAUTE À LA VUE DE L'UNE D'ENTRE ELLES, SUR LAQUELLE IL PRÉTEND DISTINGUER LES TRAITS DU SPECTATEUR. À PEINE LA LUI A-T-IL MONTRÉE QUE LA LUMIÈRE A EFFACÉ LE PORTRAIT. MAIS IL S'AGIT BEL ET BIEN DE LA CARTE CHOISIE.

MATÉRIEL

1 JEU DE CARTES

1 Jetez un regard discret au-dessous du jeu, soit avant de commencer le tour, soit pendant que le volontaire montre sa carte au public. Disons que la dernière carte est le six de pique.

2 Replacez la carte choisie par le spectateur au-dessus de la pile qui correspondait auparavant à la moitié supérieure du jeu. Quand vous y posez l'autre moitié du jeu, le six de pique se retrouve automatiquement juste au-dessus de la carte choisie.

3 Faites semblant de battre les cartes et commencez à les retourner. Celle qui suit le six de pique est, comme on s'en doute, la bonne.

Truc de métier

- Sans faire de commentaire, vous pouvez utiliser cette technique dans d'autres tours où vous devez repérer l'emplacement d'une carte choisie par un spectateur.

LE FORÇAGE AU CHAPEAU

LES MAGICIENS SONT CONNUS POUR FAIRE SORTIR TOUTES SORTES D'OBJETS D'UN CHAPEAU. CE TOUR DE CARTES EST SPECTACULAIRE, CAR L'EXÉCUTANT A LES YEUX BANDÉS. IL EXTRAIT POURTANT LA BONNE CARTE D'UN COUVRE-CHEF QUI CONTIENT TOUT LE JEU. ON PEUT UTILISER UN AUTRE USTENSILE FAISANT OFFICE DE RÉCEPTACLE.

MATÉRIEL

1 JEU DE CARTES

1 CHAPEAU, 1 PETITE BOÎTE, 1 ÉTUI CYLINDRIQUE

1. Avant de vous produire, dissimulez la carte à forcer dans la manche droite de votre veste.

2. Au début du tour, demandez à un spectateur de battre les cartes et de les poser en tas dans le chapeau.

3. Annoncez la valeur et la couleur de la carte à forcer, puis demandez qu'on vous bande les yeux ou retournez-vous. Prenez le chapeau dans la main gauche ou posez-le sur la table.

4. Lorsque vous mettez la main dans le chapeau pour y faire votre choix, laissez discrètement tomber la carte de votre manche. Le corps du chapeau dissimule ce mouvement. Comme la carte sera tombée au-dessus du tas, il vous sera facile de la prendre et de montrer au public qu'il s'agit bien de la vôtre.

LA COUPE EN CROIX

UN SPECTATEUR COUPE UN JEU ET LE MAGICIEN ANNONCE LA VALEUR ET LA COULEUR DE LA CARTE SITUÉE SOUS LA COUPE.

MATÉRIEL

1 JEU DE CARTES

1 Avant de commencer, relevez la valeur de la carte située au-dessus du jeu.

2 Demandez à un volontaire de couper le jeu à peu près à la moitié et de poser les deux tas côte à côte sur la table.

3 Annoncez que vous allez marquer la coupe en posant le tas supérieur sur le tas inférieur de sorte qu'ils forment une croix. À ce stade, détournez l'attention du public en produisant une enveloppe censée contenir le nom de la carte en question. Ce procédé vous permettra d'exécuter le geste suivant : en fait, vous allez former une croix en posant le tas inférieur sur le tas supérieur.

4 Demandez au spectateur de montrer sa coupe en soulevant le tas du dessus et en retournant la carte située juste au-dessous. Cette carte est la carte du dessus dont vous avez relevé la valeur avant l'exercice. Votre prédiction s'avère exacte.

LA CARTE ET LE MOUCHOIR

CE FORÇAGE EST TRÈS PRISÉ DES DÉBUTANTS. LÀ ENCORE, LE MAGICIEN ANNONCE LA CARTE AU NIVEAU DE LAQUELLE UN SPECTATEUR VA COUPER UN JEU BATTU. EN RÉALITÉ, LA VRAIE COUPE S'EFFECTUE SOUS UN MOUCHOIR DE POCHE.

MATÉRIEL

1 JEU DE CARTES

1 MOUCHOIR DE POCHE

❶ Avant de commencer, retenez la valeur de la première carte du jeu.

❷ Quand vous tendez les cartes à un spectateur pour qu'il les inspecte et qu'il les batte, empaumez les deux premières dans la main gauche.

❸ Reprenez le jeu au spectateur et placez-le dans la main gauche, de sorte que les cartes empaumées se retrouvent au-dessous du paquet face en bas.

❹ Montrez un mouchoir de poche à l'assistance et recouvrez-en soigneusement le jeu, toujours tenu de la main gauche.

❺ Demandez à un spectateur de couper le jeu sans retirer le mouchoir et de ne pas totalement soulever le paquet qu'il tient en main.

❻ De la main droite, saisissez ce paquet. Tout en le soulevant, et avant que les pans du mouchoir ne cachent plus l'opération, retournez le paquet resté dans la main gauche. L'ancienne carte du dessus se retrouve face en bas au-dessus du paquet.

❼ Le spectateur retourne cette carte pour montrer le niveau de la coupe. C'est bien celle que vous avez annoncée. Celle qui la suit est, elle aussi, face en bas. Personne ne voit donc que le reste du tas se retrouve face en haut.

SUR LE BOUT DE LA LANGUE

CE TOUR DE CARTES EN FORME DE COMÉDIE N'EST QU'UN DÉVELOPPEMENT DU FORÇAGE PRÉCÉDENT. SOUVENEZ-VOUS QUE VOUS POUVEZ ENJOLIVER UN TOUR EXTRÊMEMENT SIMPLE AU MOYEN D'UN COMMENTAIRE ET D'ATTITUDES CHOISIS. ICI, LE MAGICIEN S'ESSAIE À LA TÉLÉPATHIE, ÉCHOUE... ET FINIT PAR RÉUSSIR.

MATÉRIEL

1 JEU DE CARTES

1 PETIT PAPIER SUR LEQUEL EST ÉCRIT « SIX DE TRÈFLE » (OU TOUTE AUTRE CARTE)

1 MOUCHOIR

Note : par souci de clarté, le mouchoir n'apparaît pas sur les photos.

❶ Placez le six de trèfle (ou toute autre carte à forcer) au-dessous du jeu. Posez celui-ci, ainsi qu'un mouchoir, sur votre table. Dissimulez le petit papier à un endroit d'où vous pourrez le sortir vite et facilement à l'insu des spectateurs.

❷ Prenez le jeu dans une main et couvrez-le du mouchoir. Tout en ordonnant les plis du mouchoir, faites légèrement glisser de côté la carte du dessous.

❸ Annoncez au public qu'il vous faut un volontaire pour soulever une partie des cartes et saisir la première carte du paquet du dessous, le tout sans ôter le mouchoir. Faites-en la démonstration. Au lieu de quelques cartes, soulevez-les toutes, à l'exception de la dernière. Cette manipulation est très facile car la carte du dessous est décalée par rapport au reste du jeu.

❹ Vous avez alors la possibilité de retourner la dernière carte, restée dans votre main gauche, face en haut.

❺ Reposez le jeu et faites soulever quelques cartes par un spectateur. Lorsque c'est chose faite, retournez discrètement le paquet du dessous.

❻ Lorsque le volontaire mettra la main sous le mouchoir pour prendre la première carte, il retirera celle que vous avez retournée.

❼ Dès qu'il l'aura prise, retournez le paquet du dessous pour qu'il reprenne sa position initiale et demandez au spectateur de reposer le paquet du dessus. Tout indique qu'il a eu une totale liberté de choix alors qu'en fait la carte est forcée.

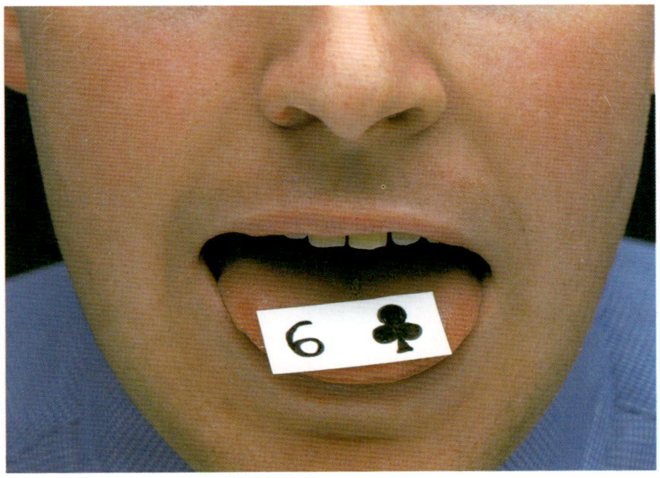

❽ Posez le jeu couvert du mouchoir sur la table et demandez au spectateur de montrer la carte choisie au public. Pendant que l'attention est fixée sur lui, prenez le petit papier et posez-le sur le bout de votre langue.

❾ Annoncez que vous allez lire les pensées du volontaire et révéler le nom de la carte choisie. Trompez-vous plusieurs fois, puis, apparemment ennuyé par cet insuccès, déclarez : « Je ne sais pas ce qui m'arrive aujourd'hui. Il y a deux secondes, j'avais le nom de la carte sur le bout de la langue ! » À ces mots, tirez la langue pour montrer le petit papier. Prenez-le pour le faire voir à l'assistance. Vous n'aviez pas menti !

LE FORÇAGE AU TROMBONE

CE FORÇAGE REPOSE SUR UNE MANIPULATION SIMPLE ET UN ACCESSOIRE DE BUREAU TRÈS COMMUN : UN VULGAIRE TROMBONE.

MATÉRIEL

1 JEU DE CARTES

2 TROMBONES

❶ Avant de vous produire, choisissez la carte à forcer et glissez-y un trombone. Positionnez celui-ci au milieu de l'extrémité inférieure. Placez la carte quelque part au centre du jeu, le trombone tourné vers vous, de sorte que l'autre extrémité des cartes, dirigée vers le public, ne révèle aucun trucage.

❷ Au début du tour, annoncez aux spectateurs la couleur et la valeur de la carte à forcer.

❸ Demandez à l'un d'eux de tirer une carte du jeu tenu en éventail et face en bas. Tendez-lui un trombone et, la carte choisie restant face en bas, demandez-lui de glisser le trombone au milieu de l'extrémité supérieure de sa carte, puis de remettre celle-ci dans le jeu.

❹ En repliant l'éventail, faites-lui décrire un demi-tour et présentez son autre extrémité au public. Coupez plusieurs fois le jeu tout en récapitulant ce qui s'est produit jusque-là.

❺ Redépliez les cartes en éventail pour que l'assistance constate la présence d'un trombone sur l'une d'entre elles – et croie voir celle du volontaire. Extrayez-la du paquet et tendez-la au volontaire, puis rangez le reste du jeu. Le spectateur annonce alors que vous avez réussi à prédire quelle carte il allait choisir.

TRUC DE MÉTIER

• Si, par malchance, le volontaire choisit la carte sur laquelle vous avez fixé le trombone (ce qui est improbable, mais pas impossible), contentez-vous de la sortir du jeu et de montrer qu'elle porte bien le trombone. Présentez le reste du jeu pour que le public voie qu'une seule carte se présente ainsi. Vous aurez bel et bien annoncé la carte choisie par le volontaire.

TOURS DE CARTES COMPLEXES

CE CHAPITRE SE COMPOSE DE TOURS DE CARTES CLASSIQUES. LES EXERCICES DE PASSE-PASSE ET DE FORÇAGE DÉCRITS DANS LES PAGES PRÉCÉDENTES VOUS ONT PRÉPARÉ À ABORDER CEUX QUI VONT SUIVRE. Par la suite, vous pourrez associer les premiers et les seconds afin de mettre au point un numéro très divertissant.

LE JEU RETOURNÉ

LE MAGICIEN ANNONCE QUE, BIEN REMONTÉ PAR QUELQUES VERRES AVALÉS JUSTE AVANT LA REPRÉSENTATION, IL EST PRÊT À PARIER AVEC UN MEMBRE DU PUBLIC SUR LA VALEUR D'UNE CARTE CHOISIE AU HASARD DANS UN JEU BATTU. IL INSISTE SUR LE FAIT QU'IL N'A QU'UNE CHANCE SUR CINQUANTE-DEUX DE TOMBER JUSTE ET PRÉCISE QU'IL VA PARIER UNE CROISIÈRE AUTOUR DU MONDE CONTRE LA MONTRE D'UN SPECTATEUR. COMME PERSONNE NE SE PORTE VOLONTAIRE, IL FAIT MONTER L'ENJEU ET PROPOSE UNE CROISIÈRE EN COMPAGNIE D'UNE STARLETTE CHOISIE PAR LE PARIEUR CONTRE LE PREMIER MORCEAU DE PAPIER QUE CE DERNIER TROUVERA SUR LUI.

❶ Demandez à un volontaire de battre le jeu. La carte sur laquelle vous allez parier doit se situer au-dessus des autres avant toute manipulation. La meilleure façon de la déterminer consiste donc à jeter un œil au-dessous du paquet quand le spectateur vous rend les cartes. Procédez ensuite au saut (voir p. 18) pour faire passer cette dernière carte au-dessus du paquet.

❷ Expliquez au public que vous allez modifier non seulement l'ordre des cartes, mais aussi leur présentation. Prélevez-en quelques-unes, retournez-les et posez-les face en haut sur celles qui sont restées face en bas.

❸ Répétez l'opération avec un deuxième paquet, plus épais que le premier.

❹ Idem avec un troisième paquet, encore plus épais que le deuxième.

❺ Pour finir, retournez tout le paquet de sorte que le fouillis le plus total y règne.

❻ Annoncez l'identité de la carte (par exemple, le deux de trèfle) et précisez qu'elle sera la première à se trouver face en bas dans l'éventail que vous allez former. À coup sûr, ce sera la bonne. Cet effet ne tient nullement au fouillis que vous avez instauré dans le jeu. La technique consiste à être sûr que la carte placée au-dessus du jeu sera bien la première à se présenter face en bas quand vous déplierez l'éventail.

TRUCS DE MÉTIER

- Exercez-vous jusqu'à ce que vous puissiez réaliser le tour machinalement, sans avoir à compter les fois où vous avez retourné les paquets de cartes.
- Étant donné l'importance de l'enjeu, il serait judicieux de ne pas avaler trop de verres avant le spectacle !

LE TOUR DE CARTES DU LAPIN BLANC

LE MAGICIEN FAIT INTERVENIR LE PUBLIC DANS LE CHOIX D'UNE CARTE QU'IL DÉCOUVRE, À LA SURPRISE GÉNÉRALE, GRÂCE À SA MONTRE ! LE SECRET RÉSIDE DANS LE FAIT QUE, TANT QU'ELLE N'EST PAS PLACÉE DANS LA PAQUET SUPÉRIEUR, LA CARTE EN QUESTION EST TOUJOURS LA VINGT-HUITIÈME À PARTIR DU DESSUS. MAIS COMME VOUS AVEZ IMPLIQUÉ LES SPECTATEURS EN LEUR DEMANDANT DE SÉLECTIONNER LA CARTE ET LE PAQUET SUR LEQUEL ELLE DOIT ALLER, ON PENSE QUE VOUS N'ÊTES PAS INTERVENU DANS LE CHOIX DE SON EMPLACEMENT. EN Y RÉFLÉCHISSANT UN PEU, ON S'APERÇOIT POURTANT QUE LA DÉCISION DU PUBLIC NE MODIFIE EN RIEN LA POSITION DE LA CARTE.

MATÉRIEL

1 JEU DE CARTES

❶ Expliquez au public que ce tour a été appris à Alice par le célèbre Lapin Blanc, mais que la jeune héroïne a oublié d'en parler à Lewis Caroll avant qu'il n'écrive *Alice au pays des merveilles*. Demandez alors à quatre volontaires de tirer chacun une carte.

❷ Proposez-leur ensuite de se concerter et de choisir celle qu'ils préfèrent. Pendant qu'ils en discutent, divisez le jeu en deux paquets égaux.

❸ Reprenez les quatre cartes sans les regarder. Demandez aux volontaires de désigner le paquet sur lequel ils veulent voir placée la carte choisie, puis celui sur lequel ils veulent voir placées les trois autres cartes.

❹ Prenez alors le paquet où se trouvent les trois cartes et posez-le sur l'autre, de sorte que la carte choisie se retrouve au milieu du jeu. Consultez votre montre, comme le Lapin Blanc l'a appris à Alice, et indiquez l'heure, par exemple 20 h 8. Demandez à un spectateur d'additionner ces deux nombres et d'annoncer le résultat : 28. Puis, comptez les cartes et montrez la vingt-huitième à l'assistance ; il s'agit bien de la carte choisie.

Trucs de métier

- Ce tour ne peut réussir qu'à des heures très précises : 12 h 16, 13 h 15, 1 h 27, 14 h 14, 2 h 26, 15 h 13, 3 h 25, 16 h 12, 4 h 24, 17 h 11, 5 h 23, 18 h 10, 6 h 22, 19 h 9, 7 h 21, 20 h 8, 8 h 20, 21 h 7, 9 h 19, 22 h 6, 10 h 18, 23 h 5 et 11 h 17. En fait, vous pouvez l'effectuer deux ou trois minutes avant ou après, car c'est vous qui consultez votre montre et le public peut croire qu'elle avance ou qu'elle retarde un peu.
- En fonction de l'importance du public, vous pouvez demander aux volontaires de tirer non quatre, mais six ou huit cartes. Le tour ne fonctionne qu'avec un nombre pair. Pour six cartes, la carte choisie sera la vingt-neuvième, et pour huit, la trentième. Bien sûr, il vous faut minuter votre prestation en conséquence. Devant un public très nombreux, vous pouvez faire choisir davantage de cartes (par exemple seize, auquel cas la bonne carte sera la trente-quatrième) et organiser un jeu entre plusieurs groupes de spectateurs qui sélectionneront leur carte préférée. Veillez toutefois à les surveiller pour que le jeu se termine aux alentours de l'heure qui vous convient.

LA CARTE CONTRÔLÉE

DEMANDEZ À UN MEMBRE DE L'ASSISTANCE DE SÉLECTIONNER UNE CARTE DANS UN JEU ET DE L'Y REMETTRE. APRÈS QUE LE JEU A ÉTÉ BATTU, VOUS ALLEZ RÉVÉLER L'IDENTITÉ DE LA CARTE CHOISIE, ET CE D'UNE FAÇON SURPRENANTE.

MATÉRIEL

1 JEU DE CARTES

❶ Battez le jeu et formez un éventail, que vous présenterez face en bas et des deux mains. Demandez à un spectateur d'y tirer une carte.

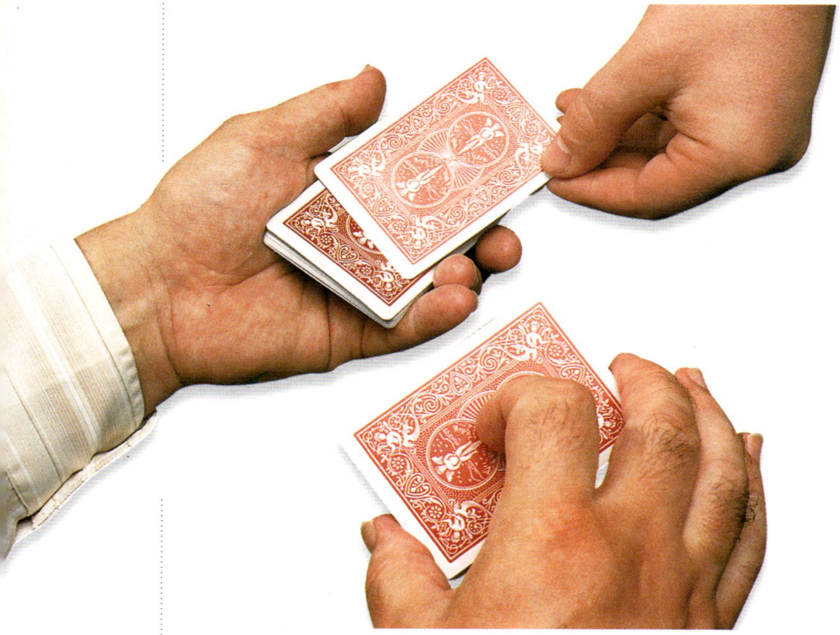

❷ Faites un tas des cartes restantes et placez-le dans la main gauche. Pendant que le volontaire observe sa carte, prélevez environ les deux tiers du paquet de la main droite.

Demandez au spectateur de remettre sa carte dans le dernier tiers du jeu.

❸ Avant de remettre le paquet de la main droite sur l'autre paquet, posez l'ongle de votre auriculaire gauche sur la carte choisie. Bien que le jeu soit désormais entier, l'épaisseur de votre ongle crée un vide au niveau de son tiers inférieur.

❹ De la main droite, prélevez à peu près un tiers des cartes et posez-les sur la table.

❺ Faites de même avec un autre tiers environ.

6 Placez le dernier tiers du jeu sur les cartes déjà posées sur la table. Apparemment, la carte choisie est perdue parmi les autres, alors qu'elle se trouve en fait au-dessus du jeu.

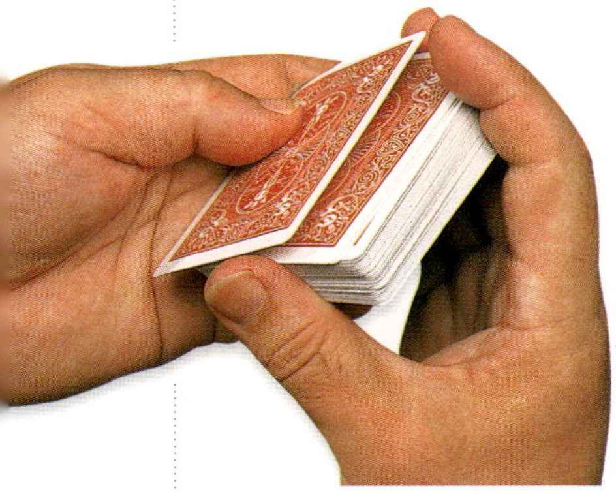

7 Saisissez les cartes et battez-les à nouveau. Le mélange se fait normalement, à cette différence près que vous prenez d'abord la première carte (celle du dessus) de la main gauche…

8 … et que vous battez ensuite les autres cartes par-dessus. Une fois le mélange achevé, la carte choisie se retrouve au-dessous du jeu.

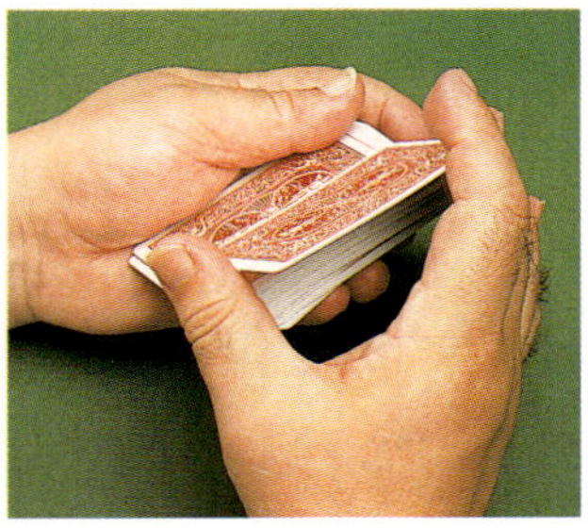

9 Battez encore une fois le jeu jusqu'à ce que vous ayez atteint les cartes du dessous. Veillez à ce que l'ultime opération du mélange ne concerne qu'une carte (la dernière, celle qui a été choisie). La voilà donc revenue, à l'insu du public, au-dessus du jeu.

10 Comme vous savez où elle se trouve, il vous est possible de révéler son identité de plusieurs manières. Vous pouvez déjà former un éventail face en haut et faire semblant de l'observer attentivement ; vous verrez la carte auparavant située au-dessus du jeu et pourrez l'annoncer au spectateur comme si vous aviez lu ses pensées. Vous pouvez aussi mettre les mains derrière le dos, tout en tenant le jeu, et prétendre découvrir la carte choisie grâce à votre doigt magique ; feignez de chercher dans le paquet et produisez la carte du dessus. C'est bien celle que le spectateur a tirée ! Vous pouvez enfin demander à un autre membre de l'assistance de choisir une carte ; cette fois-ci, faites-lui tirer la carte du dessus, que vous aurez forcée. Quand les deux spectateurs nommeront leur carte respective, ils s'apercevront – troublante coïncidence ! – qu'il s'agit en réalité de la même.

Truc de métier

- Entraînez-vous à pratiquer ce tour, comme tous les autres, jusqu'à ce qu'il vous vienne naturellement. Ne donnez pas l'impression de réaliser un exercice difficile. En apparence, le mélange doit se faire de la même façon que dans des circonstances normales.

DANS LE NOIR

DEMANDEZ À UN SPECTATEUR DE CHOISIR UNE CARTE DANS UN JEU BATTU ET DE NE PAS LA REGARDER. CORSEZ LA CHOSE ET FAITES ÉTEINDRE LA LUMIÈRE POUR QUE L'ACTION SE DÉROULE DANS LE NOIR. LA CARTE CHOISIE EST POSÉE FACE EN BAS DANS LA MAIN DU VOLONTAIRE. VOUS ANNONCEZ SON IDENTITÉ ET RÉPÉTEZ L'OPÉRATION À DEUX REPRISES, AVEC UN ÉGAL SUCCÈS. LE PUBLIC RESTE DANS L'OBSCURITÉ PENDANT CE TOUR ÉTRANGE.

MATÉRIEL

1 JEU DE CARTES

❶ Demandez à un volontaire de tirer une carte d'un jeu battu et de ne pas la regarder.

❷ Plongez la salle dans le noir et prenez la carte que vous faites semblant de poser dans la paume du spectateur. Avant de l'y mettre, vous l'aurez échangée contre une autre carte que vous aurez sortie de votre poche. Bien évidemment, l'action se déroule dans le noir. À l'insu de l'assistance, une petite substitution vient d'avoir lieu.

❸ Annoncez la valeur et la couleur de la carte choisie. La salle se rallume et le public identifie la carte comme étant celle que vous avez nommée.

Trucs de métier

- Cet exercice produit un meilleur effet s'il est mêlé à d'autres tours de cartes. Quand vous jugerez le moment venu, empaumez discrètement trois cartes du paquet, relevez leur identité et glissez-les dans votre poche. (Voir p. 20, les différents modes d'empalmage.)
- Pour éviter de confondre les cartes empaumées avec les autres, séparez-les dans votre poche au moyen d'un mouchoir. D'un côté se trouveront les cartes discrètement glissées dans votre poche, et de l'autre celles que vous en sortirez. Ce procédé vous permettra de réaliser le tour plusieurs fois sans vous heurter à quelque complication que ce soit.

Les cartes et l'orthographe

Le magicien propose à un spectateur de tirer une carte d'un jeu. Lorsqu'il épelle le nom de cette carte pour la découvrir, il manque son coup. En revanche, lorsque le spectateur fait de même, il y parvient.

MATÉRIEL

1 jeu de cartes

❶ Demandez à un volontaire de choisir une carte et de la remettre dans le jeu sans vous la montrer. Procédez au saut (voir p. 18) pour faire passer cette carte (par exemple le trois de trèfle) au-dessus du paquet.

❷ Expliquez au public que les cartes de ce jeu connaissent l'orthographe de leur nom. Demandez au volontaire d'épeler celui de la carte sélectionnée. À mesure qu'il épelle « T-R-O-I-S-D-E-T-R-È-F-L-E », posez les cartes en tas sur la table, sans les retourner et en commençant par la première.

❸ À la fin de l'exercice, vous retournez une carte qui ne correspond malheureusement pas au trois de trèfle. Reposez les cartes sur le reste du jeu et reprochez-leur d'être trop faibles en orthographe – vous pouvez aussi gronder le spectateur. Répétez la manœuvre en épelant vous-même le nom. La carte que vous retournerez en parvenant au dernier E de « trèfle » sera, comme on s'en doute, la bonne.

Trucs de métier

- N'hésitez pas à reporter la responsabilité de votre premier échec sur votre volontaire en lui reprochant de ne pas savoir écrire correctement. Ce contretemps empêchera le public de deviner que la carte recherchée occupait la première place au début de l'opération. Vous pouvez même demander au spectateur de vous prouver sa compétence en matière d'orthographe et de s'exécuter à nouveau.
- Mieux vaut ne réaliser ce tour qu'une fois lors de votre prestation. Vous pouvez cependant le faire suivre de la deuxième variante, décrite page 60.

Première variante

Le magicien prend toutes les cartes d'une même couleur (par exemple, les piques) et les présente au public comme étant plus intelligentes que les autres car elles connaissent l'orthographe. Il épelle le nom d'une carte et celle-ci apparaît à l'annonce de la dernière lettre.

❶ Choisissez une couleur (par exemple, les piques) dans le jeu et écartez les autres cartes. À mesure que vous les sortez du jeu, disposez les piques en désordre sur la table pour qu'on ne voie pas que vous allez les ramasser d'une façon très précise.

❷ Ramassez-les dans l'ordre suivant : six, as, huit, roi, quatre, deux, dix, sept, dame, cinq, trois, neuf et valet. Le six doit se trouver au-dessus du paquet et le valet au-dessous. À partir de là, le tour fonctionne tout seul.

❸ Tout en épelant A-S, faites passer la première carte (A) au-dessous du jeu et retournez la deuxième (S) : il s'agit bien de l'as. Écartez-la.

❹ Épelez ensuite D-E-U-X. Faites passer les trois premières cartes (D-E-U) au-dessous du jeu et retournez la quatrième (X), qui correspond au deux. Écartez-la.

❺ Poursuivez en respectant la même technique. La dernière carte qui vous reste en main est le roi.

Les cartes et l'orthographe – Deuxième variante

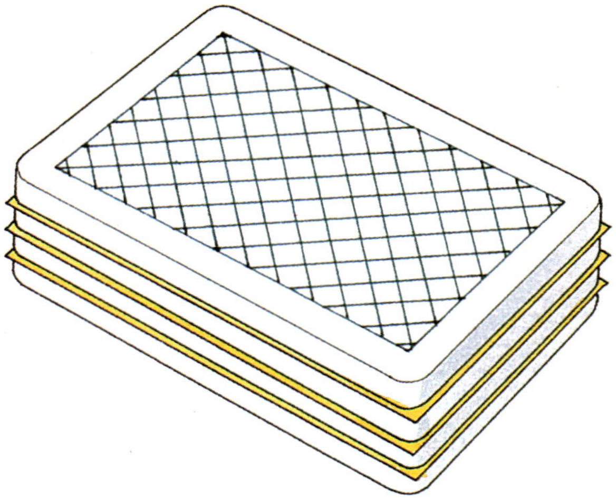

MATÉRIEL

2 jeux de cartes

1 bandeau

3 morceaux de carton un peu plus grands que les cartes

Le magicien annonce que les cartes du jeu connaissent l'orthographe de leur nom. Pour éviter toute idée de trucage, il déclare qu'il va réaliser le tour les yeux bandés et mettre les cartes dans sa poche pour les compter. Il épelle le nom des cartes et retourne la bonne à l'annonce de la dernière lettre.

❶ Avant le spectacle, cachez dans votre poche un deuxième jeu, classé par couleur et par valeur. Insérez entre les différentes couleurs un morceau de carton légèrement plus grand que les cartes.

❷ Invitez un spectateur à tirer une carte, à annoncer sa couleur et sa valeur, à la remettre dans le jeu et à battre le tout autant qu'il le souhaite.

❸ Demandez-lui ensuite de vous bander les yeux. Pendant ce temps, mettez le jeu dans votre poche. Expliquez que deux précautions valent mieux qu'une et que toute supercherie sera ainsi impossible. Le volontaire vérifie l'opacité du bandeau et vous bande les yeux, ce qui vous autorise à garder tout naturellement la main à la poche. En fait, vous choisissez la bonne carte dans le deuxième jeu. Le public se concentre sur le spectateur, sans prêter attention aux mouvements de votre bras.

❹ Épelez alors le nom de certaines cartes en les sortant à chaque fois du « vrai » jeu. Quand vous parvenez au dernier E du T-R-O-I-S-D-E-T-R-È-F-L-E, extrayez la carte correspondante du deuxième jeu.

Trucs de métier

- C'est évident, mais mieux vaut ne pas poser face en haut les cartes du jeu battu par le volontaire. Il y a en effet de grands risques pour que vous sortiez le trois de trèfle avant d'arriver à la dernière lettre.
- Ce tour peut être associé aux précédents. Par exemple, il paraîtra naturel d'expliquer que, pour l'exercice suivant, vous allez accentuer la difficulté en sortant la carte choisie dans le noir (voir p. 58).

LES CARTES ET L'ORTHOGRAPHE – TROISIÈME VARIANTE

MATÉRIEL

1 JEU DE CARTES

Le magicien demande à un spectateur de battre les cartes et de les distribuer en formant deux tas égaux. De l'un d'eux, le volontaire tire une carte qu'il donne à l'exécutant. Celui-ci épelle alors toute une phrase pour annoncer la carte choisie.

❶ Invitez un spectateur à battre soigneusement les cartes et à les distribuer sur la table de sorte qu'elles forment deux paquets égaux. Tendez-en un au volontaire pour qu'il y choisisse une carte.

❷ Pendant ce temps, serrez le paquet dans la main pour imprimer une légère courbure aux vingt-six cartes. Vous pourrez ainsi les distinguer de celles que le spectateur vous rendra.

❸ Demandez au volontaire de poser d'abord sa carte au-dessus de votre paquet, puis celles qui sont restées en tas.

❹ Coupez le jeu deux fois, la première afin que la carte sélectionnée se retrouve au-dessous des autres, et la deuxième afin qu'elle retrouve sa place d'origine, en vingt-sixième position à partir du dessus. Ce faisant, demandez au volontaire le nom de sa carte (par exemple, le trois de trèfle).

❺ Quand vous connaîtrez le nom de cette carte, il vous faudra épeler une phrase dont la dernière lettre correspondra à la place que la carte occupe dans le jeu. Le nombre des lettres qui forment le nom d'une carte varie de neuf à quinze. Un nom de neuf lettres comme A-S-D-E-P-I-Q-U-E doit donc être précédé d'une formule de dix-sept lettres comme « La carte choisie est ». Un nom de dix lettres comme S-I-X-D-E-C-O-E-U-R doit être précédé d'une formule de seize lettres comme « Voici donc la carte ». Un nom de onze lettres comme D-I-X-D-E-T-R-È-F-L-E doit être précédé d'une formule de quinze lettres comme « Et cette carte est ». Un nom de douze lettres comme R-O-I-D-E-C-A-R-R-E-A-U doit être précédé d'une formule de quatorze lettres comme « La carte est bien ». Un nom de treize lettres comme Q-U-A-T-R-E-D-E-C-O-E-U-R doit être précédé d'une formule de treize lettres comme « Votre carte est ». Un nom de quatorze lettres comme V-A-L-E-T-D-E-C-A-R-R-E-A-U doit être précédé d'une formule de douze lettres comme « Voici la carte ». Un nom de quinze lettres comme Q-U-A-T-R-E-D-E-C-A-R-R-E-A-U doit être précédé d'une formule de onze lettres comme « C'est la carte ». Pour éviter trop de calculs, souvenez-vous que « de carreau » comporte neuf lettres, « de trèfle » huit, « de cœur » et « de pique » sept.

Truc de métier

- Quand vous ferez semblant de couper le jeu au hasard, jetez un œil sur la carte choisie et vous n'aurez pas à demander son nom au volontaire. Cette manœuvre amplifiera l'intensité dramatique du tour.

LE REFLET

CE TOUR PEUT SE RÉALISER PLUSIEURS FOIS AVANT QUE LE PUBLIC N'EN DEVINE LE SECRET. DEMANDEZ À UN SPECTATEUR DE CHOISIR UNE CARTE EN INTRODUISANT LA LAME D'UN COUTEAU DANS LE JEU ET EN IDENTIFIANT CELLE QUI SE TROUVE JUSTE AU-DESSUS. BIEN ÉVIDEMMENT, VOUS SEREZ CAPABLE DE LA RETROUVER.

MATÉRIEL

1 JEU DE CARTES

1 COUTEAU DE TABLE À LA LAME BRILLANTE

❶ Demandez à un volontaire de battre les cartes et de les tenir face en bas dans la main gauche.

❷ Tendez-lui le couteau et expliquez-lui qu'il doit introduire la lame n'importe où dans le jeu. Demandez-lui ensuite de bien identifier la carte située au-dessus de la lame.

❸ Reprenez les cartes en veillant à laisser le couteau en place. Soulevez délicatement la partie supérieure du jeu pour jeter un œil à la carte réfléchie par la lame. Si cette dernière est bien brillante, il vous suffira de soulever très légèrement les cartes pour apercevoir le reflet. Il importe d'orienter le couteau vers la base de

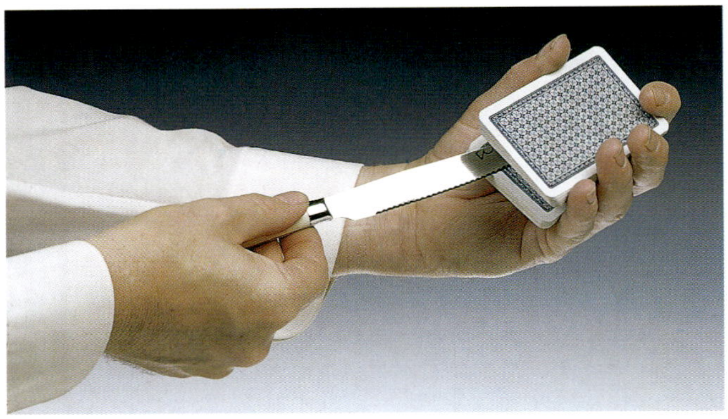

votre pouce gauche afin d'entrevoir l'angle de la carte où figurent sa couleur et sa valeur.

❹ Vous pouvez alors annoncer le nom de cette carte. Révélez d'abord sa couleur, puis sa valeur, ce qui améliorera l'effet produit sur l'assistance.

RETROUVER VITE UNE CARTE

IL EST PARFOIS DIFFICILE DE RETROUVER RAPIDEMENT ET FACILEMENT UNE CARTE. CETTE MÉTHODE VOUS PERMET D'ÉVITER TOUT PROBLÈME. DEMANDEZ À UN VOLONTAIRE DE TIRER UNE CARTE ET DE LA REMETTRE DANS LE JEU. VOUS ALLEZ AUSSITÔT POUVOIR L'IDENTIFIER.

MATÉRIEL

1 CRAYON BIEN TAILLÉ

1 JEU DE CARTES

❶ Avant le spectacle, marquez un côté du jeu d'un trait de crayon. Celui-ci doit passer inaperçu tout en étant visible de vous.

❷ Le moment venu, déployez le jeu en éventail et présentez-le face en bas à un spectateur en invitant celui-ci à y tirer une carte.

❸ Pendant qu'il la montre au public, faites décrire un demi-tour au jeu. Demandez au volontaire d'y remettre sa carte.

❹ Le paquet étant orienté différemment, la carte choisie est seule à présenter une marque au crayon. Il est alors facile de soulever le jeu au niveau de cette carte et de la montrer au public.

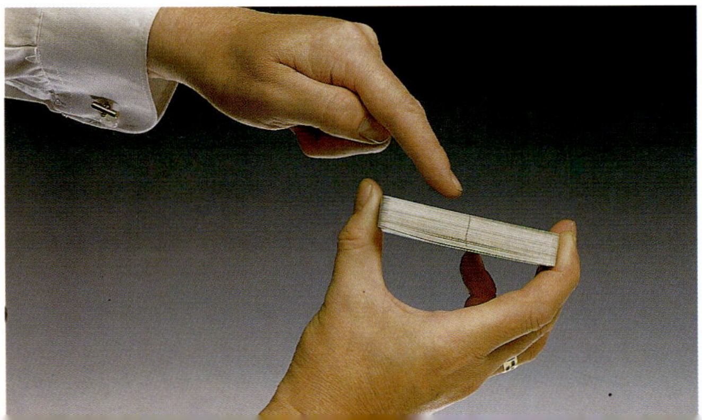

LA CARTE QUI VOIT ROUGE

LE MAGICIEN DISTRIBUE SIX CARTES, ALTERNATIVEMENT FACE EN BAS ET FACE EN HAUT. IL ÉCRIT UNE PRÉDICTION SUR UN MORCEAU DE PAPIER QU'IL REMET À UN SPECTATEUR. LE MESSAGE EST LE SUIVANT : « DES SIX CARTES, VOUS ALLEZ TIRER LA SEULE QUI SOIT ROUGE ». C'EST EXACTEMENT CE QUI SE PRODUIT.

MATÉRIEL

2 JEUX DE CARTES AUX DOS DIFFÉRENTS

1 MORCEAU DE PAPIER

1 CRAYON OU 1 STYLO

❶ Seules deux cartes sont importantes : le six de cœur ou de carreau, et l'as de pique ou de trèfle. L'as provient d'un jeu au dos orné d'un motif rouge. Les cinq autres cartes sont tirées d'un jeu au dos différent. À l'exception des cartes mentionnées plus haut, toutes les autres peuvent être de n'importe quelle valeur. Elles doivent cependant appartenir aux piques et aux trèfles.

❷ Avant de débuter, ordonnez ainsi les cartes à partir du dessus : autre, as, six, autre, autre, autre.

❸ Posez ces six cartes face en bas, face en haut, face en bas, etc. Demandez à un volontaire de choisir un nombre de 1 à 6. S'il choisit 1, saisissez directement l'as pour montrer qu'il est seul à posséder un dos rouge.

❹ S'il choisit 2, comptez de gauche à droite pour tomber à nouveau sur l'as. S'il choisit le 3, comptez de gauche à droite pour arriver au six de cœur ou de carreau.

❺ S'il choisit 4, comptez de droite à gauche pour retomber sur le six de cœur ou de carreau.

❻ S'il choisit 5, comptez de droite à gauche pour parvenir à l'as.

❼ S'il choisit 6, saisissez directement le six de cœur ou de carreau.

Trucs de métier

- Pour effectuer ce tour, placez-vous face au spectateur. Il lui semblera moins étrange de vous voir compter les cartes de droite à gauche ou de gauche à droite.
- Il est fortement conseillé de ne réaliser cet exercice qu'une fois par spectacle.

LA COUPE CLAIRE

CE TOUR IMPLIQUE, LUI AUSSI, L'USAGE D'UN COUTEAU. UN SPECTATEUR TIRE UNE CARTE, LE MAGICIEN INTRODUIT LA LAME DU COUTEAU DANS LE JEU, ET UN DEUXIÈME SPECTATEUR S'APERÇOIT QUE LA CARTE CHOISIE SE TROUVE AU-DESSOUS DU COUTEAU.

MATÉRIEL

1 JEU DE CARTES

1 COUTEAU DE TABLE

❶ Demandez à un volontaire de choisir une carte dans le jeu et de la montrer au public.

❷ Pendant ce temps, recourbez discrètement les cartes en les comprimant de la main droite.

❸ Demandez au volontaire de couper le jeu et de poser sa carte au-dessus du paquet inférieur.

❹ Battez soigneusement les cartes. Saisissez-les de la main gauche et prenez le couteau de la main droite. Introduisez la lame dans le vide qui s'est créé entre la carte plate et les cartes recourbées.

❺ Invitez un autre volontaire à enlever les cartes sous lesquelles est glissé le couteau. Oh miracle ! La carte située juste au-dessous de la lame est bel et bien celle qui a été choisie.

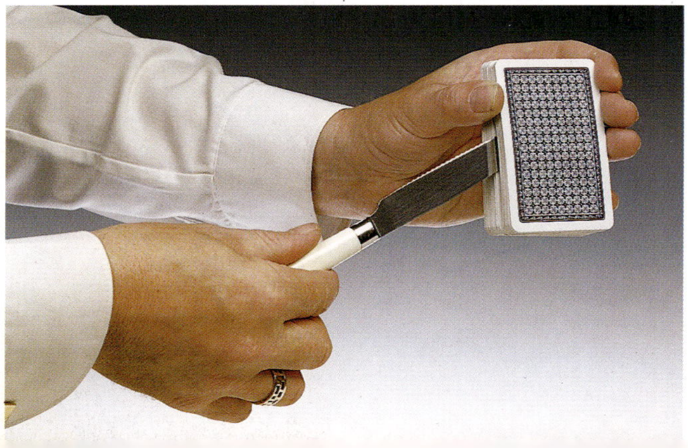

LA CARTE VANITEUSE

LE MAGICIEN DEMANDE À UN MEMBRE DE L'ASSISTANCE DE CHOISIR UNE CARTE DANS LE JEU, DE LA MONTRER AU PUBLIC ET DE LA REMETTRE PARMI LES AUTRES. LE MAGICIEN BAT LE JEU TOUT EN EXPLIQUANT QUE, COMME LES ÊTRES HUMAINS, LES CARTES PEUVENT SE RENDRE COUPABLES DE PÉCHÉS VÉNIELS ET, NOTAMMENT, DE VANITÉ. LA CARTE SÉLECTIONNÉE ÉTANT PARTICULIÈREMENT FIÈRE D'AVOIR DAMÉ LE PION À SES CINQUANTE ET UNE RIVALES, ELLE NE PEUT S'EMPÊCHER DE SE LEVER DU PAQUET POUR RECEVOIR LES APPLAUDISSEMENTS DE LA SALLE. LE MAGICIEN TEND LE PAQUET VERS LES SPECTATEURS ET LA CARTE EN QUESTION S'ÉLÈVE MYSTÉRIEUSEMENT AU-DESSUS DES AUTRES.

MATÉRIEL

1 JEU DE CARTES

❶ Demandez à un spectateur de choisir une carte. Lorsqu'il la remet dans le jeu, employez une des techniques du saut (*cf.* p. 18) pour la faire passer au-dessus des autres.

❷ Battez le jeu en veillant à ce que la carte choisie reste au-dessus du paquet.

❸ Prenez le jeu entre le pouce d'un côté et l'annulaire ainsi que l'auriculaire de l'autre, et montrez-le au public. La carte choisie se trouve sous votre index et votre majeur, dont vous vous servirez pour la faire lentement glisser vers le haut.

❹ Assis à une certaine distance de vous, les spectateurs verront la carte choisie s'élever du jeu. Accompagnez l'action d'un commentaire qui accentuera l'illusion d'optique.

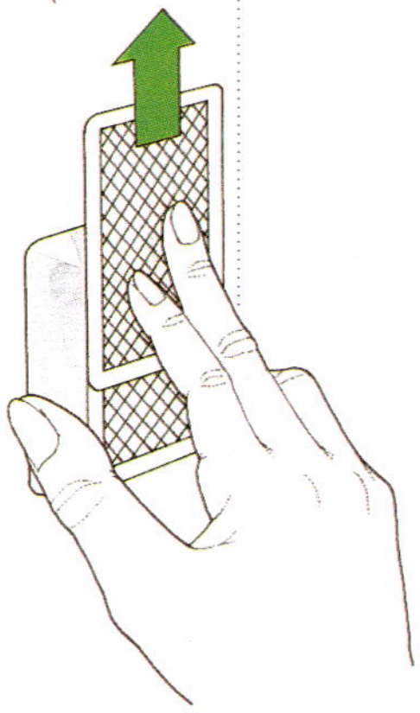

Trucs de métier

- Vous pouvez renforcer l'effet du tour en posant un doigt de la main droite sur l'extrémité supérieure de la carte. Vous donnerez ainsi l'impression qu'il attire la carte ou que celle-ci le repousse vers le haut.
- S'il fait chaud, vous pouvez appuyer fortement le jeu sur votre front en faisant semblant de vous concentrer. Vous le retirerez alors en laissant la dernière carte (celle qui a été choisie) collée à votre peau.
- Ce commentaire vous permettra d'enchaîner sur un autre tour : « Vous pensez qu'il y a un truc ? Vous ne me croyez pas ? Regardez ! Je vais gronder les cartes, mais je suis sûr que ça ne servira à rien. » Forcez ensuite la même carte auprès d'un autre spectateur (peu importe si vous y réussissez ou non) et commencez le tour suivant.

LA CARTE VANITEUSE-VARIANTE

Ce tour produira un meilleur effet si vous le réalisez à la suite de la première version de « La carte vaniteuse ». Comme précédemment, le magicien invite une personne à choisir une carte, à l'examiner et à la remettre dans le jeu. Tout en battant les cartes, il explique qu'elles sont aussi vaniteuses que les êtres humains et que cette carte-ci va se croire supérieure à ses cinquante et une semblables. Pour prouver ce qu'il avance, il présente le jeu en éventail face en bas. La carte sélectionnée s'est retournée pour apparaître face en haut.

MATÉRIEL

1 JEU DE CARTES

❶ Pendant que le spectateur observe sa carte et qu'il la montre au public, retournez la dernière carte du jeu pour qu'elle se présente face contre face avec la carte précédente (sur la manière d'y parvenir, voir « Supercheries du mélange simple », p. 16).

❷ Lorsque vous tendez les cartes au volontaire pour qu'il y replace la sienne, retournez-les pour qu'elles semblent se présenter face en bas (en fait, elles seront face en haut, à l'exception de la première).

❸ Battez de nouveau les cartes en remettant la première face en haut, puis formez un éventail face en bas. La carte choisie se distingue forcément des autres.

Trucs de métier

- Il est préférable de ne pas accomplir ce tour trop souvent pour éviter qu'un spectateur n'en découvre le secret.
- Vous pouvez adapter le commentaire de « C'est moi la meilleure » (voir p. 66) pour faire de cet exercice une fioriture qui conclura un ensemble de trois tours axés sur les cartes vaniteuses.

C'EST MOI LA MEILLEURE

Le magicien présente au public la première carte du jeu en expliquant qu'elle occupe toujours cette place en raison de sa vanité. Il la met au centre du paquet, qu'il pose sur la table, effectue une passe magique et montre aux spectateurs la même carte qui a réintégré le dessus du jeu. La réussite du tour dépend de la rapidité avec laquelle vous exécutez la deuxième version du saut (voir p. 18), qui permet de faire passer une carte du dessous au-dessus du jeu.

MATÉRIEL

1 jeu de cartes

❶ Saisissez la première carte du jeu (par exemple, le dix de pique) et présentez-la au public.

❷ Reposez-la machinalement à sa place tout en expliquant : « Le dix de pique a une spécialité, etc. Observez donc ce qui va suivre... » Pendant ce temps, faites passer la carte du dessous au-dessus du jeu.

❸ Sans la montrer aux spectateurs, prenez la nouvelle carte du dessus (on pense toujours qu'il s'agit du dix de pique) et glissez-la au hasard dans le jeu. Le tour est joué... Vous pouvez broder avant de produire le dix de pique enfin « revenu » à sa place.

C'EST MOI LA MEILLEURE - VARIANTE

Plus simple que la première version, cette variante implique que l'auriculaire de votre main gauche porte un ongle long.

❶ Le jeu dans la main gauche, glissez l'ongle sous la deuxième carte à partir du dessus.

❷ Quand vous montrerez la première carte au public, vous aurez en même temps saisi la suivante. L'assistance croira voir une seule et même carte. Remettez-les toutes les deux parmi les autres.

❸ C'est alors un jeu d'enfant que de prendre la vraie carte du dessus pour la placer n'importe où. La deuxième carte (celle que vous aurez montrée au public) se trouvera alors au-dessus du jeu.

Truc de métier

• Vous pouvez réaliser la première version de « C'est moi la meilleure » à la suite des deux versions de « La carte vaniteuse ». Prenez la carte qui a déjà fait preuve de vanité (en l'occurrence, le dix de pique) et posez-la au-dessus du jeu. Adressez-lui un dernier reproche (vous aurez déjà procédé au saut) en lui précisant que cette fois-ci, elle est destinée à rester dans l'anonymat. Joignant le geste à la parole, saisissez la première carte et placez-la dans le jeu. Puis, l'air désolé, retournez la nouvelle carte du dessus et montrez au public que le dix de pique a de nouveau repris sa place. Vous pouvez reproduire l'action deux ou trois fois, en prenant l'air de plus en plus furieux, puis abandonner comme si, pour vous, la cause était définitivement perdue...

CHANGEMENT DE PARTENAIRE

LE JEU EST DIVISÉ EN DEUX PAQUETS. DE L'UN, LE MAGICIEN TIRE UNE CARTE ; DE L'AUTRE, UN SPECTATEUR FAIT DE MÊME. ON RÉVÈLE LE NOM DES CARTES AVANT DE RASSEMBLER LES DEUX PAQUETS. QUAND LE VOLONTAIRE EXAMINE À NOUVEAU SES CARTES, IL S'APERÇOIT QUE CELLE DU MAGICIEN SE TROUVE À CÔTÉ DE LA SIENNE.

MATÉRIEL

1 JEU DE CARTES

❶ Battez bien le jeu et donnez-en la moitié à un spectateur. Demandez-lui de répartir ses cartes sur la table et de sélectionner une de celles qui se trouvent au milieu. En effectuant le mélange, jetez un œil à la carte du dessous et veillez ensuite à donner la moitié inférieure au volontaire.

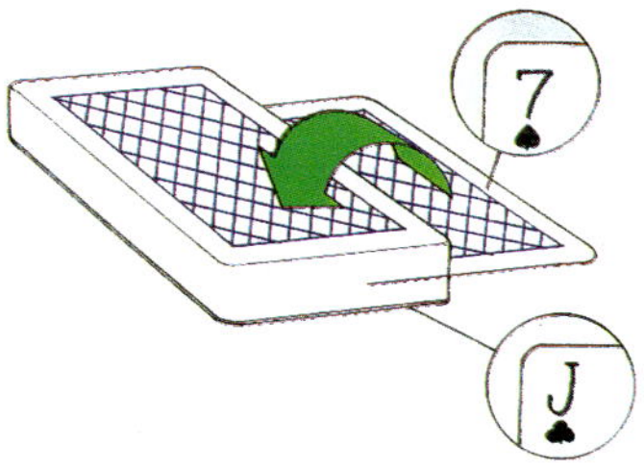

❷ Comme le spectateur, annoncez la carte que vous avez choisie : par exemple, le valet de trèfle. Cette carte n'a en fait aucune importance ; ce qui compte, c'est de nommer la carte située sous le paquet du volontaire. Demandez à celui-ci d'identifier la carte qu'il a sélectionnée (par exemple, le sept de pique).

Truc de métier

- Il est possible de retenir la valeur de la carte du dessous, mais il est plus facile de laisser celle du dessus en place en effectuant le mélange. Le volontaire aura peut-être remarqué la dernière carte quand vous lui aurez tendu le jeu. Il serait préférable que le valet de trèfle soit situé au-dessus du jeu. Vous pouvez battre les cartes en bonne et due forme, jeter un œil à la dernière, puis procéder au saut (voir p. 18) pour la faire passer au-dessus.

❸ Remettez votre carte au-dessus de votre paquet et demandez au spectateur de vous imiter. Regroupez le jeu et coupez-le de sorte que les deux cartes se situent chacune au centre de son paquet.

❹ Demandez au volontaire de former un éventail avec son jeu pour vérifier que tout est en ordre et que sa carte se trouve bien dans ce paquet. En complétant la coupe, il l'aura placée à côté de la carte du dessous (le valet de trèfle).

❺ Lorsqu'il dépliera les cartes de son jeu en éventail, le volontaire découvrira le valet de trèfle à côté du sept de pique.

CHANGEMENT DE PARTENAIRE - VARIANTE

Deux cartes choisies au hasard par un spectateur apparaissent mystérieusement dans une boîte puis en disparaissent.

1 Avant de vous produire, préparez un leurre en encollant soigneusement dos à dos deux cartes (par exemple, le trois de pique et le roi de cœur) provenant d'un jeu usagé. Aplatissez-les au fer à repasser chaud afin qu'elles aient l'air aussi fines que possible. Posez d'avance la carte préparée, le roi face en bas, sur votre table.

2 Demandez à un volontaire de choisir deux cartes. En réalité, procédez au forçage américain (voir p. 43) ou au « Coupez vous-même » (voir p. 44) pour que le spectateur tire le trois de pique et le roi de cœur. Invitez-le à présenter ces cartes au public et à les mettre dans l'étui vide que vous lui tendez. À ce stade du tour, il est conseillé de faire un petit commentaire. Expliquez aux spectateurs que vous connaissez leur intelligence et leur sens de l'observation, mais que vous êtes un peu angoissé à l'idée de vous produire devant une assistance aussi perspicace. Ne pourrait-on pas vous aider à suivre la trace des deux cartes ?

MATÉRIEL

1 JEU DE CARTES

1 ÉTUI VIDE

1 CARTE À DOUBLE FACE (VOIR ÉTAPE 1)

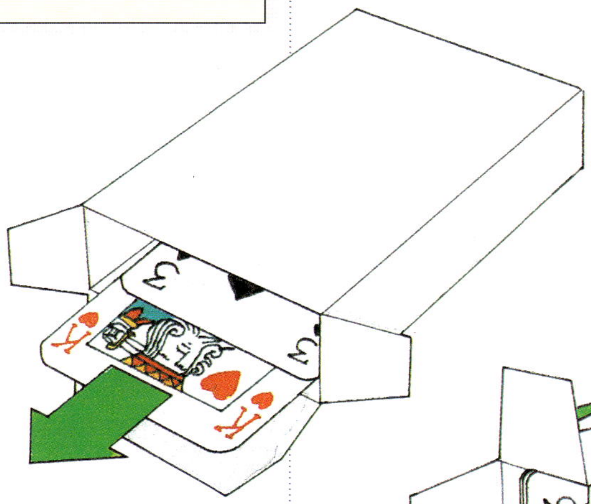

3 Reprenez l'étui, sortez-en une carte (par exemple, le roi de cœur) et posez-la face en bas sur la table. Il est évident que celle qui reste est le trois de pique. En conséquence, précisez-vous au public, il est inutile de le vérifier. Mais pour mettre toutes les chances de votre côté, demandez au volontaire de regarder dans l'étui. Bien sûr, il y verra le trois de pique. Ramassez le roi de cœur et, tout en le montrant aux spectateurs, prenez l'étui. Sortez-en le trois de pique et présentez-le au public, face en haut, pendant que vous regagnez votre table. En réalité, lorsque vous prenez le roi pour le remettre dans l'étui, c'est la carte préparée que vous ramassez. Reprenez l'étui au volontaire pour pouvoir y placer la carte préparée et en ôter le trois de pique.

4 Faites le geste de tendre l'étui au spectateur et arrêtez-vous, comme si vous aviez changé d'avis. Cette manœuvre vous permet de placer l'étui sens dessus dessous.

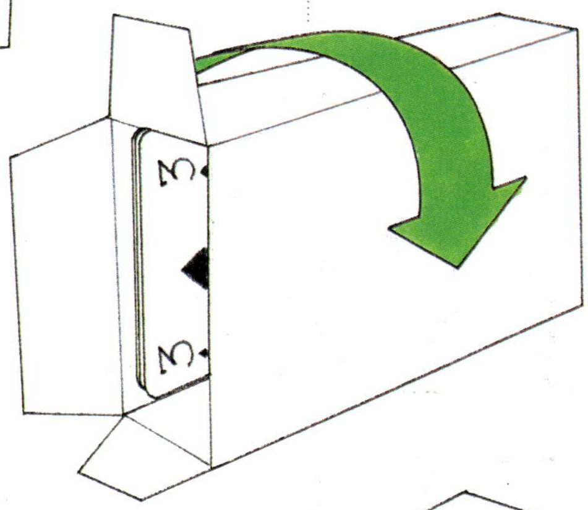

Trucs de métier

- Dans le commerce, on trouve des cartes à deux faces assez peu convaincantes. Mieux vaut donc les confectionner soi-même.
- Quand vous ramassez le leurre sur la table, n'oubliez pas que, pour le public, vous retournez une carte que vous avez posée face en bas. Pour retourner correctement le leurre, saisissez-le par l'extrémité la plus proche des spectateurs, faute de quoi ceux-ci pourraient apercevoir le mauvais côté.

5 La carte qui se trouve dans l'étui, dites-vous, est le roi de cœur. Et de fait, tout le monde vous a vu la replacer. Mais par sécurité, demandez au volontaire de le vérifier. Il sortira le trois de pique.

6 Feignez la surprise et retournez la carte posée sur la table. Il s'agit du roi de cœur ! À cet instant, ramassez le vrai roi de cœur sur la table pour que le public puisse examiner les deux cartes et l'étui.

RETOURNEMENT DE SITUATION

LE MAGICIEN PROPOSE À UN VOLONTAIRE DE CHOISIR DEUX CARTES. APRÈS AVOIR RÉINTÉGRÉ LE JEU, ELLES Y RÉAPPARAISSENT FACE EN HAUT. CE TOUR REPOSE SUR DEUX ÉLÉMENTS : LE FORÇAGE DES DEUX CARTES (VOIR P. 41-52) ET LA PRÉPARATION D'UNE CARTE À DOUBLE FACE.

MATÉRIEL

1 JEU DE CARTES

1 CARTE À DOUBLE FACE (VOIR ÉTAPE 1)

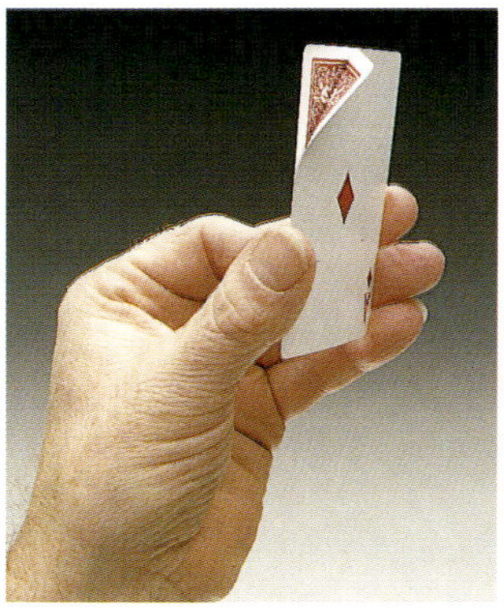

❶ Avant le spectacle, encollez dos à dos deux cartes provenant d'un jeu différent. Si, par exemple, la double carte présente d'un côté le roi de pique et de l'autre l'as de carreau, vous devez vous assurer par avance que leurs vrais équivalents sont correctement placés.

❷ Demandez à un membre de l'assistance de sélectionner deux cartes (celles que vous avez forcées) et de les mémoriser sans vous les montrer.

❸ Pendant ce temps, battez le jeu et précisez au volontaire qu'il peut vous interrompre à tout moment pour insérer la première carte, puis la seconde. Continuez ensuite à battre le jeu pour que les cartes soient bien mélangées. En fait, la double carte doit se trouver parmi les dernières (en avant-dernière position, par exemple) pour que le spectateur ne coupe pas à son niveau et que vous connaissiez son emplacement. Le mélange doit ensuite s'effectuer normalement, à condition que la double carte reste au centre du jeu.

❹ Enchaînez en disposant le jeu en éventail face en bas sur la table. Comme on peut s'y attendre, la première carte choisie par le volontaire se présente face en haut. Remettez-la lui.

Trucs de métier

- Préparez le jeu à l'avance pour être sûr qu'il sera correctement ordonné. Vous pouvez commencer votre numéro avec ce tour et vous débarrasser de la double carte avant d'aborder la suite.
- Vous pouvez tout aussi bien conclure votre numéro par ce tour, auquel cas vous aurez conservé dans une poche la double carte ainsi qu'un double du roi et de l'as. Inventez un prétexte pour y glisser le jeu à un moment donné ; quand vous le ressortirez, vous y aurez ajouté les cartes supplémentaires.

❺ Ramassez le reste du jeu face en haut et réinsérez la double carte, également « face en haut », au milieu. Battez de nouveau les cartes, suffisamment longtemps pour qu'on croie cette manipulation importante dans le déroulement du tour. Replacez le jeu en éventail sur la table. Cette fois-ci, c'est la seconde carte qui apparaît.

LE RÊVE DE L'IMPRIMEUR

LE MAGICIEN PRÉSENTE EN ÉVENTAIL UN JEU DE CARTES BLANCHES CÔTÉ FACE ET CÔTÉ DOS. LORSQU'IL REDÉPLOIE L'ÉVENTAIL, CELUI-CI SE COMPOSE DE CARTES IMPRIMÉES.

MATÉRIEL

1 JEU DE CARTES DONT SEULS DEUX ANGLES SONT IMPRIMÉS ET DONT LE DOS PRÉSENTE UN MOTIF ENCADRÉ D'UNE LARGE BORDURE BLANCHE

2 CARTES ENTIÈREMENT BLANCHES (CÔTÉ FACE ET CÔTÉ DOS), À SE PROCURER DANS UN MAGASIN DE MAGIE OU À CONFECTIONNER EN RECOUVRANT D'ADHÉSIF LES DEUX CÔTÉS DES JOKERS

❶ Avant de débuter votre prestation, posez une carte entièrement blanche au-dessus, et une autre au-dessous du jeu. Rangez soigneusement le tout dans un étui.

❷ Pour commencer votre tour, sortez les cartes de leur étui et présentez-les en « éventail inversé ». En d'autres termes, au lieu de les déployer de gauche à droite, déployez-les de droite à gauche. Ce procédé vous permet de masquer l'impression des cartes. De plus, la carte blanche se trouvant au-dessus du jeu, celui-ci semble totalement blanc. Enfin, grâce à la présence d'un encadrement au dos des cartes, l'autre côté de l'éventail paraît également blanc.

❸ Refermez l'éventail, retournez le jeu et enlevez la carte blanche qui se trouve à présent au-dessous. D'un geste élégant, montrez-en les deux côtés au public pour lui faire croire que l'ensemble du jeu est blanc. Puis, placez-la sur l'autre carte entièrement blanche (maintenant au-dessus du paquet).

❹ Retournez le jeu, passez la main sur la première carte et montrez qu'elle est imprimée. Formez un éventail, cette fois-ci normalement (de gauche à droite) pour révéler que toutes les cartes sont désormais imprimées.

❺ Coupez le jeu pour que les deux cartes entièrement blanches se retrouvent peu ou prou au centre. Redéployez un éventail pour montrer que le dos des cartes présente un motif, mais prenez soin de ne pas exposer les deux cartes entièrement blanches du milieu. Vous venez d'imprimer tout un jeu de cartes blanches !

La carte est...

Le magicien forme trois paquets de sept cartes. Il demande à un volontaire de choisir une carte dans l'un d'entre eux et d'en mémoriser la couleur et la valeur sans les révéler au public. Par trois fois, les paquets sont regroupés, puis de nouveau séparés, jusqu'à ce que le magicien retrouve la carte choisie.

MATÉRIEL

1 JEU DE CARTES

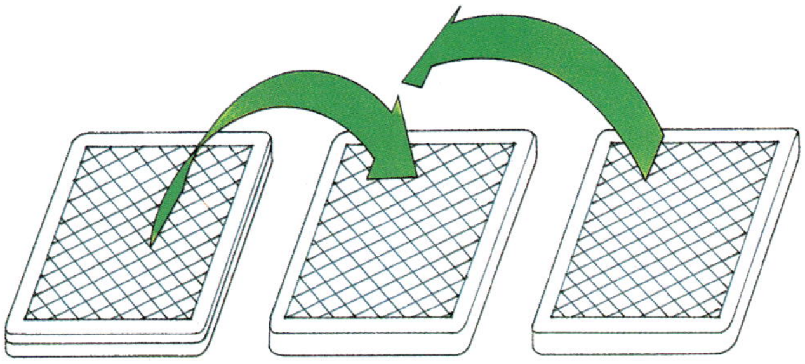

❶ Formez trois paquets de sept cartes de la façon suivante : première carte, première carte, première carte, deuxième carte, deuxième carte, deuxième carte, etc. (plutôt que de distribuer sept cartes d'affilée, sept autres, puis les sept dernières). Placez le reste du jeu à l'écart.

❷ Invitez un spectateur à choisir une carte dans un des paquets et à la mémoriser sans rien dire à l'assistance.

❸ Regroupez les trois paquets en veillant à ce que celui qui contient la carte se trouve entre les deux autres. Redistribuez le jeu en formant à nouveau trois paquets de sept cartes.

❹ Demandez au volontaire de les inspecter et d'indiquer celui qui contient sa carte.

❺ Comme la première fois, regroupez les trois paquets et redistribuez le jeu en formant trois paquets de sept cartes.

❻ Redemandez au spectateur d'indiquer celui qui contient sa carte. Regroupez les trois paquets dans le bon ordre.

❼ Retournez une carte à chaque lettre tout en épelant L-A-C-A-R-T-E-E-S-T. La carte suivante sera la bonne.

Truc de métier

- Vous pouvez accentuer votre effet en demandant au volontaire d'accomplir la plupart des manipulations. Veillez cependant à ce qu'il ramasse les paquets dans le bon ordre. Quand il aura épelé la formule « C'-E-S-T-M-A-C-A-R-T-E », il retournera la carte choisie en énonçant le dernier E.

Le rouge et le noir

Grâce à ce tour, l'exécutant donne l'impression de réaliser l'impossible. Pour accomplir ce miracle, seul un jeu de cartes est nécessaire. Après les avoir montrées au public, le magicien bat les cartes et parvient à deviner leur couleur.

MATÉRIEL

1 JEU DE CARTES

❶ Avant de commencer, ordonnez le jeu de sorte que les cœurs et les carreaux soient séparés des piques et des trèfles. Prenez chaque bloc dans une main et imprimez-lui une courbure précise (vers le haut pour les rouges, vers le bas pour les noires).

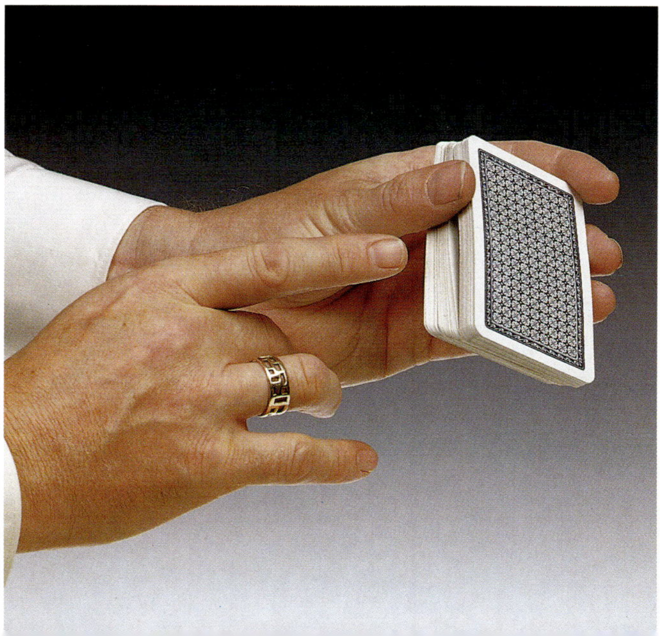

❷ Battez les cartes devant le public, puis distribuez-les face en bas sur la table.

❸ Désignez l'une d'elles et dites s'il s'agit d'une rouge ou d'une noire. Vous y parviendrez aisément en observant sa courbure.

❹ À la fin du tour, supprimez la courbure des cartes en pliant légèrement le jeu dans un sens, puis dans l'autre.

LES VILAINS VALETS

LE MAGICIEN DOIT ACCOMPAGNER CE TOUR D'UN COMMENTAIRE TRÈS PRÉCIS, SELON LEQUEL QUATRE VILAINS VALETS ONT DÉROBÉ LES TARTES CONFECTIONNÉES PAR LA DAME DE CŒUR. BIEN QUE LES QUATRE VALETS SOIENT RÉPARTIS PARMI LES AUTRES CARTES, LE MAGICIEN PARVIENT À LES RETROUVER AU-DESSUS DU JEU.

MATÉRIEL

1 JEU DE CARTES

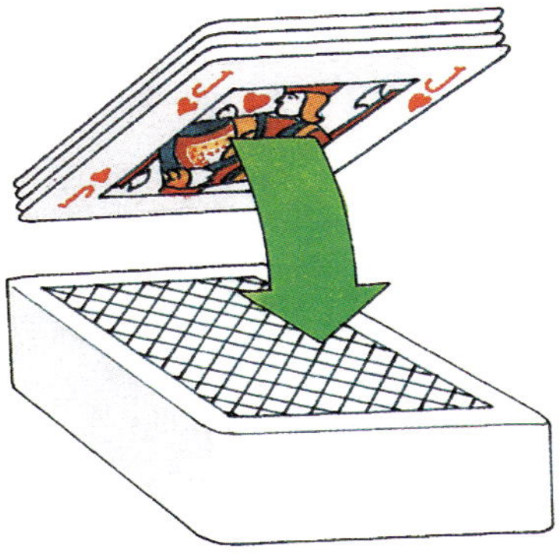

❶ Tout en racontant le début de l'histoire, retirez les quatre « voleurs » (les valets) du jeu. Poursuivez en précisant que les gardes du roi les ont poursuivis pour les enfermer dans une tour. Montrez les valets aux spectateurs et rassemblez-les au-dessus du jeu.

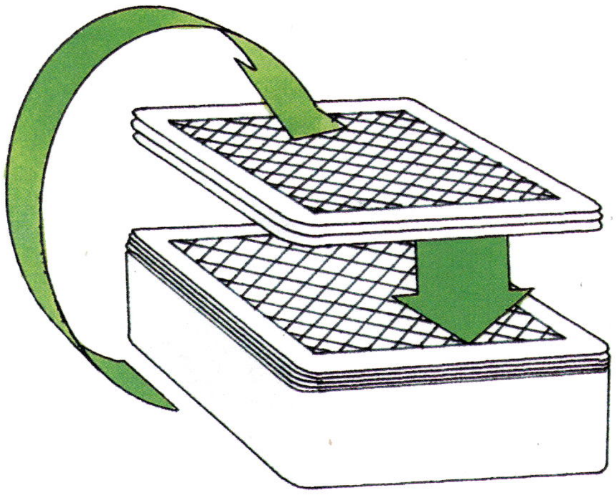

❷ Procédez au saut (voir p. 18) pour faire passer trois cartes du dessous au-dessus du paquet (elles couvrent donc les valets).

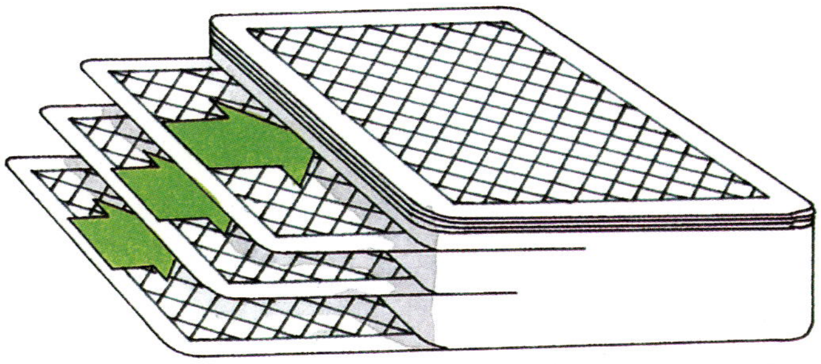

❸ Expliquez alors que le premier voleur s'est caché au rez-de-chaussée (prenez la première carte et placez-la au-dessous du jeu), que le deuxième s'est caché au premier étage (prenez la deuxième carte et placez-la dans la partie inférieure du jeu), que le troisième s'est caché presque au sommet de la tour (prenez la troisième carte et placez-la dans la partie supérieure du jeu) et que le quatrième a grimpé au sommet du mât ou flottait l'étendard (prenez la quatrième carte et reposez-la au-dessus du jeu).

❹ En voyant les gardes encercler la tour, le voleur le plus haut placé a eu si peur qu'il a sauté de son mât. Prenez la première carte (un valet) et montrez-la au public.

❺ Les autres voleurs se sont élevés d'un étage mais, à mesure que les gardes progressaient vers le sommet de la tour, chaque valet a dû grimper au mât et sauter par terre. À ces mots, retournez une à une les trois premières cartes (les autres valets) et montrez-les au public.

❻ Avant de commencer le tour, vous pouvez aussi empaumer trois cartes. Elles se trouveront donc sous les valets que vous montrerez au public au tout début. Quand vous reposerez les valets sur le jeu, ces cartes seront en première position. L'effet est identique dans les deux cas.

Truc de métier

- La technique de l'empalmage étant très connue, il est conseillé de lui préférer celle du saut (voir p. 18). Pour créer un effet de contraste, on peut aussi garder l'empalmage (voir p. 20) et dire à la fin du tour : « Bien sûr, n'importe quel écolier connaît le truc. Mais cette histoire a réellement eu lieu. Et voici comment... » On enchaînera alors sur une des variantes suivantes (ou sur les deux).

Les vilains valets – Variante

« Il était une fois, raconte le magicien, quatre vilains valets qui avaient volé les tartes de la dame de cœur. Ils prirent leurs jambes à leur cou pour fuir sa colère. Quatre gardes se mirent à les pourchasser dans les jardins du palais. Afin d'échapper à leurs poursuivants, les voleurs se cachèrent en différents endroits et s'enfouirent sous des buissons.

MATÉRIEL

1 JEU DE CARTES

Mais les gardes finirent par les retrouver dissimulés sous le même bosquet. »

1. Montrez les quatre valets au public et posez-les au-dessus du jeu. Procédez alors à plusieurs sauts (voir p. 18) pour les recouvrir de trois cartes.

2. Tout en expliquant que chaque voleur a choisi une cachette différente dans le jardin, posez sur la table les quatre premières cartes, une à une et face en bas. La quatrième correspond, bien sûr, au premier valet.

3. Tout en racontant que les voleurs se sont cachés sous des buissons, posez trois cartes sur chacune de celles que vous avez posées à l'étape 2. Vous devez recouvrir la quatrième (le premier valet) avant les trois autres. Les trois cartes que vous déposerez sur elle seront donc les trois autres valets.

4. Déplacez les tas de cartes en précisant que les voleurs ont essayé de semer leurs poursuivants. Puis formez une ligne en veillant à faire passer le tas de valets en deuxième ou en troisième position.

5. Demandez aux spectateurs de vous aider à retrouver les valets en choisissant un nombre entre 1 et 4. La plupart d'entre eux vous proposeront certainement le 2 ou le 3. Selon le cas, comptez de gauche à droite ou de droite à gauche pour tomber sur le tas de valets.

Truc de métier

• Pour assurer l'effet final, n'hésitez pas à jouer avec l'assistance. Si un petit nombre de spectateurs choisit le 2 et que la majorité préfère le 3, écriez-vous par exemple : « Deux ? Vous dites bien *deux* ? » (Évidemment, c'est *trois* que vous devriez plutôt entendre...) Haussez les épaules et déclarez : « Très bien ! Comme vous voudrez ! » Et commencez à compter dans le bon sens.

Les vilains valets – Autre variante

Le magicien raconte le vol des tartes de la dame de cœur et explique que les gardes ont pourchassé les valets jusqu'à ce qu'ils les bloquent dans une tour du palais.

MATÉRIEL

1 JEU DE CARTES

1. Comme dans la première version, précisez qu'un voleur a grimpé sur le mât dressé au sommet de la tour (montrez le premier valet au public et posez-le au-dessus du jeu) et que le deuxième est resté au rez-de-chaussée (montrez le valet suivant et placez-le au-dessous du jeu).

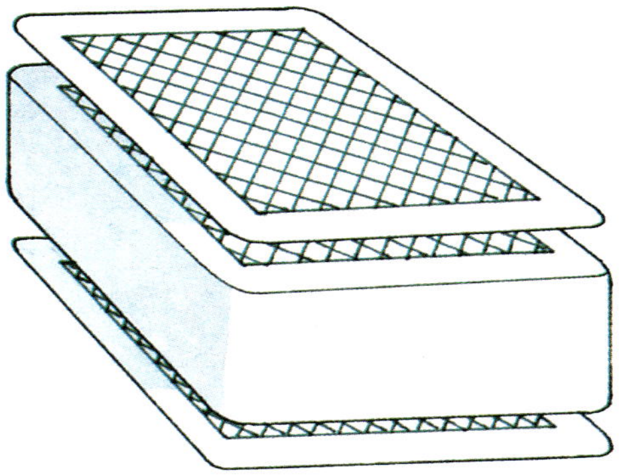

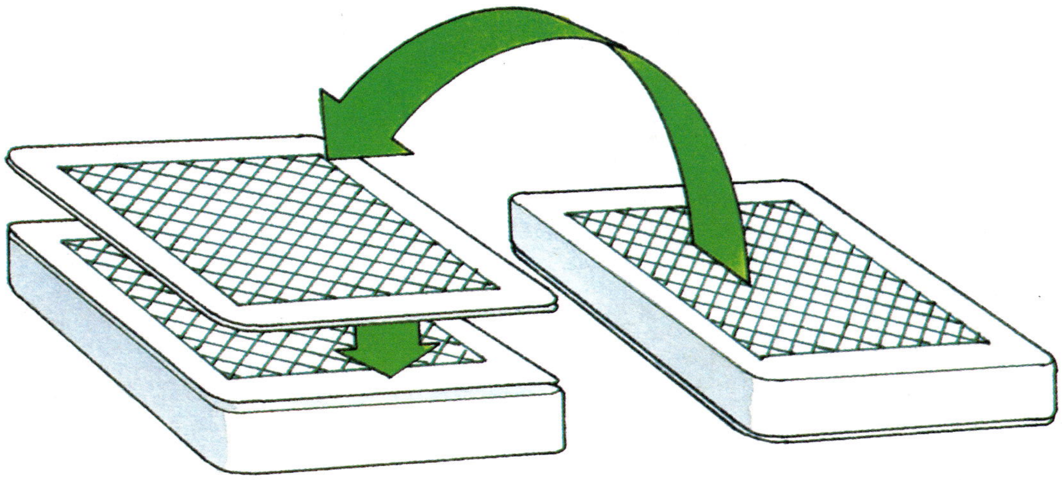

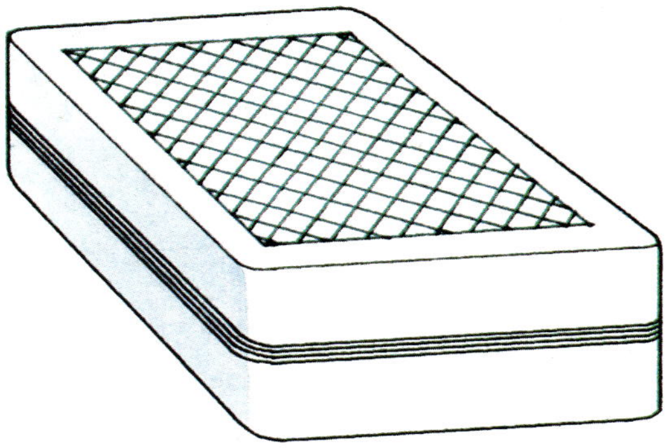

❷ Posez les cartes devant vous sur la table et, tout en les coupant, expliquez que les autres valets (tous deux noirs ou rouges) étaient frères, comme le prouve leur couleur. Troublés par les parachutistes qui descendaient du ciel et les tunneliers qui progressaient sous terre, ils sont restés groupés et ont cherché refuge à mi-hauteur de la tour. Placez-les au milieu du jeu et prenez celui-ci en main.

❸ Ajoutez que ces deux frères avaient bien raison de s'inquiéter car les troupes de roi ont fini par faire descendre le premier voleur de son mât et monter le deuxième de son rez-de-chaussée, si bien qu'ils se sont tous retrouvés à mi-hauteur de la tour. À ces mots, présentez le jeu pour qu'on voie les quatre valets rassemblés au centre.

❹ Produisez un commentaire suffisamment palpitant et amusant pour que personne ne remarque la coupe effectuée à l'étape 2. En effet, celle-ci est un leurre : quand vous coupez les cartes, identifiez bien chaque paquet. Mettez les deux « frères » au centre du jeu en les plaçant sur l'ancien paquet du dessus, sur lequel vous poserez l'autre paquet. Cette manœuvre permet de réunir les quatre valets au milieu du jeu.

Trucs de métier

- Votre commentaire est essentiel car il distrait l'attention du public. Vous pouvez même introduire un complice parmi les spectateurs afin de provoquer un faux incident. Demandez-lui de crier que le truc est connu, que c'est du déjà-vu, que vous refaites le même tour que précédemment, etc. Ces remarques intempestives, conjuguées à votre innocence feinte, empêcheront l'assistance de remarquer la supercherie.
- Dans le cas contraire, balayez les protestations d'un éclat de rire et expliquez que vous réalisiez un autre exercice, dans lequel les valets ne se réfugient pas dans la tour, mais au jardin… et enchaînez sur la version précédente.

LA TRIPLE CARTE

CE TOUR, QUI PEUT SE RÉALISER LORS D'UNE RÉUNION EN PETIT COMITÉ, VOUS PERMET DE PASSER POUR UN GRAND DEVIN. ON L'APPELLE AUSSI « ESPRIT, ES-TU LÀ ? » ; EN CE CAS, EXPLIQUEZ AU PUBLIC QU'IL CHOISIT CERTAINES CARTES SOUS L'INFLUENCE DE L'AU-DELÀ. DANS CETTE VERSION, LES SPECTATEURS VOUS VOIENT SÉLECTIONNER ET NOMMER TROIS CARTES, APPAREMMENT PRISES AU HASARD DANS UN JEU BATTU PAR UN VOLONTAIRE.

MATÉRIEL

1 JEU DE CARTES

❶ Demandez à un volontaire de battre le jeu. Quand vous le lui reprenez, jetez un œil à la carte du dessous et gardez-la en mémoire. Pour l'exemple, disons qu'il s'agit du six de pique.

❷ Étalez le jeu face en bas sur la table. Sans en donner l'impression, vous devez être à même de repérer le six de pique, qui était la dernière carte.

❸ Désignez une carte (n'importe laquelle), posez le doigt sur son dos et déclarez qu'il s'agit d'une noire... d'un pique... du six de pique. Retirez-la du jeu, vérifiez discrètement sa valeur et placez-la, face en bas, à côté des autres.

❹ Désignez une deuxième carte et identifiez-la comme étant la première que vous avez tirée. Placez-la également à côté des autres après avoir vérifié sa valeur.

❺ Désignez alors une troisième carte. Choisissez celle qui se trouvait au-dessous du jeu (en l'occurrence, le six de pique). Identifiez-la comme étant la deuxième que vous avez tirée et placez-la à côté des deux premières.

❻ Ramassez-les et montrez-les au public pour qu'il reconnaisse les trois cartes que vous avez identifiées.

Trucs de métier

- Si vous faites tirer chaque carte par un volontaire et si, par malchance, le premier ou le deuxième d'entre eux sélectionne le six de pique, montrez aussitôt la carte et déclarez que vous réalisiez un essai pour être sûr que toute la salle comprenait le principe du tour.

- Veillez toujours à choisir la dernière carte. Souvenez-vous que la carte choisie par le dernier volontaire est celle que vous allez identifier après avoir sélectionné votre propre carte, et que celle-ci est en fait la carte que vous avez identifiée lors du choix du premier volontaire.

La carte et le chapeau

Après avoir expliqué que certaines cartes travaillent un peu du chapeau, le magicien demande à un volontaire de tirer une carte, de l'examiner et de la remettre parmi les autres. Il place alors le jeu dans un chapeau auquel il donne une pichenette. À cet instant, la carte choisie saute en l'air. Pour réaliser ce tour, procurez-vous un chapeau mou ou un chapeau en tissu doté d'un pli qui divise le fond en deux parties.

MATÉRIEL

1 jeu de cartes

1 chapeau mou

❶ Invitez un spectateur à choisir une carte que vous identifierez discrètement. Procédez au saut (voir p. 18) pour la faire passer au-dessus du jeu.

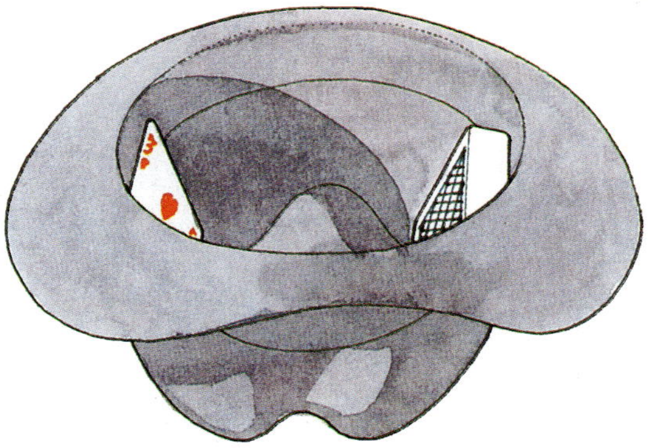

❷ Quand vous laissez tomber les cartes dans le chapeau, assurez-vous que celle du volontaire tombe d'un côté et le reste du jeu de l'autre.

❸ Contentez-vous de donner une pichenette ou un léger coup sous le chapeau (du bon côté) et vous verrez la carte choisie sauter en l'air.

Truc de métier

- Pour que personne ne songe à une quelconque supercherie, l'idéal consiste à exécuter ce tour après avoir emprunté le chapeau mou d'un spectateur. Comme ce genre d'article ne se porte plus guère, il est préférable d'apporter son propre chapeau. Si l'un de vos amis vous en procure un, tant mieux pour vous. Mais préférez-lui systématiquement le chapeau d'un inconnu.

LES CARTES SAUTEUSES

LE MAGICIEN PROPOSE À UN SPECTATEUR DE CHOISIR UNE CARTE ET DE L'EXAMINER. IL LA REPREND POUR LA REMETTRE DANS LE JEU. À PEINE EST-IL REVENU À SA TABLE QUE LA CARTE SAUTE HORS DU PAQUET. IL HAUSSE LES ÉPAULES, RETOURNE DANS LE PUBLIC ET DEMANDE À UN AUTRE SPECTATEUR DE TIRER UNE DEUXIÈME CARTE ET DE L'EXAMINER. ELLE AUSSI SAUTE HORS DU PAQUET. LE MAGICIEN PEUT RÉPÉTER LA MANŒUVRE AUTANT QU'IL LE DÉSIRE. À LA FIN, EXCÉDÉ, IL ÉCARTE LE JEU ET EN PREND UN AUTRE POUR ACCOMPLIR LE TOUR SUIVANT.

MATÉRIEL

1 JEU DE CARTES
2 CARTES PRÉPARÉES (VOIR ÉTAPE 1)
1 ÉLASTIQUE
DES AGRAFES OU DE LA COLLE

❶ Prenez deux cartes provenant d'un autre jeu. Au centre de chacune, fixez une extrémité de l'élastique au moyen d'une agrafe ou d'une goutte de colle. L'élastique doit être assez court pour que les cartes puissent sauter en l'air mais, s'il est trop court, les bords des cartes s'abîmeront. Effectuez plusieurs essais pour définir la bonne taille.

❷ Glissez ces cartes préparées dans le tiers ou le quart inférieur du paquet. Avec les cartes du dessus, vous pouvez former un éventail et le présenter à un spectateur sans que celui-ci se doute de quoi que ce soit.

❸ Pendant qu'il examine la carte qu'il a choisie, repliez l'éventail le plus naturellement du monde. Il vous est facile de sentir le vide provoqué par l'épaisseur de l'élastique.

❹ Remettez la carte choisie dans le jeu, entre les deux cartes préparées. Serrez bien le jeu entre vos doigts jusqu'à ce que vous souhaitiez faire sauter la carte du volontaire.

Trucs de métier

- Pour éviter d'endommager de bonnes cartes, prenez-en deux provenant d'un jeu usagé et veillez à ce que les motifs du dos s'accordent au jeu que vous utilisez. Ainsi, personne ne remarquera le trucage lorsque vous formerez l'éventail.
- Les agrafes doivent se trouver au centre de chaque carte. Il est tentant de vouloir fixer l'élastique dans leur partie supérieure afin que la carte du volontaire saute plus haut. Pour parvenir à ce résultat, mieux vaut se procurer un élastique large et plat. Il se montrera plus résistant et aura moins tendance à déchirer l'extrémité inférieure de la carte choisie.
- Vous pouvez effectuer ce tour à la suite de « La carte et le chapeau » (voir p. 77), ou juste avant « Les cartes rebelles » (voir p. 79), qui nécessite également une préparation, donc l'emploi d'un jeu spécial.

LES CARTES REBELLES

LE MAGICIEN PRÉSENTE UN JEU EN ÉVENTAIL À TROIS SPECTATEURS ET DEMANDE À CHACUN DE CHOISIR UNE CARTE. PENDANT QU'ILS OBSERVENT LEURS CARTES, LE MAGICIEN REVIENT FACE À LA SALLE EN BATTANT LE JEU. ON LUI RAPPORTE LES CARTES, QU'IL GLISSE PARMI LES AUTRES. IL SE DIRIGE VERS LA TABLE EN FORMANT UN ÉVENTAIL ET DEMANDE AUX SPECTATEURS DE SE CONCENTRER SUR LEURS CARTES. UNE À UNE, LES CARTES CHOISIES S'ÉLÈVENT DE L'ÉVENTAIL.

MATÉRIEL

1 JEU DE CARTES

1 BOÎTE (VOIR ÉTAPE 1)

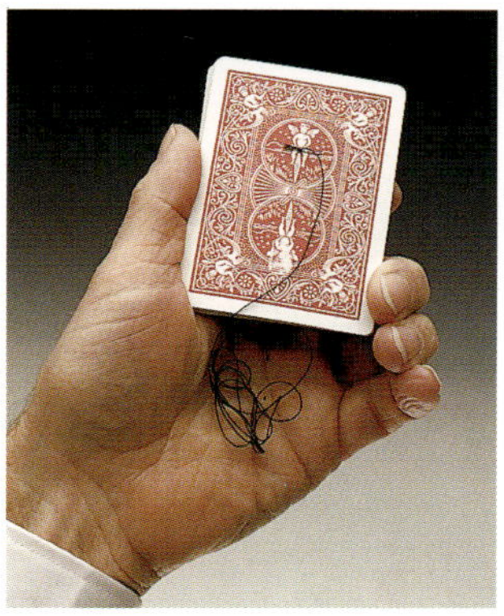

1 Ce tour nécessite une préparation complexe. Dans du carton fin ou du fer-blanc, confectionnez une boîte dont la longueur et la largeur seront à peine supérieures à celles d'une carte, dont la profondeur équivaudra à six ou sept cartes superposées et dont une extrémité restera ouverte. Collez une carte face en haut sur un côté et une carte face en bas sur l'autre côté. Divisez l'intérieur en trois compartiments en y fixant deux cartes usagées. À la partie supérieure du dos, fixez un fil noir dont l'autre extrémité se terminera par un hameçon.

2 Présentez les cartes en éventail aux spectateurs. Maintenez la boîte au-dessous du jeu, cachée par quelques cartes et l'ouverture dirigée vers vous. N'éloignez pas trop le jeu de votre corps et gardez le fil enroulé dans la main.

3 Demandez aux volontaires d'examiner leur carte et battez les autres normalement. Profitez-en pour faire passer la boîte au milieu du jeu, que vous retournerez afin de diriger l'ouverture de la boîte vers le public. Le fil remonte à partir du dos de la boîte, passe au-dessus de l'ouverture, puis revient vers vous en suivant l'axe médian de la carte supérieure du jeu.

4 Glissez dans la boîte les cartes des volontaires, en plaçant la première dans le compartiment du haut, la deuxième dans celui du milieu, et la troisième dans celui du bas. Quand vous revenez vers votre table, le dos au public, accrochez l'hameçon à votre veste. Ne formez pas un éventail trop large. Tendez le bras et vous verrez la première carte s'élever du lot. Lorsqu'elle aura atteint les 2/3 de sa hauteur, dégagez-la, refermez l'éventail, rouvrez-le. Répétez l'opération.

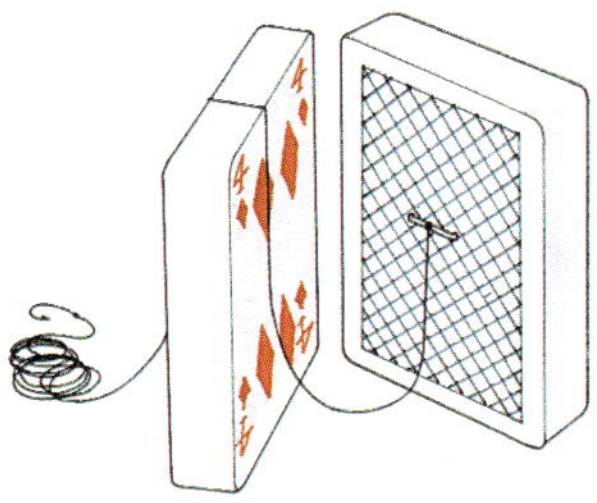

5 Pour réaliser un trucage plus simple, agrafez l'extrémité d'un fil au centre d'une carte que vous placerez dans la partie inférieure du jeu. Procédez comme décrit plus haut, de sorte qu'en pénétrant parmi les autres cartes, celles qu'on vous rend poussent le fil, dont l'autre extrémité est passée au-dessus du reste du jeu.

Trucs de métier

- Le premier trucage présente un avantage sur le second : il permet de faire sortir les cartes choisies d'un jeu en éventail. Sinon, le jeu doit être rassemblé en paquet.
- À la fin de l'exercice, offrez à chaque volontaire la carte qu'il a choisie. Ce geste vous permettra de reposer sur la table le jeu désormais inutilisable et d'en prendre un autre pour exécuter le tour suivant.

TROUVEZ LE JOKER

UN VOLONTAIRE AIDE LE MAGICIEN À RÉALISER UN TOUR QUI PERMET DE RETROUVER LE JOKER PARMI TROIS CARTES. POUR RÉUSSIR À FAIRE DISPARAÎTRE LE JOKER, L'EXÉCUTANT DOIT FAIRE PREUVE DE DEXTÉRITÉ ET RÉALISER UN PETIT TRUCAGE.

MATÉRIEL

3 CARTES D'UN JEU

1 JOKER DE CE MÊME JEU (VOIR ÉTAPE 1)

RUBAN ADHÉSIF TRANSPARENT

❶ Avant de débuter votre prestation, prélevez une fine bande au milieu du joker, de façon à séparer sa partie supérieure de sa partie inférieure.

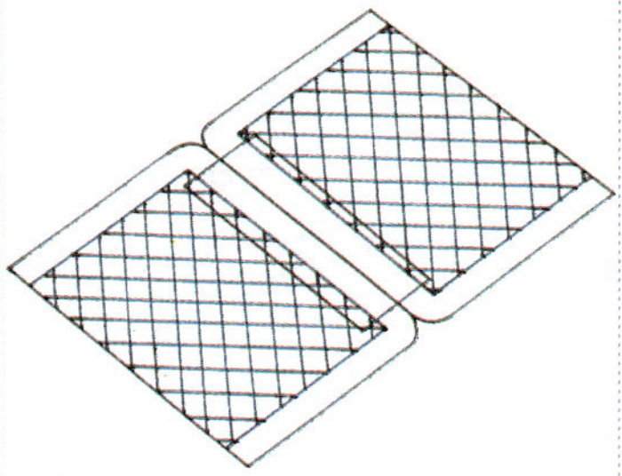

❷ Avec de la bande adhésive, fixez le haut de la partie supérieure au bas de la partie inférieure. Collez la bande au dos de la carte et faites en sorte qu'elle fasse office de charnière.

❸ Vous pouvez alors replier les deux parties du joker au-dessus d'une autre carte, dont la moitié supérieure est recouverte par celle du joker.

❹ Quand vous effectuez le tour, placez les trois cartes l'une au-dessus de l'autre et tenez-les par les côtés. Prenez-les, dos en bas, de la main gauche et posez le pouce sur leur côté gauche. Le public voit donc trois faces, dont celle du joker au centre. Il ne peut deviner que ce dernier recouvre en fait une quatrième carte.

❺ Demandez à un spectateur de vous aider et d'observer très attentivement les cartes que vous allez poser sur la table. Pour ce faire, abaissez la main de sorte que son dos soit dirigé vers vous. Tapez les cartes sur la table pour que celle qui dépasse le plus (à présent située sous les autres) redescende au niveau des autres.

❻ Puis, le dos de la main restant tourné vers le haut, saisissez les cartes une à une de la main droite, de sorte que le montage du joker reste prisonnier de la main gauche.

❼ Demandez au volontaire de modifier l'ordre des cartes à son gré et de garder un œil sur le joker. Invitez ensuite un spectateur à lui indiquer l'emplacement supposé du joker pour qu'il retourne la carte en question. Redemandez au volontaire de modifier l'ordre des cartes, etc. Bien sûr, personne ne pourra découvrir le joker. Profitez du fait que le volontaire est occupé pour vous débarrasser discrètement du montage.

Truc de métier

- Peut-être préférerez-vous utiliser une autre figure à la place d'un joker. En ce cas, vous rendrez un jeu inutilisable, et ce pour un seul effet. Ce serait bien dommage...

LES CARTES EN LÉVITATION

VÉRITABLE CLASSIQUE DE LA MAGIE, CE TOUR EST UNE VARIANTE DES « CARTES REBELLES ». TROIS CARTES CHOISIES S'ÉLÈVENT TOUTES SEULES DU PAQUET.

MATÉRIEL

1 JEU DE CARTES

1 LAME DE RASOIR OU 1 COUTEAU AIGUISÉ

DU FIL NOIR (ENVIRON 1 MÈTRE)

1 VERRE QUI PUISSE CONTENIR LE JEU

1 PETIT PLATEAU

❶ Prenez une carte et, avec la lame du rasoir ou du couteau, faites une encoche au centre d'un de ses côtés courts. Introduisez le fil et bloquez-le en faisant plusieurs nœuds à son extrémité.

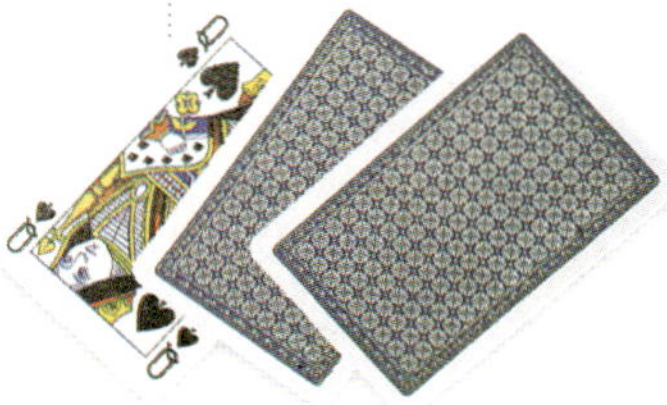

❷ Posez sur la table une carte, puis la carte préparée, toutes deux face en bas. L'encoche doit être dirigée vers l'arrière de la table et le fil doit pendre à terre. Placez le verre et le reste du jeu devant les deux cartes.

❸ Au moment de réaliser le tour, prenez le jeu et battez-le. Demandez à trois spectateurs de tirer chacun une carte et de la garder. Puis, regagnez votre table et posez le jeu sur les deux cartes qui s'y trouvent déjà.

❹ Prenez le verre pour le montrer à la salle. Reposez-le sur la table et saisissez le jeu. Déposez-le dans le verre, de sorte que le fil passe au-dessus de l'extrémité supérieure des cartes et retombe à terre.

❺ Recueillez les trois cartes sur le plateau et glissez-les une à une dans le jeu. Ce faisant, vous allez pousser le fil jusqu'au fond du verre.

❻ Posez le pied sur le fil (peut-être aurez-vous besoin de coller un petit papier à son extrémité pour pouvoir le repérer). Soulevez le verre et demandez à chaque spectateur d'identifier sa carte. À mesure que s'élève le verre, le fil se tend et les cartes en question surgissent une à une du paquet.

L'ÉLIMINATION

LES MAGICIENS UTILISENT CETTE MÉTHODE DEPUIS DES LUSTRES. DANS CE TOUR, L'ÉLIMINATION PERMET DE LIMITER LE CHOIX D'UN SPECTATEUR. POUR Y PARVENIR, L'EXÉCUTANT DOIT ÊTRE PARFAITEMENT ENTRAÎNÉ ET FAIRE PREUVE DE VIVACITÉ D'ESPRIT.

MATÉRIEL

1 CARTE À JOUER

1 ENVELOPPE

❶ Présentez le dos de la carte au public et glissez-la dans une enveloppe que vous cachetez (pour l'exemple, précisons que la carte en question est le trois de carreau). Confiez l'enveloppe à un volontaire jusqu'à la fin de l'exercice.

❷ Faites-vous aider d'un autre spectateur et engagez la conversation avec les deux volontaires. Votre but n'est pas tant de leur poser des questions que de jouer avec leurs réponses. Commencez par demander à l'un d'eux : « À quelle couleur pensez-vous, au rouge ou au noir ? » S'il répond « Au rouge », tout va bien car c'est la couleur de la carte enfermée dans l'enveloppe. S'il répond « Au noir », déclarez : « Il nous reste donc les rouges. »

❸ Posez à l'autre spectateur la deuxième question : « Un nombre ou une figure ? ». S'il répond « Un nombre », tout va bien. Sinon, déclarez : « Il nous reste donc les nombres. »

❹ Poursuivez ainsi avec le premier : « Vous avez choisi le rouge ; indiquez-moi s'il s'agit du cœur ou du carreau. » S'il choisit carreau, tout va bien. Sinon, répondez : « Il nous reste donc les carreaux. »

❺ Adressez-vous de nouveau au second : « Préférez-vous un petit ou un grand nombre ? » S'il répond « Un petit », demandez : « Situé entre l'as et le 3, mais puisque l'as ne compte pas, il nous reste le 2 et le 3. » S'il choisit le 3, tout va bien. Sinon, répondez : « Il nous reste donc le 3. » S'il préfère un grand nombre, éliminez son choix en déclarant : « Il nous reste donc les petits nombres. » Quelle que soit la réponse des spectateurs, vous parviendrez toujours à tomber sur la carte choisie. Au contraire, les volontaires auront l'impression d'avoir dirigé votre choix.

IMPAIR ET PASSE

CE TOUR CONSTITUE UNE INTRODUCTION PARFAITE À UN SPECTACLE DESTINÉ AUX PETITS, CAR LA PLUPART DES ADULTES DEVINENT QUE VOUS CHOISISSEZ VOS CARTES EN NOMBRE IMPAIR. IL ARRIVE TOUTEFOIS QUE LES ENFANTS S'EN APERÇOIVENT AUSSI. EN CE CAS, EXPLIQUEZ LE TOUR ET CONCLUEZ PAR CES MOTS : « CET EXERCICE ÉTAIT FACILE. IL FAISAIT APPEL À UN TRUCAGE, MAIS PAS À LA MAGIE. EN REVANCHE, CEUX QUE JE VAIS EFFECTUER DEVANT VOUS IMPLIQUENT BEL ET BIEN L'INTERVENTION DE LA MAGIE. »

MATÉRIEL

1 JEU CE CARTES

❶ Étalez le jeu sur la table et demandez à un spectateur de choisir quelques cartes au hasard. Précisez-lui qu'il ne doit pas regarder ce qu'il fait. Proposez-lui ensuite de gagner un coin de la salle et d'y compter ses cartes.

❷ Pendant ce temps, ramassez-en une poignée le plus naturellement possible.

❸ Expliquez au volontaire que s'il a pris des cartes en nombre impair, vous allez y ajouter les vôtres pour obtenir un nombre pair. S'il a pris des cartes en nombre pair, vous obtiendrez un nombre impair en procédant de la même façon.

❹ Demandez-lui de compter les cartes qu'il a ramassées, puis donnez-lui les vôtres et demandez-lui de recompter le tout. Bien évidemment, le nouveau total correspondra à votre prédiction.

TRUCS DE MÉTIER

- Votre volontaire sera certainement la seule personne à ne pas s'apercevoir du truc. Ne vous laissez pas aller à vous moquer de lui. Au contraire, dites par exemple : « Moi aussi, je me suis fait piéger la première fois... »
- Exercez-vous à ramasser une poignée de cartes sans donner l'impression de les compter en même temps.

TENEZ-VOUS À CARREAUX

LE MAGICIEN EXPLIQUE QUE, COMME SUR LE SOL, LES CARREAUX S'AJUSTENT TELLEMENT BIEN LES UNS AUX AUTRES DANS UN JEU QU'ILS NE SUPPORTENT PAS DE VOIR UNE CARTE DIFFÉRENTE S'INSINUER DANS LEUR BEL AGENCEMENT.

MATÉRIEL

1 JEU DE CARTES (VOIR ÉTAPE 1)

1 BANDEAU

❶ Avant le spectacle, préparez les treize carreaux en arrondissant discrètement leurs angles au papier de verre fin. Cette différence passe presque inaperçue lorsqu'on se sert normalement du jeu, mais elle permet de distinguer une carte préparée au milieu d'un paquet non « arrondi ». Poncez légèrement les angles, vérifiez si cela suffit et, si nécessaire, poncez un peu plus.

❷ Isolez les carreaux des autres couleurs et tendez chaque paquet à une personne de l'assistance. Demandez-lui de tirer une carte dans le plus gros et de l'introduire dans le plus petit.

❸ Pendant que cette personne bat les cartes, demandez à un autre volontaire de vous bander les yeux.

❹ Lorsque le premier spectateur vous aura rendu les cartes, vous pourrez facilement identifier l'intruse.

Truc de métier

- Quand vous aurez exécuté le tour deux ou trois fois, vous pourrez varier les plaisirs et demander au volontaire de vous rendre le paquet après y avoir ajouté une « intruse » ou non, l'essentiel étant qu'il ne vous prévienne de rien.

4

AUTRES TOURS DE CARTES COMPLEXES

CE CHAPITRE S'INSCRIT DANS LA LOGIQUE DES PRÉCÉDENTS CAR IL PRÉSENTE DES TOURS QUI IMPLIQUENT LA MISE EN ŒUVRE DE TECHNIQUES DÉJÀ CONNUES. AINSI, « TROUVEZ VOTRE CARTE » PEUT ÉGALEMENT s'employer pour forcer une carte. Associés à d'autres, les exercices suivants accentueront le charme de votre spectacle.

LE MÉNAGE À TROIS

LE MAGICIEN PROPOSE À UN SPECTATEUR DE TIRER UNE CARTE, EN L'OCCURRENCE LA DAME DE PIQUE. SUR UN TON GRIVOIS, IL RACONTE QUE, LONGTEMPS APRÈS QUE SES TROIS HOMOLOGUES EURENT TROUVÉ UNE ÉPOUSE, LE ROI DE PIQUE ÉTAIT RESTÉ CÉLIBATAIRE. IL AVAIT EN EFFET FIXÉ SON CHOIX SUR UNE PRINCESSE ÉTRANGÈRE DONT LE PÈRE REFUSAIT SON CONSENTEMENT AU MARIAGE. L'EXÉCUTANT PRÉCISE QU'IL NE LUI APPARTIENT PAS D'EXPLIQUER LES CONDITIONS DE CETTE UNION CAR LE SPECTACLE PRÉSENTE UN CARACTÈRE FAMILIAL, MAIS QUE LE TOUR SERA SUFFISAMMENT PARLANT...

MATÉRIEL

1 JEU DE CARTES

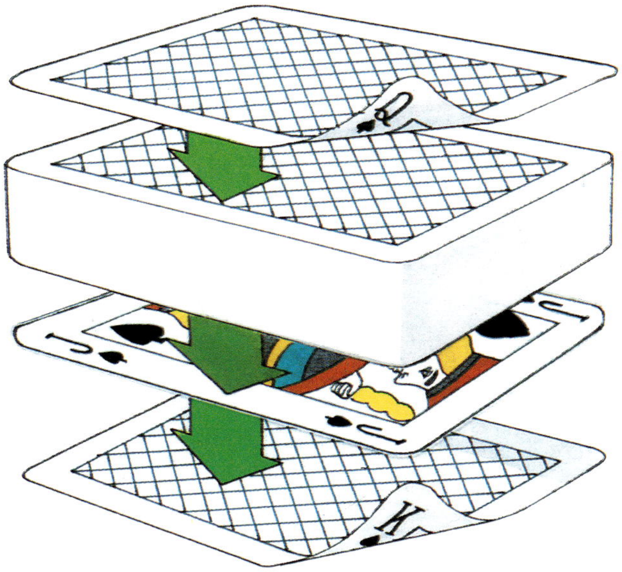

1 Avant de commencer l'exercice, placez le valet de pique face en haut et en avant-dernière position dans le jeu, le roi de pique face en bas et en dernière position, et la dame de pique face en bas en première position. Battez consciencieusement les cartes en veillant à ce que ces trois figures ne bougent pas.

2 Forcez la dame auprès d'un volontaire en procédant au forçage américain (voir p. 43). Battez de nouveau le jeu en laissant le roi et le valet à leur place.

3 Posez le jeu face en bas sur la table et demandez à un spectateur de le couper n'importe où. Ajoutez la carte choisie (la dame de pique) et complétez la coupe.

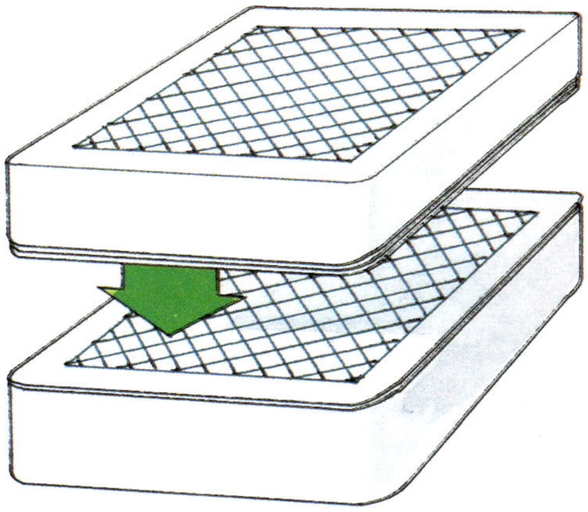

4 Déployez les cartes en éventail et présentez-les face en bas. Le valet de pique face en haut s'y remarque aussitôt. Feignant de vous reprocher votre inattention, retirez le valet du jeu. Ce faisant, extrayez également, comme par maladresse, la carte qui se trouve juste en dessous. Il s'agit du roi de pique.

5 Déclarez que cet incident vous rappelle les conditions du mariage du roi et de la dame de pique. À ces mots, sortez également du jeu la carte suivante. Comme on s'en doute, il s'agit de la dame. Tandis que vous ramassez les cartes, concluez en disant : « Hé oui, voilà le problème ! C'était toujours le valet qui passait en premier ! »

Truc de métier

- La mécanique du tour est extrêmement simple. L'assistance s'en apercevrait rapidement si vous n'agrémentiez l'exercice d'un commentaire et si l'effet ne donnait l'impression de se produire malgré vous. Entraînez-vous à raconter l'histoire avec une fluidité optimale et à bien préparer sa chute.

LE CINQ MYSTIQUE

UN VOLONTAIRE CHOISIT UNE CARTE DANS LE JEU, NOTE SA VALEUR AINSI QUE SA COULEUR, ET LA POSE AU-DESSUS DES AUTRES. APRÈS AVOIR COUPÉ LE JEU, LE MAGICIEN EXPLIQUE QU'IL VA Y DÉCOUVRIR UNE CARTE RETOURNÉE DONT LA VALEUR PERMETTRA DE DÉFINIR L'EMPLACEMENT DE LA CARTE DU VOLONTAIRE. LORSQU'IL FORME UN ÉVENTAIL, UNE CARTE (PAR EXEMPLE, LE CINQ DE CŒUR) SE PRÉSENTE À L'ENVERS. CROYEZ-LE OU NON, LA CINQUIÈME CARTE À PARTIR DE CELLE-CI EST BIEN LA CARTE CHOISIE...

MATÉRIEL

1 JEU CE CARTES

❶ Avant le début du tour, ôtez un cinq du jeu, retournez-le et replacez-le de sorte qu'il occupe la cinquième position à partir du dessous.

❷ Commencez le tour en disposant les cartes en éventail sans que le public remarque que l'une d'elles est retournée.

❸ Demandez à un volontaire de tirer une carte et de la placer au-dessus des autres.

❹ Coupez le jeu, ce qui fera passer la carte retournée au centre du paquet.

❺ Déployez les cartes en éventail pour qu'apparaisse la carte retournée, annoncez sa valeur et expliquez qu'elle permettra de découvrir la carte choisie.

❻ Retirez la carte retournée et comptez cinq cartes. La cinquième carte sera toujours celle du volontaire.

Au début du « Cinq mystique », le cinq retourné doit occuper cet emplacement.

EN UN CLIN D'ŒIL

TOUT EN AFFIRMANT ÊTRE DOTÉ DE POUVOIRS TÉLÉPATHIQUES, FORMEZ UN ÉVENTAIL ET PRÉSENTEZ-LE FACE EN HAUT À UN VOLONTAIRE. COUPEZ LE JEU ET EFFEUILLEZ LES CARTES PLUSIEURS FOIS. DEMANDEZ AU SPECTATEUR DE VOUS ARRÊTER ENVIRON À MI-HAUTEUR DU PAQUET ET RETIREZ-EN LA CARTE AINSI SÉLECTIONNÉE. APRÈS L'AVOIR EXAMINÉE, LE VOLONTAIRE LA MET DANS SA POCHE. RECOUPEZ LE JEU, CONCENTREZ-VOUS UN INSTANT ET ANNONCEZ LA VALEUR ET LA COULEUR DE LA CARTE EN QUESTION.

MATÉRIEL

1 JEU DE CARTES

1 Bien que les cartes soient apparemment disposées au hasard, le jeu est préordonné. Pour ce faire, classez les cartes par valeur décroissante et par couleur en faisant alterner à chaque fois un pique, un cœur, un trèfle et un carreau. Souvenez-vous de l'agencement des couleurs. L'ordre des valeurs va décroissant toutes les trois cartes. À la fin de la préparation, le jeu présente cette suite : cinq de pique, huit de cœur, valet de trèfle, as de carreau, quatre de pique, sept de cœur, dix de trèfle, roi de carreau. Le fait de couper le jeu ne modifie nullement cet ordre.

2 Demandez à un spectateur de tirer une carte, de couper le jeu à l'endroit où elle se trouvait et jetez un œil à la carte désormais située au-dessous. Il s'agit de celle qui suivait la carte choisie. Vous pouvez donc aisément deviner l'identité de cette dernière. Si vous voyez, par exemple, le quatre de pique, vous saurez que la carte manquante est le sept de cœur ; si vous voyez le dix de trèfle, vous saurez que la carte manquante est le roi de carreau, etc.

Truc de métier

• Cette préparation du jeu peut servir à de nombreux tours, mais rien ne vous oblige à y être fidèle ; essayez d'inventer de nouvelles suites qui produiront le même résultat et arrêtez-vous à celle qui vous conviendra le mieux.

L'ARRIVÉE DANS UN MOUCHOIR

UN VOLONTAIRE TIRE UNE CARTE ET LA PLACE AU CENTRE DU JEU. APRÈS LES AVOIR BATTUES, LE MAGICIEN ENVELOPPE LES CARTES DANS UN MOUCHOIR. LORSQU'IL LE SECOUE, LA CARTE CHOISIE TRAVERSE LE TISSU.

MATÉRIEL

1 JEU DE CARTES

1 MOUCHOIR

❶ Faites tirer une carte par un volontaire et demandez-lui de la remettre dans le jeu. Grâce à la technique de « La carte contrôlée » (voir p. 56), faites-la passer au-dessus.

❷ Prenez le jeu dans la main gauche et couvrez-le d'un mouchoir. Dès qu'il est caché aux regards, extrayez-le de la main droite et posez-le sur le tissu.

À l'insu du public, vous avez laissé la carte du dessus contre la paume de votre main gauche.

❸ Saisissez le mouchoir par son extrémité la plus proche de vous et soulevez-le doucement tout en le tirant pour qu'il recouvre le paquet.

❹ Saisissez le jeu entre le pouce et les doigts de la main droite et maintenez-le fermement enveloppé dans le mouchoir.

❺ La carte choisie reste cachée sous le tissu, bien calée contre votre pouce.

❻ De la main gauche, prenez le côté gauche du mouchoir et faites-le passer sous le jeu.

❼ Tout en les maintenant enveloppées dans le tissu, prenez les cartes (y compris la carte cachée) dans la main gauche. De la main droite, vous pouvez dès lors saisir le côté droit du mouchoir et achever l'emmaillotage du jeu.

❽ Saisissez le bas du tissu et faites-en un tortillon. Le jeu est totalement enveloppé dans le mouchoir et la carte choisie est bloquée par les plis que vous avez formés en emmaillotant le paquet. Élevez la main droite ; abaissez la gauche, puis retirez-la.

❾ Demandez au spectateur de nommer sa carte, puis commencez à secouer la main droite. La carte choisie va apparaître peu à peu, comme si elle traversait le tissu.

Truc de métier

- Si vous le souhaitez, vous pouvez emprunter le mouchoir d'un spectateur. La chose s'avère toutefois risquée, notamment si votre public se compose d'enfants. Ce mouchoir doit en effet être opaque, propre et assez grand. En conséquence, mieux vaut résister à l'envie d'améliorer votre effet et utiliser votre propre matériel.

LES VALETS FUYANTS

LE MAGICIEN DEMANDE À UN SPECTATEUR D'ÔTER LES QUATRE VALETS D'UN JEU ET DE LES ORDONNER EN ALTERNANT LES COULEURS (ROUGE, NOIR, ROUGE, NOIR). IL PREND ALORS LES CARTES, LES COMPTE POUR S'ASSURER QUE LE VOLONTAIRE NE S'EST PAS TROMPÉ ET LES POSE SUR LA TABLE. IL DEMANDE ENSUITE AU SPECTATEUR DE RETOURNER LES DEUX VALETS DE MÊME COULEUR. BIEN QUE SIMPLE EN APPARENCE, LA CHOSE S'AVÈRE IMPOSSIBLE.

MATÉRIEL

1 JEU DE CARTES

1 Le truc réside dans la façon dont vous comptez les quatre cartes. Normalement, vous les compteriez en les tenant face en bas dans la main gauche et en les faisant glisser une à une dans la main droite avec le pouce. Cette procédure inverserait leur ordonnancement sans modifier l'alternance des couleurs. C'est précisément ce qu'on doit vous voir faire.

2 En réalité, vous compterez normalement les deux premières cartes, à cette différence près que vous les tiendrez entre le pouce et l'extrémité des doigts de la main gauche, au lieu de les bloquer dans votre paume.

3 Quand votre pouce droit fera glisser la troisième carte, faites passer les deux premières sous les deux qui vous restent dans la main gauche.

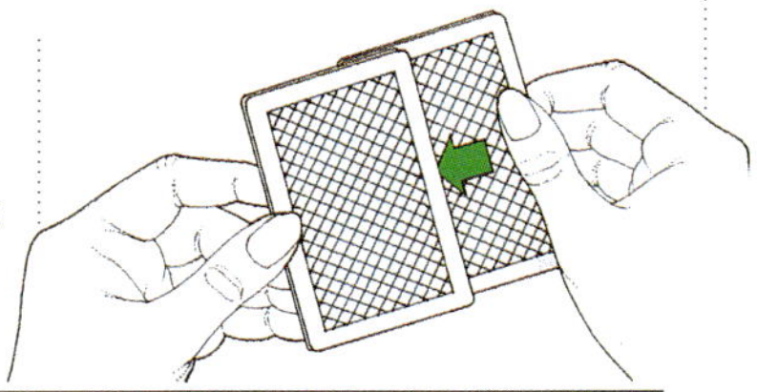

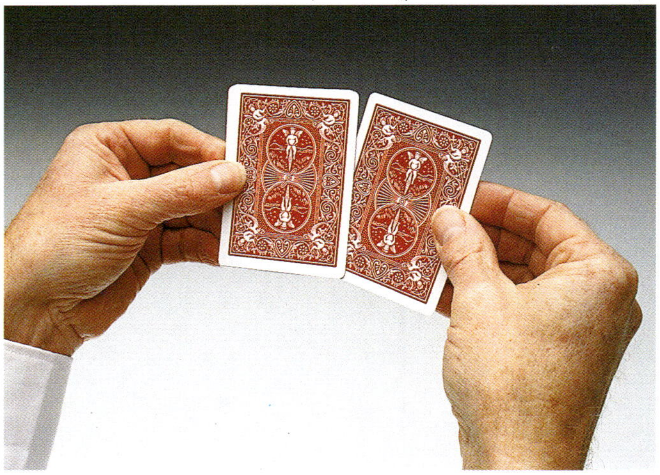

4 Du pouce droit, faites alors glisser non une, mais trois cartes de la main gauche à la droite. Enfin, faites passer la quatrième carte au-dessus des trois que vous tenez dans la main droite.

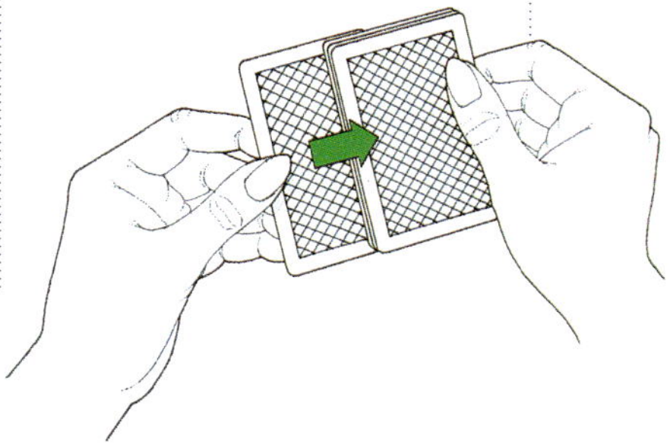

5 À l'issue de cette manipulation, l'alternance a disparu et les valets se retrouvent appariés par couleur. L'exercice peut sembler difficile au début, mais avec un peu de pratique, vous pourrez l'exécuter aussi vite qu'un compte normal.

Truc de métier

- Si vous le souhaitez, vous pouvez attirer l'attention du volontaire sur votre façon de compter. Après lui avoir pris les cartes, procédez normalement, en tenant les cartes face à vous. Que le spectateur s'intéresse à ce que vous faites ou non, n'hésitez pas à le titiller en lui disant, par exemple : « Ah ah ! Je vois que vous vous inquiétez ! » Refaites plusieurs fois le compte devant lui, les cartes toujours face à vous, en ralentissant exagérément le mouvement, puis en l'accélérant pour parvenir à un rythme normal. Votre démonstration étant probante (et de fait, l'alternance des couleurs reste inchangée), retournez à votre table au moment où vous avez atteint le milieu du dernier compte… qui sera fatal au volontaire.

LE ROI DU POKER

VOICI UN AUTRE TOUR QUI FONCTIONNE TOUT SEUL, POUR AUTANT QUE VOUS AYEZ PRÉPARÉ LES CARTES AVANT DE L'ACCOMPLIR. SON RYTHME LUI EST DONNÉ PAR L'HISTOIRE DONT VOUS L'ACCOMPAGNEZ.

MATÉRIEL

1 JEU DE CARTES

1 Expliquez que vous allez raconter les derniers instants de votre arrière-grand-père. Celui-ci jouait au poker avec trois amis. À ces mots, distribuez quatre mains en prenant les cartes situées au-dessus d'un paquet.

2 Votre arrière-grand-père, poursuivez-vous, a facilement remporté la première main. Retournez-la pour révéler un carré de sept. Replacez-la telle qu'elle était et montrez les trois autres, qui ne contiennent rien de spécial.

3 Un des amis de votre arrière-grand-père a quitté le jeu, dites-vous tout en écartant la main gagnante et en ramassant les trois autres. Mais, reprenez-vous, les trois « survivants » ont continué à jouer. À ces mots, distribuez trois mains avec les cartes que vous venez de ramasser.

4 Votre arrière-grand-père, expliquez-vous, a encore remporté la main. Retournez-la pour révéler les cartes gagnantes : un carré d'as. Montrez les deux autres mains qui, une fois de plus, ne contiennent rien de spécial.

5 Un autre membre du groupe a abandonné la partie, ne laissant que deux joueurs. À ces mots, écartez la main gagnante, ramassez les deux autres et distribuez deux nouvelles mains.

6 Cette fois-ci, la victoire de votre arrière-grand-père a mis la puce à l'oreille de son partenaire. Retournez sa main et montrez qu'elle contient une quinte flush à pique, du neuf au roi. Le sens de l'honneur étant le plus fort, l'aïeul a pris un pistolet et est allé se brûler la cervelle loin des regards réprobateurs. Voilà comment il est mort.

7 Bien évidemment, il avait ainsi ordonné les vingt premières cartes du jeu : un as, n'importe quelle carte, le roi de pique, un sept, une carte, un as, une carte, un sept, le neuf de pique, une carte, un as, un sept, un as, la dame de pique, une carte, un sept, le dix de pique, une carte, le valet de pique, une carte. Cet ordonnancement produit l'effet escompté si vous ramassez correctement les mains. Après les avoir montrées, placez-les face en bas, ramassez celle qui se trouve à votre droite, posez-la sur celle qui se trouve à sa droite, etc.

Trucs de métier

- Vous pouvez battre un peu le jeu avant de le début du tour, en prenant garde à ne pas toucher aux vingt premières cartes.
- Choisissez bien les cartes désignées par la formule « n'importe quelle carte ». Au premier tour, n'allez pas distribuer à un autre joueur une main meilleure que celle de votre arrière-grand-père (carré de sept). Mais ne choisissez pas non plus des cartes qui seraient trop visiblement mauvaises.

TROUVEZ VOTRE CARTE

CE TOUR PERMET DE RÉALISER D'AUTRES EFFETS, Y COMPRIS UN FORÇAGE. UN SPECTATEUR TIRE UNE CARTE ET LA REMET DANS LE JEU. LE MAGICIEN DISTRIBUE LES CARTES ET S'ARRÊTE À LA DEMANDE DU VOLONTAIRE. LA CARTE QU'IL RETOURNE ENSUITE EST CELLE QUI A ÉTÉ SÉLECTIONNÉE.

MATÉRIEL

1 JEU DE CARTES

❶ Invitez une personne de la salle à choisir une carte, à l'examiner et à la remettre parmi les autres. Faites-la passer au-dessous du jeu en employant une méthode quelconque.

❷ Après avoir rapidement battu les cartes en veillant à maintenir la dernière à sa place, distribuez-les face en bas en commençant par le dessous du jeu et demandez au volontaire de vous arrêter quand il le souhaite. Penchez légèrement le jeu vers le volontaire et présentez-lui le dos de votre main. Serrez le pouce et les doigts autour des cartes afin de pouvoir faire glisser celle du dessous. Faites-la descendre de quelques centimètres vers votre poignet tout en distribuant le reste du jeu, toujours à partir du dessous.

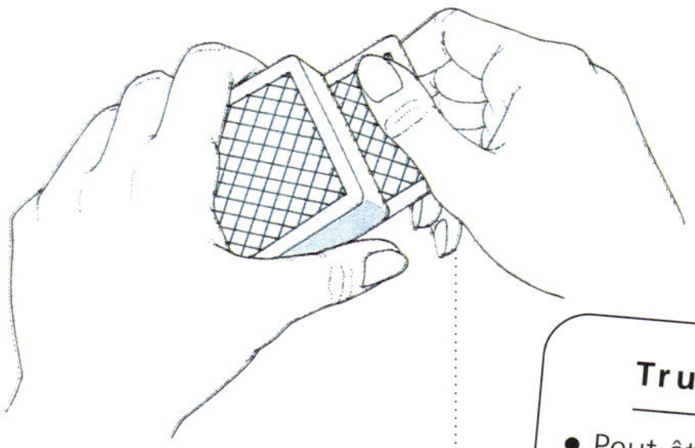

❸ Au moment où le spectateur vous arrête, retournez la carte suivante. Ce sera, bien sûr, celle qu'il aura choisie. Vous l'aurez tout simplement sortie du dessous du jeu, comme s'il s'agissait de la carte située juste au-dessus.

Truc de métier

- Peut-être vous sera-t-il plus facile de distribuer les cartes de votre « mauvaise » main : si, d'ordinaire, vous tenez le jeu de la main gauche et que vous distribuez les cartes de la droite, essayez de réaliser ce tour en changeant le rôle de vos mains. À vous de voir s'il est plus simple de faire de la main gauche ou de la main droite.

LA COUPE COMPLÈTE

LE MAGICIEN FAIT COUPER UN JEU PAR UN SPECTATEUR ET PEUT RETROUVER LA CARTE CHOISIE PAR CE DERNIER.

Truc de métier

- Bien sûr, vous courez le risque de voir la carte préparée (par exemple, le trois de pique) se retrouver à côté du trois de pique de votre jeu, et de révéler la supercherie en formant l'éventail. Il peut aussi arriver que votre volontaire choisisse le trois de pique ! Lorsque vous présenterez l'éventail, servez-vous des deux mains. Votre geste paraîtra naturel car vous manipulerez le jeu tout entier et vous ne voudrez pas en faire tomber une partie. Si vous tenez la base du jeu de la main droite, saisissez le dessus des cartes de la main gauche pour former l'éventail. Dépliez-le doucement et, dès que vous verrez la carte préparée apparaître, passez un doigt au-dessous du jeu pour la repousser dans la direction opposée.

MATÉRIEL

1 JEU DE CARTES

1 CARTE D'UN AUTRE JEU, DOTÉE DE LA MÊME FACE ET D'UN DOS DIFFÉRENT

1 Avant le spectacle, prenez soin de mettre dans la poche de votre veste une carte tirée d'un jeu distinct. De face, elle doit ressembler à celles que vous allez utiliser. Elle doit en revanche présenter un dos différent qui permette de l'identifier aisément.

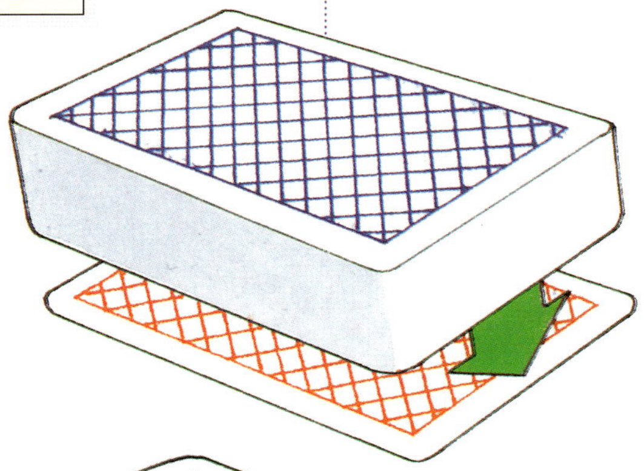

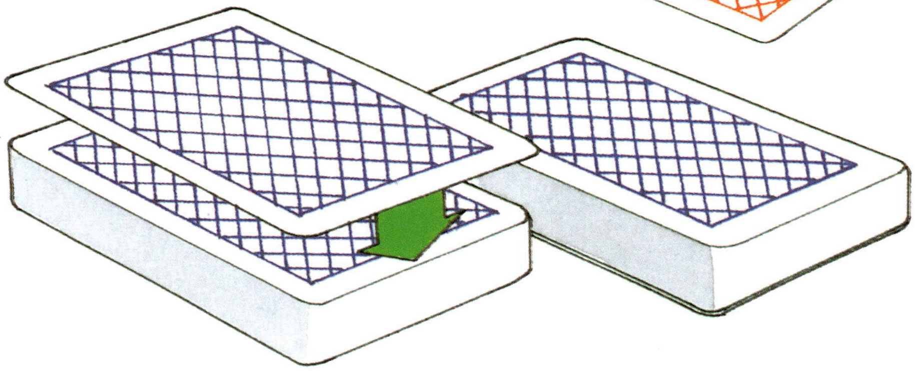

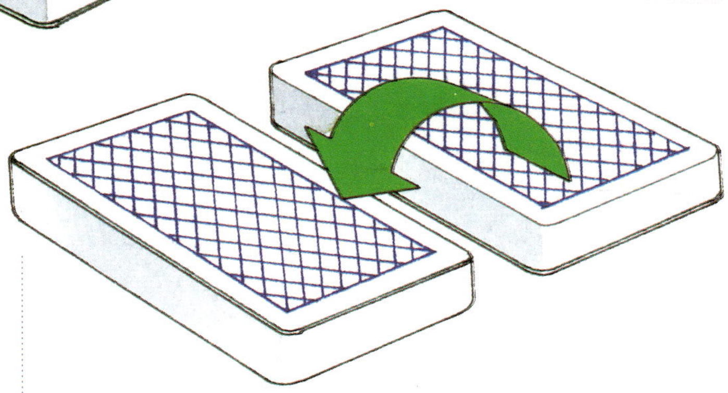

2 Demandez à un spectateur de choisir une carte, puis battez le jeu et coupez-le. De la main droite, empaumez face en bas la carte conservée dans votre poche (voir p. 20). Placez le jeu dans votre paume droite.

3 Invitez le volontaire à saisir la partie supérieure du jeu, à battre les cartes de ce paquet et à les poser face en bas dans votre paume gauche. Demandez-lui alors de placer sa carte au-dessus de ce paquet. À ce stade de l'exercice, la carte truquée se trouve toujours sous le paquet que vous tenez de la main droite.

4 Expliquez au spectateur qu'il doit poser le paquet que vous tenez de la main droite au-dessus de celui que vous tenez de la main gauche. En fait, par geste, il complète la coupe.

5 Formez un éventail, présentez-le face au public et tirez la carte choisie. Comme elle suit celle dont le dos est différent, vous pourrez la repérer facilement.

JACQUES A DIT

LE MAGICIEN RAPPELLE AUX SPECTATEURS LE « JACQUES A DIT » DE LEUR ENFANCE ET DEMANDE À L'UN D'ENTRE EUX D'IMITER TOUS SES GESTES. LE VOLONTAIRE BAT UN JEU, LE COUPE ET FINIT PAR Y RETROUVER LA MÊME CARTE QUE L'EXÉCUTANT.

MATÉRIEL

2 JEUX DE CARTES

1 Donnez un jeu à un volontaire et prenez-en un autre. Commencez à le battre et invitez le spectateur à faire de même en lui disant : « Jacques a dit : battez les cartes. » Procédez au mélange hindou (voir p. 17) et, devant les difficultés du volontaire, arrêtez-vous et dites-lui : « Jacques a dit : ne mélangez pas les cartes. » Asseyez-vous à votre table. Le spectateur vous imite. Coupez et battez le jeu à plusieurs reprises. À la fin, repérez la dernière carte (par exemple, l'as de trèfle).

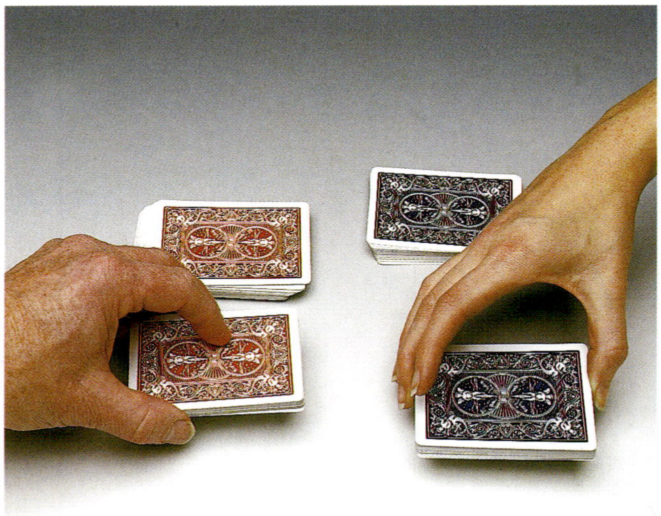

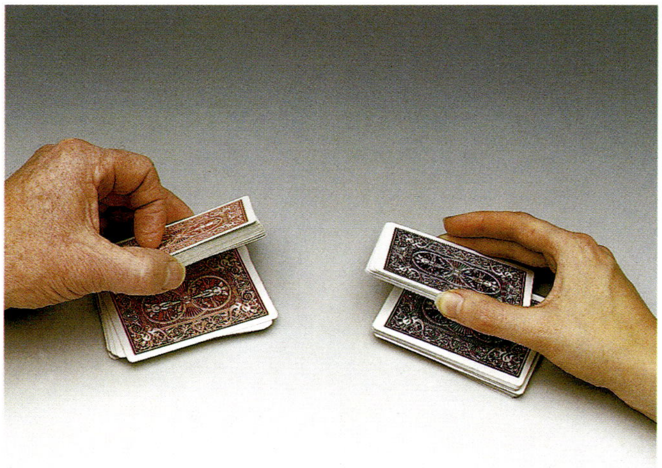

2 Échangez votre jeu avec celui du volontaire. Tirez une carte du milieu et faites semblant de la mémoriser sans révéler son identité. Demandez à votre partenaire de faire de même. Posez votre carte au-dessus du jeu et coupez-le au milieu. Idem du côté de votre volontaire qui, ce faisant, pose l'as de trèfle juste au-dessus de la carte choisie.

3 Échangez encore vos jeux et recoupez-les, chacun de son côté, plusieurs fois. Ces coupes successives ne modifient en rien l'ordre des cartes. Annoncez soudain : « Je me demande si vous avez vraiment fait ce que Jacques a dit ! » Retournez vos cartes et prenez-en une (par exemple, le valet de carreau). Montrez-la au public, mais pas au volontaire. Lorsque celui-ci reproduira votre geste, il prendra également le valet de carreau. Vous saviez, bien évidemment, que la carte choisie par votre partenaire suivait l'as de trèfle dans votre paquet. La place qu'elle occupe dans son propre jeu n'a aucune importance.

Truc de métier

- Il est tentant d'ajouter quelques singeries à ce tour, de sorte que le volontaire se ridiculise à essayer d'imiter vos grimaces ou vos postures grotesques. Sauf dans l'hypothèse où vous vous produisez devant des enfants, vous obtiendrez un meilleur effet en évitant les complications. La surprise finale sera d'autant plus grande que le public ne vous soupçonnera pas d'avoir triché pendant ces ajouts.

LA DONNE TRUQUÉE

LE MAGICIEN PARVIENT À IDENTIFIER UNE CARTE SÉLECTIONNÉE PAR UNE PERSONNE DE L'ASSISTANCE, BIEN QUE LES CARTES AIENT ÉTÉ DISTRIBUÉES, PUIS RASSEMBLÉES LORSQU'IL AVAIT LE DOS TOURNÉ.

MATÉRIEL

1 JEU DE CARTES

❶ Avant le spectacle, placez les cinq au-dessus et les huit au-dessous du jeu. Battez le tout sans modifier l'emplacement de ces huit cartes.

❷ Présentez le jeu en éventail face en bas et demandez à un volontaire d'y choisir une carte. Pendant qu'il l'examine, distribuez les autres face en bas et formez-en quatre tas égaux (en fait, presque égaux, puisque l'un d'eux comportera une carte de moins).

❸ Retournez-vous et demandez au spectateur de poser sa carte sur un des tas, de les empiler et de vous rendre le tout.

❹ Quand vous reprenez votre place, déployez le jeu en éventail et vous retrouverez immédiatement la carte choisie.

❺ Le secret réside dans le fait que, une fois les cartes réparties en quatre tas (étape 2), chacun de ceux-ci présentera un huit sur le dessous et un cinq sur le dessus. Dans l'éventail, la carte choisie vous sautera immédiatement aux yeux : ce sera la seule à se trouver entre un cinq et un huit.

Truc de métier

- Au lieu des cinq et des huit, vous pouvez choisir n'importe quelle valeur. Évitez toutefois les figures, dont le voisinage risque d'être plus visible dans l'éventail.

LE VOLEUR INSOUPÇONNABLE

LES SPECTATEURS REÇOIVENT DES CARTES EN NOMBRE ÉGAL. EN RECOMPTANT LES SIENNES, QUELQU'UN S'APERÇOIT QU'IL EN A PERDU UNE. LE MAGICIEN N'Y EST POUR RIEN : LA CARTE MANQUANTE EST RETROUVÉE DANS LA POCHE D'UN AUTRE SPECTATEUR.

MATÉRIEL

1 JEU DE CARTES

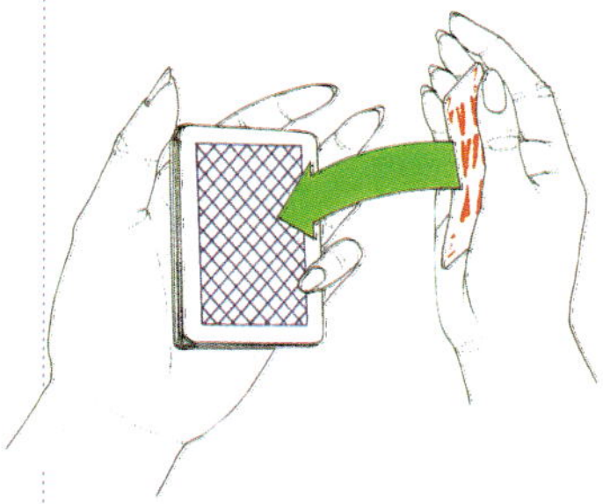

❶ Proposez à deux spectateurs de vous aider et placez-vous entre eux. Donnez le jeu au volontaire A, puis demandez-lui de compter dix cartes et de les poser dans votre main gauche. Glissez-les dans la poche de sa veste et prenez les cartes restantes. Avant de lui tendre le jeu, vous avez empaumé la première carte dans la main droite (voir p. 20).

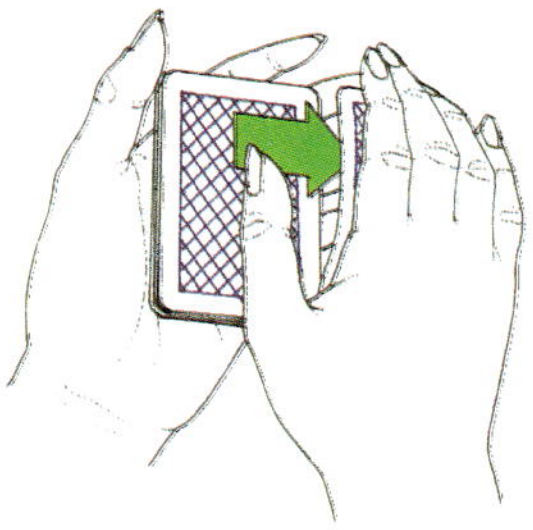

❷ Vous avez ensuite fait passer les dix cartes de la main gauche dans la droite, et leur avez ajouté la carte empaumée en les glissant dans la poche du volontaire A.

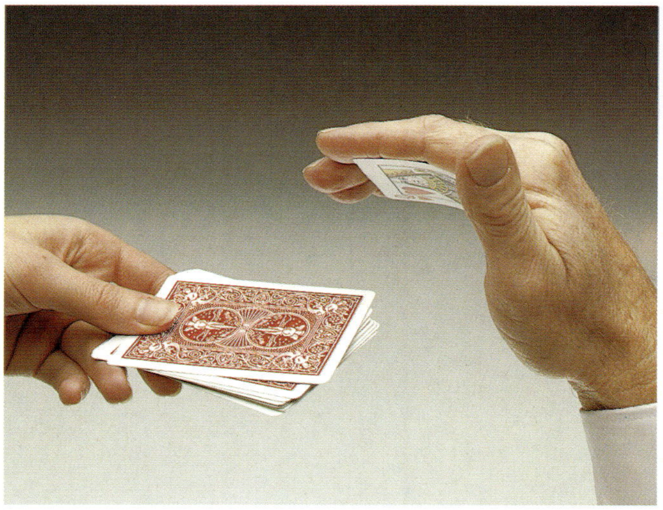

❸ Adressez-vous au volontaire B et demandez-lui également de compter dix cartes et de les poser dans votre main gauche. Puis faites-les passer dans votre main droite et glissez-les dans sa poche. Ce faisant, empaumez l'une d'elles.
De la main gauche, prenez les cartes restantes au volontaire B et faites-les aussitôt passer dans la main droite.

❹ Demandez aux deux spectateurs s'ils sont sûrs d'avoir chacun dix cartes en poche. Tournez-vous vers le volontaire B et dites-lui qu'il a l'air d'en douter. Peut-être vaudrait-il mieux, suggérez-vous, recompter les cartes. Il s'exécute et n'en trouve que neuf. Demandez-lui, par exemple : « Est-ce que vous croyez que je l'ai volée ? »

❺ Pour prouver votre innocence, comptez les cartes restantes. De fait, elles sont au nombre de trente-deux.

❻ Tendez un doigt accusateur vers le volontaire A et lancez : « Alors c'est vous, n'est-ce pas ! »
À coup sûr, vous retrouverez onze cartes dans sa poche...

Truc de métier

• C'est surtout lors du second empalmage que vous risquez de vous faire prendre. Au moment de mettre les cartes dans la poche du volontaire B, faites donc diversion. Dites, par exemple : « Oh ! Et puis vous êtes assez grand pour le faire vous-même ! » en faisant passer les cartes de la main droite dans la gauche pour les lui donner. Sur votre lancée, prenez les cartes restantes, qu'il tient de l'autre main, sans attendre qu'il vous les tende. Surpris par votre geste, il ne va prêter aucune attention à ce qui se passe par ailleurs.

LA CARTE DANS L'ÉTUI

LE MAGICIEN DEVINE LA CARTE CHOISIE PAR UN SPECTATEUR. ELLE SE RETROUVE FACE EN BAS DANS L'ÉTUI, PARMI LES AUTRES CARTES FACE EN HAUT.

MATÉRIEL

1 JEU DE CARTES

1 CARTE SUPPLÉMENTAIRE

1 ÉTUI

1 MOUCHOIR DE SOIE

Ce tour s'effectue avec des cartes préparées.

1 Avant le spectacle, poncez légèrement un des longs côtés des cartes avec une lime ou du papier de verre. Après cela, le côté poncé ne dessine plus une ligne droite par rapport aux côtés courts, mais une oblique, et les cartes présentent un côté court plus large que l'autre. Ajoutez au jeu une carte supplémentaire, identique aux autres.

2 Au début du tour, toutes les cartes doivent être rangées de la même façon : le côté le moins large contre le fond de l'étui. Sortez le jeu, formez un éventail, présentez-le à un spectateur et demandez-lui d'y choisir une carte. Invitez-le à remettre sa carte (par exemple, le sept de cœur) dans le jeu. Refermez alors l'éventail et offrez au volontaire un jeu retourné, de sorte qu'un angle de la carte qu'il va y glisser fasse saillie par rapport aux autres. Battez le jeu et rangez-le dans son étui. Le côté le plus large de la carte choisie doit coïncider avec le fond de l'étui.

3 Posez un mouchoir sur l'étui. Marquez une pause et dites : « Vous devez avoir la certitude qu'il n'y a aucun trucage et qu'il s'agit de pure magie ! » Prenez l'étui sous le mouchoir et sortez-en le jeu face en bas. Pour ce faire, serrez bien l'étui entre le pouce et l'index, de sorte que la carte choisie reste à l'intérieur et que seules les autres glissent à l'extérieur. Si vous portez les ongles longs, vous pouvez placer celui du pouce et de l'index sur l'ouverture de l'étui pour qu'ils retiennent la carte choisie.

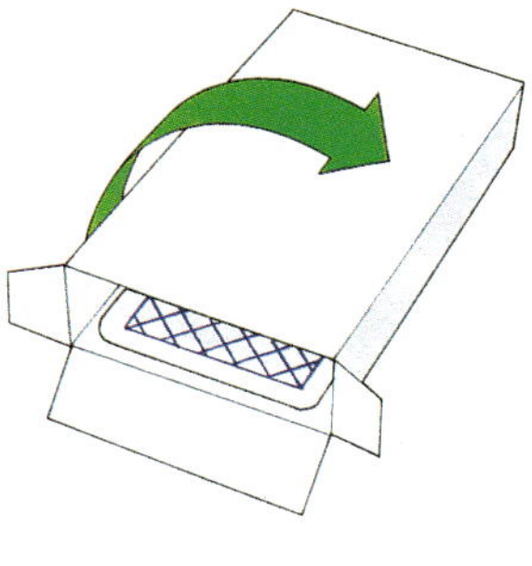

4 Au moment où vous le reposez, retournez l'étui « vide » afin que la carte restée à l'intérieur se présente face en haut.

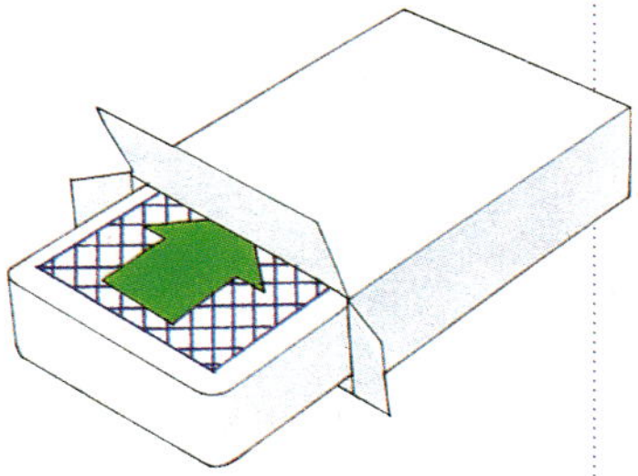

5 Demandez au volontaire de compter les cartes pour s'assurer qu'aucune ne manque. Puisque le jeu utilisé en comportait cinquante-trois et que l'étui en contient une, le spectateur va en compter cinquante-deux. Prenez le jeu et rangez-le à nouveau dans l'étui, cette fois-ci face en bas. Faites en sorte d'insérer la carte face en haut au milieu des autres.

6 Replacez l'étui sous le mouchoir. Annoncez que la carte choisie était le six de carreau. « Non, va répondre le volontaire, c'était le... ». Arrêtez-le aussitôt et dites-lui : « Essayons encore ! » Tendez la main vers l'étui et, juste avant d'ôter le mouchoir, déclarez : « En fait, je voulais dire le sept de cœur ! » Sortez le jeu de l'étui et présentez les cartes face en bas pour montrer que le sept de cœur est la seule à apparaître face en haut.

Truc de métier

- Vous aurez sans doute du mal à laisser la carte choisie dans l'étui tout en sortant les autres. Votre tâche sera plus aisée si vous avez préparé l'étui de façon à en désépaissir les côtés. Avec un couteau à lame fine, décollez les replis intérieurs de l'étui, puis donnez-leur l'épaisseur d'une feuille de papier. Recollez-les pour reconstituer l'étui. Et prenez soin de ne pas écraser les côtés quand vous les serrerez pour maintenir la carte choisie à l'intérieur !

CIRCULEZ, 'Y A RIEN À VOIR !

LES YEUX BANDÉS, LE MAGICIEN RESTE CAPABLE DE DÉCOUVRIR UNE CARTE CHOISIE DANS LE JEU COUPÉ À MAINTES REPRISES PAR UN SPECTATEUR. CE TOUR IMPLIQUE L'UTILISATION D'UNE CARTE PLUS COURTE (DONT LES CÔTÉS COURTS ONT ÉTÉ PONCÉS) OU PLUS ÉPAISSE QUE LES AUTRES.

MATÉRIEL

1 JEU DE CARTES

1 CARTE SUPPLÉMENTAIRE

1 BANDEAU

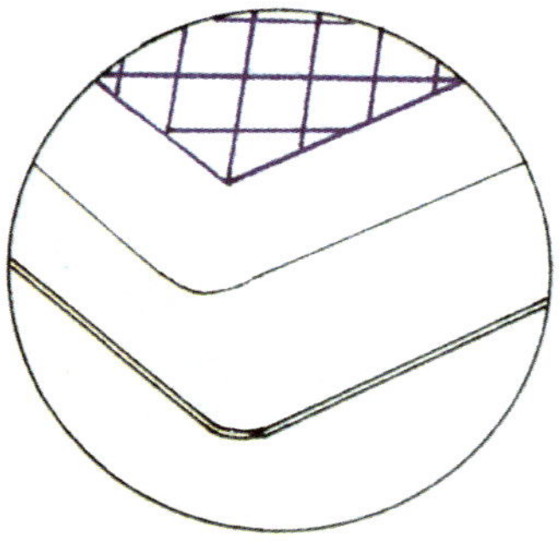

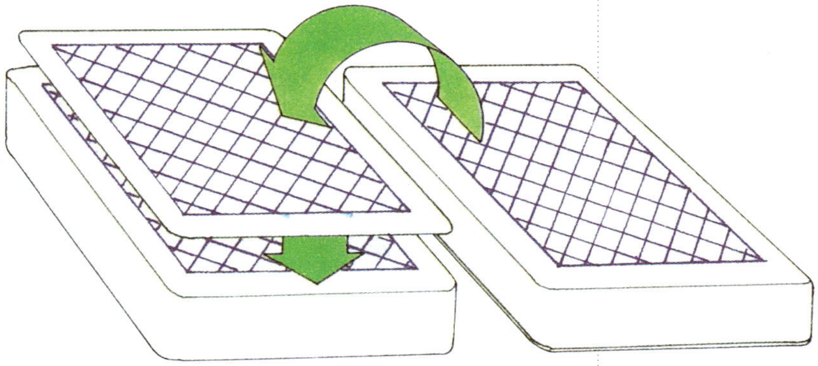

❶ Avant de se produire, le magicien doit préparer la carte courte. Employées normalement, ni elle ni une carte épaisse ne se distinguent des autres. En revanche, lorsque les bords du jeu sont égalisés, on peut y détecter un léger vide.

❷ Au début du tour, placez la carte courte ou épaisse au-dessous des autres et laissez-la en place pendant que vous battez le jeu. Proposez à un volontaire de tirer une carte et de l'observer attentivement.

❸ Demandez-lui ensuite de la poser sur le jeu et coupez-le aussitôt. La carte sélectionnée se retrouve donc au milieu. Cette première coupe fait passer la carte préparée juste au-dessus de celle du volontaire. Toutes deux resteront ainsi associées, quel que soit le nombre des coupes ultérieures.

❹ « Vous feriez ça aussi bien que moi », dites-vous au spectateur en l'invitant à couper le jeu deux ou trois fois. Faites-vous ensuite bander les yeux. Lorsque c'est chose faite, invitez le volontaire à recouper le jeu deux ou trois fois.

❺ Demandez-lui de vous tendre le jeu. Assurez-vous que celui-ci est bien égalisé, effeuillez les cartes comme pour pratiquer un mélange américain (voir p. 17) et sortez la carte choisie.

Trucs de métier

- La carte courte peut servir à d'autres tours. Faites plusieurs essais afin de la couper le moins possible tout en restant capable de la repérer au toucher dans un jeu.
- La carte épaisse, qu'on obtient facilement en collant la face d'une carte au dos d'une autre, est d'un usage plus limité.
- Sachez que l'une et l'autre produisent un « clic » particulier lorsqu'on effeuille les cartes.

LA DAME DÉCHIRÉE EN DEUX

L'EXÉCUTANT RETIRE LA DAME DE CŒUR DU JEU, LA MONTRE AU PUBLIC ET ANNONCE QU'IL VA PRÉSENTER UNE NOUVELLE VERSION D'UN CLASSIQUE DE LA MAGIE : « LA FEMME SCIÉE EN DEUX ». TOUT COMME UN MAGICIEN RECOLLE LES MORCEAUX DE SA PARTENAIRE, L'EXÉCUTANT RECONSTITUE LA CARTE EN QUESTION.

MATÉRIEL

1 JEU DE CARTES

1 DOUBLE DE LA DAME DE CŒUR D'UN JEU IDENTIQUE

1 MOUCHOIR

❶ Avant de commencer le tour, repliez votre mouchoir sur la deuxième dame et glissez le tout dans votre poche de poitrine.

❷ Retirez la dame de cœur du jeu, montrez-la au public et déchirez-la en deux. Posez ces deux moitiés l'une sur l'autre et déchirez-les à nouveau. Dans votre commentaire, vous pouvez expliquer que vous aimez également couper les cheveux en quatre. Mettez alors les morceaux dans la main gauche (par exemple) et présentez-les à la salle.

❸ De l'autre main, tirez le mouchoir plié de votre poche de poitrine pour en envelopper votre main gauche. Quand vous le secouez pour le déplier, bloquez la deuxième dame entre le pouce et l'extrémité de vos doigts à travers le tissu. Distrayez le public en expliquant que le plus dur n'est pas de scier une femme en deux (ce qui est à la portée de tout le monde), mais de la reconstituer après coup. Le fait de secouer le mouchoir et d'en envelopper votre main gauche vous permet de poser la deuxième carte sur les morceaux de la première. Tout en parlant, servez-vous du pouce et des doigts de la main gauche, désormais cachés par le mouchoir, pour diriger la deuxième carte vers la gauche de la main et les morceaux vers le centre de la paume. Le but est de positionner la carte entière au-dessus du creux qui sépare votre pouce des trois doigts suivants.

❹ Retirez le mouchoir pour montrer la dame de cœur reconstituée. Agissez vite et prélevez les morceaux de la carte déchirée en même temps que le mouchoir. Glissez naturellement celui-ci dans une poche de côté, où vous laisserez tomber les morceaux. Ce faisant, donnez l'impression de vouloir libérer votre main pour montrer la carte reconstituée.

❺ Faites passer la dame parmi les spectateurs pour qu'ils l'examinent, puis sortez le mouchoir de votre poche pour qu'il circule également.

Truc de métier

• Si vous craignez d'éveiller les soupçons en mettant un mouchoir dans votre poche ou d'entendre quelqu'un demander à examiner celle-ci, assurez-vous, en récupérant les morceaux, de les tenir entre le pouce et les doigts près du bord du mouchoir. Gardez l'ensemble dans la main droite tout en montrant la carte entière de la main gauche. Pour faire circuler le mouchoir, prenez-le de la main gauche. Vous pourrez alors vous débarrasser des morceaux restés dans la main droite.

LA CARTE RETOURNÉE

UNE CARTE CHOISIE PAR UN SPECTATEUR ET TRAVERSÉE (COMME LE RESTE DU JEU) PAR UN RUBAN S'ÉCHAPPE ET GLISSE VERS LE BAS. CE TOUR SE RÉALISE GRÂCE À UN TRUCAGE QUI LUI DONNE SON CARACTÈRE SPECTACULAIRE.

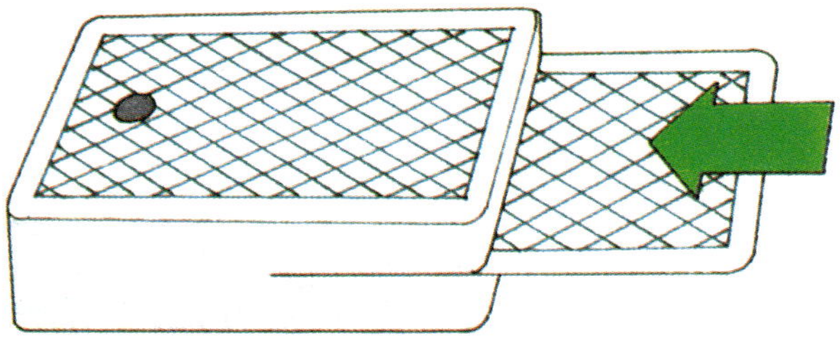

MATÉRIEL

1 JEU DE CARTES DONT UNE EXTRÉMITÉ EST PERFORÉE

1 CARTE PRÉPARÉE

1 RUBAN

1 BANDEAU

❶ Avant le spectacle, prenez une carte d'un jeu identique (par exemple, le six de pique) et découpez une fine bande sur l'extrémité opposée au trou (voir « Circulez... », p. 98).

❷ Présentez le jeu perforé à un volontaire, puis demandez-lui de tirer une carte et de la remettre parmi les autres. Employez une technique quelconque (voir p. 41-52) pour le contraindre à choisir le six de pique. Pendant qu'il l'examine, empaumez la première carte (voir p. 20) et retournez subrepticement le jeu pour placer la carte empaumée face en bas sur les autres, désormais face en haut.

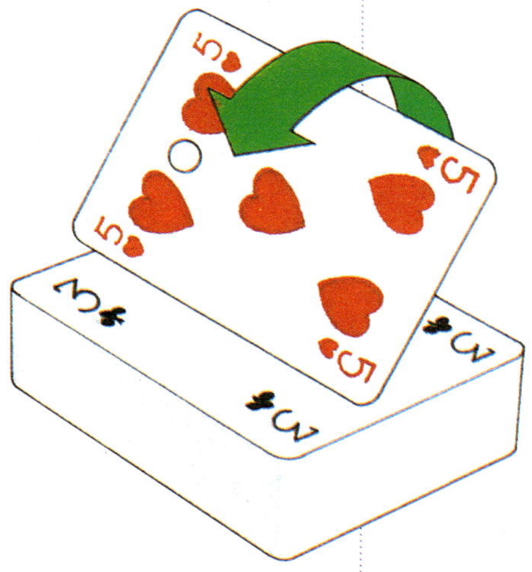

❸ Desserrez faiblement le jeu pour que le spectateur puisse y glisser sa carte. Battez les cartes en veillant à laisser la première en place et dirigez-vous vers votre table. Pendant ce temps, empaumez à nouveau la première carte (déjà retournée) et replacez-la discrètement telle qu'elle se présentait initialement.

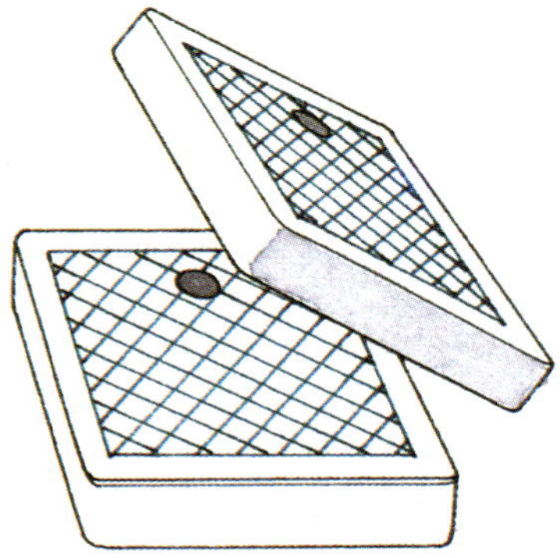

❹ Coupez le jeu normalement au niveau de la carte courte, en expliquant qu'il est plus facile de passer un ruban dans un jeu divisé en deux moitiés. Saisissez une extrémité du ruban et faites-le examiner par le volontaire.

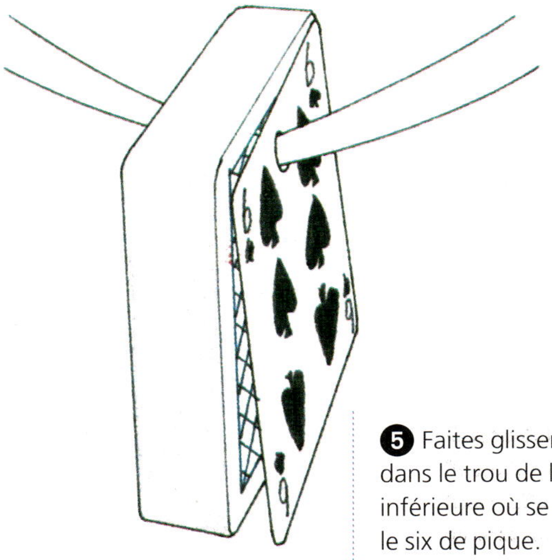

❺ Faites glisser le ruban dans le trou de la moitié inférieure où se trouve le six de pique.

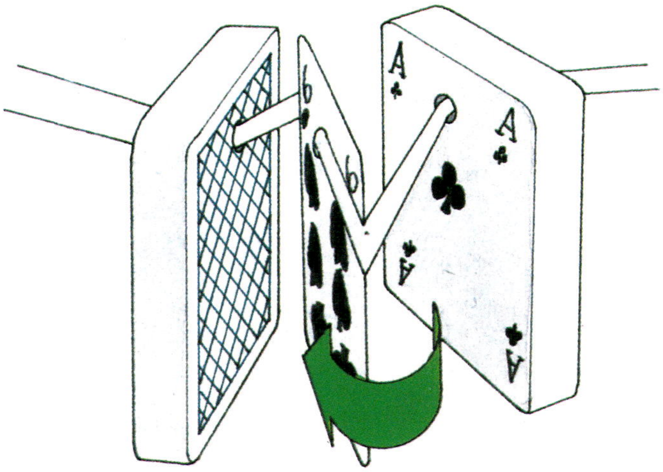

❻ Faites-le ensuite passer par le trou de la moitié supérieure. Feignez de rencontrer une difficulté en fin de manipulation. De la main qui ne tient pas le ruban, profitez-en pour retourner le six de pique de sorte qu'il se retrouve face en bas, comme le reste du jeu. Saisissez les cartes et demandez au volontaire de faire un nœud solide avec les deux extrémités du ruban. Assurez-vous au préalable que le ruban contourne bien la carte retournée. Seul le spectateur peut remarquer quelque chose. Après avoir formé un éventail pour qu'il inspecte les cartes une dernière fois, faites-lui bander les yeux par une personne de la salle.

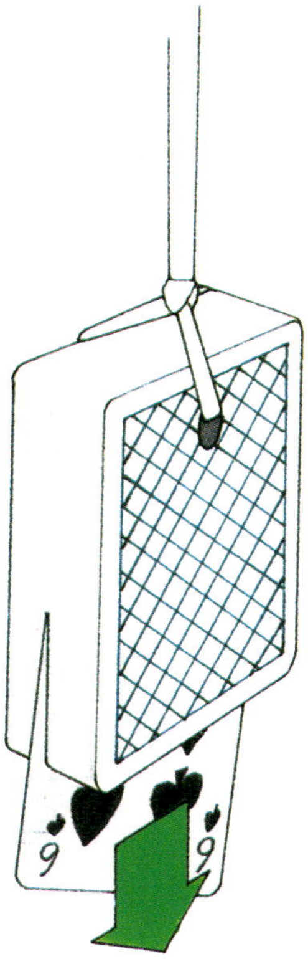

❼ Placez le nœud du ruban dans la main du volontaire de sorte que le paquet s'y trouve suspendu. Dites au volontaire : « Vous savez quelle carte vous avez tirée, mais vous ne la voyez pas ; en revanche, nous allons la voir alors que nous ne la connaissons pas ! » Demandez-lui de secouer le jeu suspendu au ruban. Une carte retournée semble alors glisser vers le bas. Après avoir recouvré la vue, le volontaire confirme qu'il s'agit bien de la sienne.

Truc de métier

- Ce tour fonctionne mieux avec un ruban qu'avec une ficelle. Pour que le coude décrit autour du six de pique passe inaperçu, choisissez un ruban blanc plutôt qu'un ruban de couleur.

LE VALET CONFORMISTE

UN TRUCAGE FORT SIMPLE DONNE L'IMPRESSION QU'UNE CARTE INTRODUITE DANS UN JEU FACE EN BAS EN RESSORT FACE EN HAUT (OU INVERSEMENT). LE MAGICIEN DÉMONTRE AINSI QU'UNE CARTE PEUT AUSSI FAIRE PREUVE D'INSTINCT GRÉGAIRE.

MATÉRIEL

1 JEU DE CARTES

1 VALET DE PIQUE D'UN JEU IDENTIQUE

1 Avant de commencer ce tour, prenez le valet de pique d'un autre jeu et coupez-le en deux à l'horizontale. Au moment d'effectuer le tour, empaumez-en une moitié (voir p. 20) face en bas, par exemple dans la main gauche.

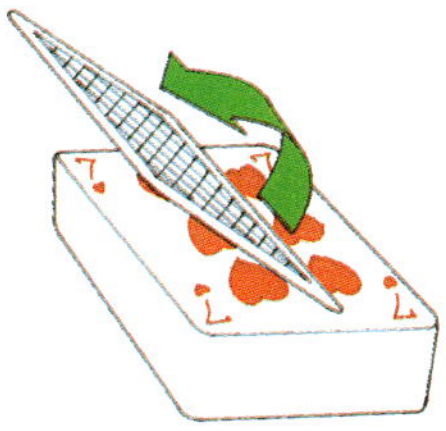

2 Sortez le valet de pique de votre jeu et expliquez que cette carte est connue pour être la plus conformiste de toutes. « On ne le dirait pas, à la voir... », poursuivez-vous en la faisant passer aux spectateurs du premier rang. Pendant qu'ils l'examinent, empaumez la première carte face en bas dans la main droite, retournez le jeu, placez-y la carte empaumée face en bas et faites passer le jeu (resté face en haut) dans la main gauche. Bloquez la demi-carte située au-dessous avec l'index gauche.

3 Récupérez le valet de pique et introduisez-le, à la verticale et face vers le public, dans le jeu présenté dos au public.

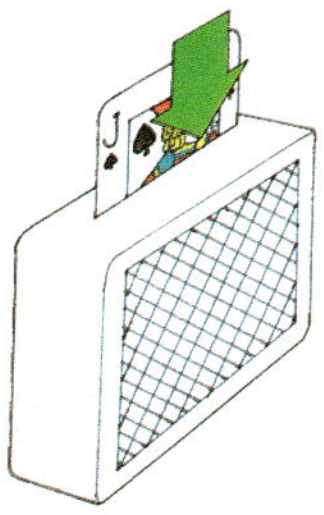

4 Enfoncez le valet jusqu'à ce que son extrémité inférieure ressorte du jeu. Égalisez l'extrémité supérieure des cartes d'une petite tape de la main droite.

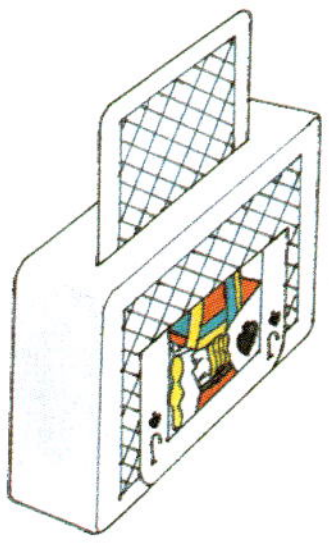

5 Ce faisant, servez-vous du pouce droit pour glisser la demi-carte juste derrière le valet et repoussez celui-ci à l'intérieur du jeu tout en remontant légèrement la demi-carte. Retournez le jeu, toujours présenté dos au public, de telle sorte que la carte fasse saillie au-dessus des autres ; au même moment, faites-le aussi tourner sur lui-même et poussez le valet vers le bas.

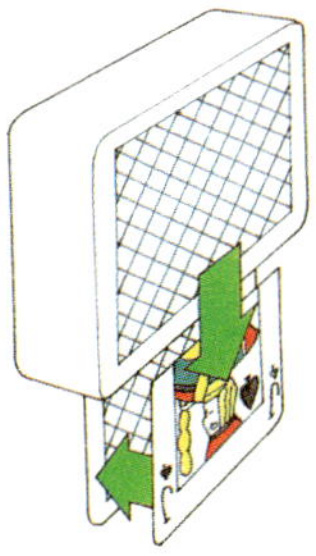

Exécutée avec suffisamment de panache, la manœuvre passera inaperçue.

6 Les spectateurs pensent voir la face du vrai valet, alors qu'en fait ils voient la demi-carte, derrière laquelle se trouve le vrai valet.

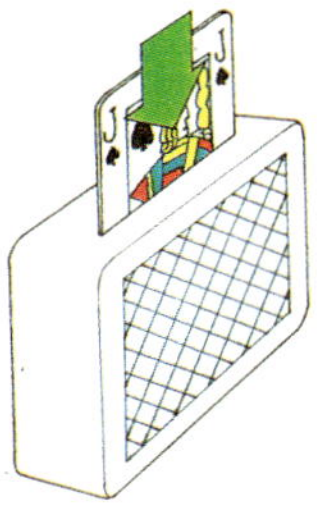

7 Poussez le tout vers le bas et le vrai valet va sortir du jeu. Apparemment, il se sera retourné pendant l'opération. Faites circuler le valet pour qu'on l'examine et posez machinalement le jeu sur la table en y créant un léger désordre. Si quelqu'un souhaite l'inspecter, reprenez-le tout aussi machinalement en veillant à ne pas saisir la demi-carte et à replacer la carte retournée dans le bon sens.

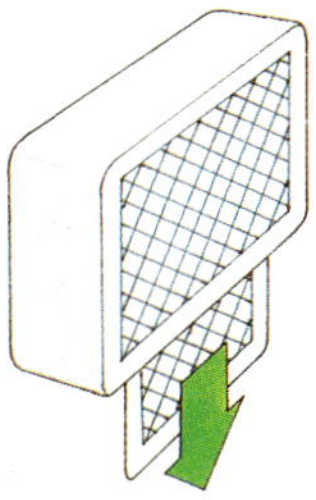

Truc de métier

- Quand vous faites examiner le valet par le public, déployez légèrement les cartes face en haut, afin que les spectateurs attentifs constatent que le valet, lui aussi, se présentait bien ainsi.

MÉFIEZ-VOUS DES CARTES GÉANTES

CE TOUR S'INTÈGRE PARFAITEMENT À UN SPECTACLE POUR ENFANTS. DÉPOURVU DE TRUCAGE AU SENS STRICT DU TERME, IL N'EN PRODUIT PAS MOINS UN EFFET SAISISSANT. EXPLIQUEZ QUE DE NOMBREUX MAGICIENS SE SERVENT DE CARTES GÉANTES EN CROYANT REHAUSSER AINSI LEUR PRESTIGE, MAIS QUE VOUS REFUSEZ DE LES UTILISER, NON PAR RESPECT DE LA TRADITION NI EN RAISON DE LEUR COÛT, MAIS PARCE QU'ELLES SEMBLENT ANIMÉES D'UNE VIE PROPRE ET QU'ELLES RÉAGISSENT DE FAÇON IMPRÉVISIBLE. PROUVEZ-LE EN PLIANT ET EN DÉPLIANT UNE CARTE QUI SE PRÉSENTE DE FACE AU DÉBUT ET DE DOS À LA FIN DE L'OPÉRATION.

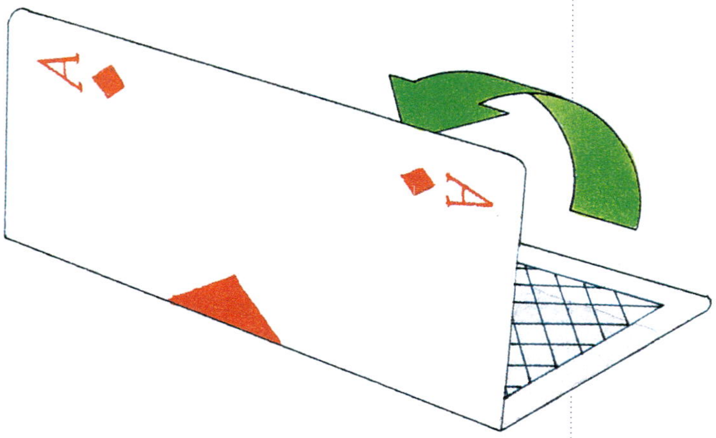

MATÉRIEL

1 CARTE GÉANTE

❶ Présentez la carte face au public et pliez-la dans le sens de la hauteur en ramenant la partie inférieure vers vous.

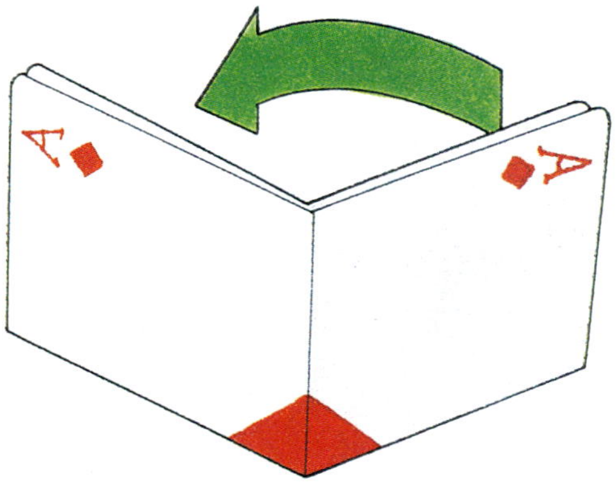

❷ Pliez-la en deux à la verticale, de gauche à droite, le pli formant un angle dirigé vers vous.

❸ Pliez-la en deux à la verticale, de gauche à droite, mais cette fois-ci en tournant l'angle du pli vers le public.

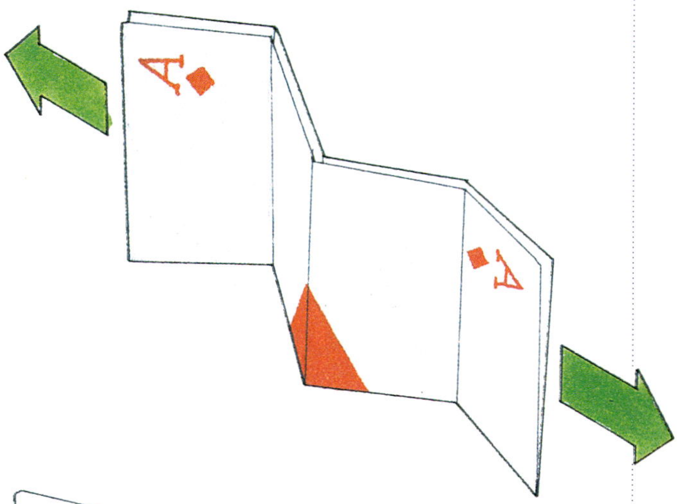

❹ Saisissez les deux extrémités dirigées vers vous et dépliez la carte, de sorte que le seul pli restant soit le pli longitudinal.

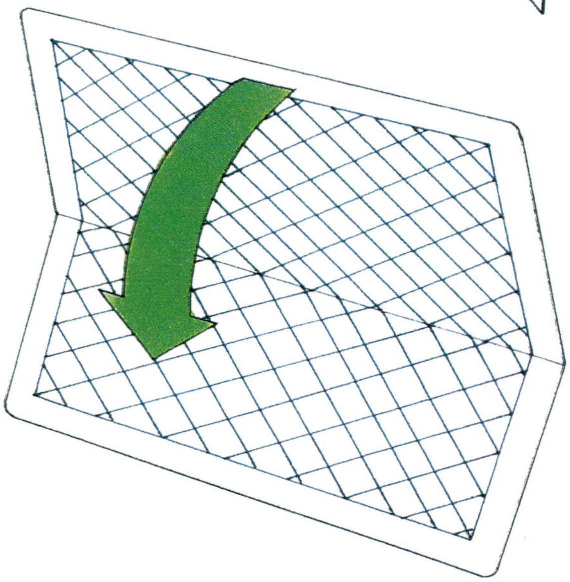

❺ Redépliez la carte en présentant son dos au public.

Truc de métier

• Compte tenu du prix des cartes géantes vendues dans les magasins spécialisés, il est préférable de les confectionner soi-même. Mieux encore, si vous présentez ce tour à des enfants, demandez-leur de fabriquer quelques cartes avec du papier épais et des feutres. Ils seront certains qu'il n'y a pas de trucage.

LES ROIS AU-DESSUS

LE MAGICIEN EXPLIQUE QUE LA RÉVOLUTION DE 1789 N'EMPÊCHE PAS LES FRANÇAIS D'ÉPROUVER UNE CERTAINE FASCINATION À L'ÉGARD DES ROIS. EN EFFET, POUR BON NOMBRE D'ENTRE NOUS, LE MONARQUE RESTE INCONSCIEMMENT PLACÉ AU-DESSUS DU COMMUN DES MORTELS. POUR PROUVER SES DIRES, L'EXÉCUTANT RÉALISE LE TOUR SUIVANT.

MATÉRIEL

1 JEU DE CARTES

❶ Avant le spectacle, posez les quatre rois au-dessus du jeu.

❷ Battez les cartes en veillant à laisser les rois en place. Demandez à un spectateur de former quatre piles à peu près égales. Repérez soigneusement l'emplacement de celle où les rois sont situés.

❸ Invitez ensuite le volontaire à répartir les cartes de façon apparemment désordonnée. « Prenez trois cartes de cette pile-ci et posez-les sur cette pile-là. Prenez deux cartes de cette pile-ci, puis posez la première sur cette pile-là et la seconde sur cette autre pile. » Ces instructions visent à bouleverser les points de repère du public. Vous devez faire en sorte que la première carte de chaque pile soit un roi. Bien sûr, d'un spectacle à l'autre, vous pouvez modifier les consignes que vous donnez à votre volontaire, le principal étant de ne pas perdre la trace des quatre rois.

❹ Dites soudain « Arrêtez ! » et demandez au spectateur de retourner la première carte de chaque pile. Ce seront les rois qui, comme chacun sait, « se débrouillent pour encore occuper le dessus du panier ».

Truc de métier

• Si vous le souhaitez, vous pouvez remplacer les rois par des valets (en modifiant votre commentaire) et réaliser ce tour juste après une version des « Vilains Valets » (voir p. 73-75).

LES DAMES ET LES ROIS AU-DESSUS

LE MAGICIEN UTILISE PEU OU PROU LE MÊME COMMENTAIRE QUE PRÉCÉDEMMENT POUR OBTENIR UN EFFET À PEU PRÈS IDENTIQUE. IL DOIT CEPENDANT FAIRE PREUVE D'UNE CONCENTRATION PLUS POUSSÉE.

MATÉRIEL

1 JEU DE CARTES

❶ Avant de commencer le tour, placez les quatre dames et les quatre rois au-dessus du jeu.

❷ Battez les cartes en veillant à laisser les dames et les rois en place. Tendez-les à un spectateur pour qu'il en fasse quatre piles à peu près égales. Comme précédemment, repérez celle qui contient les dames et les rois.

❸ Demandez au volontaire d'obéir à vos instructions et faites-lui modifier la répartition des cartes. Dans un premier temps, ne compliquez pas trop les manipulations. Il vous faut en effet laisser les quatre dames sur la même pile. Puis tapez dans les mains et faites cesser les mouvements de cartes.

❹ Proposez au spectateur de retourner la première carte de chaque pile pour révéler la présence des rois. Écartez alors ces quatre cartes, demandez le silence dans la salle et énoncez une nouvelle série de consignes. Au début de cette deuxième partie, la pile qui contient les dames va sans doute paraître moins épaisse que ses voisines. Demandez donc aussitôt au volontaire de déplacer quatre cartes (les dames) de la pile en question à une autre.

❺ Retournez enfin la première carte de chaque pile pour montrer qu'il s'agit d'une dame.

Truc de métier

• Vous pouvez effectuer cet exercice à la suite des « Rois au-dessus » à condition d'avoir préparé un second jeu. Pour éviter d'éveiller les soupçons, il est conseillé d'offrir les quatre rois au volontaire du premier tour, ce qui vous force à employer de nouvelles cartes pour le second. Prenez ensuite un volontaire différent, à qui vous ferez cadeau des quatre dames et des quatre rois.

LES AS

CE TOUR REPOSE SUR UNE PRÉPARATION MINUTIEUSE DU JEU. LE MAGICIEN ET UN VOLONTAIRE SE RETROUVENT AVEC DES AS EN MAIN, AINSI QU'AVEC UN GROUPE DE CARTES DE MÊME COULEUR.

MATÉRIEL

1 JEU DE CARTES

❶ Avant le début du tour, préparez le jeu. Déterminez le nombre des cartes qui composeront chaque paquet (douze, par exemple) et alternez les rouges et les noires dans les vingt et une premières cartes (2 x 12 = 24 - 3 = 21). Bien que leur valeur soit sans importance, il est bon de les diversifier au maximum. La vingt-deuxième carte doit être un as noir, la vingt-troisième n'importe quelle rouge, et la vingt-quatrième un as rouge. Posez ces vingt-quatre cartes au-dessus du jeu.

❷ Déployez le jeu en éventail et présentez-le face au public. L'ordonnancement ne se remarquera pas si vous exposez les cartes brièvement.

❸ Formez deux piles en distribuant les cartes face en bas. Prenez un volontaire à qui vous donnerez celle qui contient les rouges. La vôtre se compose de dix noires, d'un as noir et d'un as rouge.

❹ Tournez-vous vers le public et demandez au volontaire d'en faire autant. Mettez de côté le reste du jeu, prenez vos cartes et mettez les mains dans le dos. Le spectateur doit toujours vous imiter. Déclarez que vous allez mêler les cartes à votre guise, tout en les laissant face en bas. Pendant que votre partenaire s'exécute, feignez de battre vos cartes. En réalité, prenez l'as rouge du dessus, retournez-le et glissez-le face en haut au milieu de vos cartes.

❺ Lorsque le volontaire aura jugé bon de s'arrêter, gardez votre jeu dans le dos et tirez-en une carte face en bas. Proposez à votre partenaire de l'échanger contre celle qu'il aura lui-même tirée de son propre jeu. Bien sûr, la carte que vous lui donnez est l'as noir.

❻ Demandez au spectateur de l'introduire face en haut dans le jeu qu'il tient toujours dans son dos. Faites de même avec la carte qu'il vous a donnée en échange. Quand vous la lui prenez, retournez-la ostensiblement et faites semblant de l'insérer face en haut dans votre jeu. En fait, glissez-la dans une poche ou sous votre ceinture.

❼ En même temps que votre volontaire, présentez vos cartes en éventail face en bas. On y remarque aussitôt les cartes échangées, qui se présentent face en haut. Ces deux cartes sont des as : un noir pour votre partenaire et un rouge pour vous. Et lorsque vous retournerez vos éventails respectifs, on s'apercevra que toutes ses autres cartes sont rouges et toutes les vôtres noires.

Trucs de métier

- Il serait judicieux de laisser de nombreuses figures (mais pas trop) parmi les cartes à distribuer. Grâce à cette ruse, le risque de voir le public remarquer l'alternance des couleurs sera moindre.
- Si vous craignez qu'un spectateur ne vous demande pourquoi votre éventail comporte une carte de moins que celui de votre partenaire, attribuez-vous deux cartes au lieu d'une seule à la fin de la donne.

LA SUPERCHERIE

CE TOUR COMPORTE UN VRAI TRUCAGE. POUR LE RÉALISER, PROCUREZ-VOUS UN JEU AU FINI CLASSIQUE ET UN AUTRE AU FINI ENTOILÉ. LA DIFFÉRENCE SE REMARQUE À PEINE À L'ŒIL NU, ALORS QU'ELLE EST ÉVIDENTE AU TOUCHER. POUR ÉVITER QUE LES VOLONTAIRES NE DÉTECTENT LA SUPERCHERIE EN VOYANT LA FACE DES CARTES, LE MAGICIEN GARDE LE JEU EN MAIN LORSQUE LES CARTES CHOISIES Y SONT REPLACÉES.

MATÉRIEL

2 JEUX DE CARTES, DONT UN AU FINI PLASTIFIÉ ET L'AUTRE AU FINI ENTOILÉ

1 BANDEAU

❶ Faites circuler le jeu entoilé dans le public. Demandez à trois ou quatre spectateurs d'y choisir chacun une carte et de se lever en tenant leurs cartes de sorte que vous ne puissiez les voir.

❷ Récupérez le reste du jeu et regagnez votre table. Bandez-vous les yeux, saisissez le jeu (il s'agit, comme on s'en doute, du jeu plastifié) et approchez-vous précautionneusement de la salle.

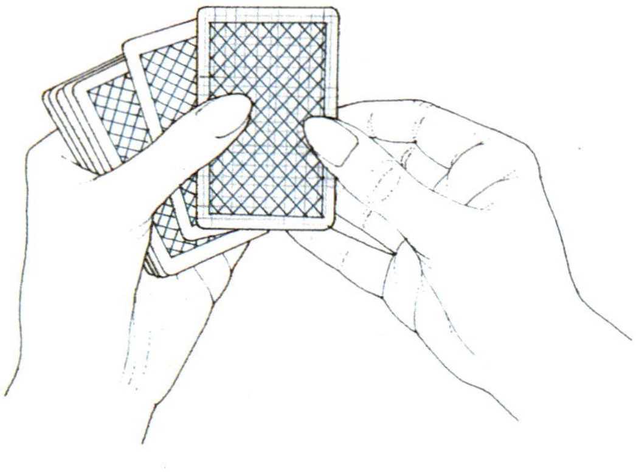

❸ Demandez aux volontaires de s'avancer vers vous et commencez à effeuiller les cartes (voir p. 17). Invitez chaque spectateur à vous arrêter pendant l'opération pour qu'il puisse introduire sa carte dans le jeu. Battez soigneusement le tout, puis commencez à distribuer les cartes face en bas. Arrêtez-vous brusquement pour annoncer que la carte suivante est de celles qui ont été choisies. Donnez-la au spectateur qui l'a tirée et poursuivez la manœuvre jusqu'à ce que vous ayez identifié et offert toutes les cartes sélectionnées.

Trucs de métier

- Veillez à ce que votre table soit un peu en désordre à ce stade de votre numéro. Les deux jeux doivent être placés derrière autre chose, hors de la vue du public, sans pour autant que leur emplacement paraisse suspect. Il vous faut aussi tenir les volontaires éloignés de la table ; c'est pourquoi vous devez vous avancer vers eux.
- Vous pouvez également préparer une poche de votre costume de sorte qu'elle se divise en deux compartiments. En ce cas, il vous faut trouver un prétexte afin d'y glisser le premier jeu pour faire l'échange. Ce procédé risque fort d'éveiller les soupçons de l'assistance.

LE ROUGE ÉVANESCENT

CE TOUR NÉCESSITE L'EMPLOI DE CARTES PRÉPARÉES (SUR LE PROCÉDÉ À EMPLOYER, VOIR « LA CARTE DANS L'ÉTUI », P. 97). UNE CARTE ROUGE DISPARAÎT D'UN PAQUET DE CARTES NOIRES ET RÉAPPARAÎT DANS LA POCHE DU MAGICIEN, QUI N'A POURTANT PAS PORTÉ SA VESTE PENDANT LE TOUR...

MATÉRIEL

1 JEU PRÉPARÉ

1 CARTE D'UN JEU IDENTIQUE MAIS NON PRÉPARÉ

1 MOUCHOIR

❶ Avant le spectacle, prenez une carte du jeu préparé (par exemple, le dix de carreau) et glissez-la dans la poche de poitrine de votre veste. À la fin du tour précédent, vous aurez posé cette dernière sur le dossier d'une chaise, un peu à l'écart de votre table. Placez le dix de carreau non préparé dans le jeu.

❷ Distribuez les cartes pour en extraire tout ou partie des noires ainsi qu'une rouge (le dix de carreau, en l'occurrence). Formez-en un paquet et battez-le plusieurs fois pour montrer qu'il ne contient qu'une rouge (toujours le dix de carreau).

❸ Égalisez bien les cartes, sortez un mouchoir et invitez un volontaire à vous aider dans la suite du tour. Choisissez un spectateur du fond de la salle et, pendant qu'il se dirige vers vous, adressez-lui quelques propos rassurants comme « N'ayez pas peur, je vais juste vous demander de faire ceci... » À cet instant, montrez-lui ce que vous attendez de lui. C'est pendant cette action que se produit la supercherie.

❹ D'une main, prenez les cartes et, de l'autre, recouvrez-les du mouchoir en laissant du jeu entre elles et le tissu. Retirez brusquement le mouchoir. En fait, lorsque les cartes sont cachées par le mouchoir, attrapez le dix de carreau par son extrémité en saillie, et ce à travers le tissu.

❺ Puis, lorsque vous retirez le mouchoir, emportez la carte dans le mouvement.

❻ Placez la main qui tient le mouchoir au niveau du ventre et agitez celle qui tient le jeu vers le volontaire. Ce geste vous permet de détourner l'attention du public et de glisser le dix de carreau sous votre chemise. Après quoi le tour fonctionne tout seul.

❼ Lorsque votre volontaire vous a rejoint, tendez-lui le jeu et demandez-lui de le serrer très fort. Secouez le mouchoir, recouvrez-en le jeu et retirez-le aussitôt. Offrez-le au spectateur et demandez-lui d'examiner les cartes. Le dix de carreau a bel et bien disparu. Dites : « Hé oui, il est passé dans la poche de ma veste ! » Puis, feignant de vous apercevoir que vous ne la portez pas, exclamez-vous : « Mon Dieu ! Voilà qui n'était pas prévu ! »

❽ Invitez le spectateur à poser le jeu et le mouchoir, puis à aller fouiller dans la poche de poitrine de votre veste. Pendant ce temps, exprimez vos inquiétudes quant au fait de savoir si le dix de carreau a pu s'envoler si loin. « Les cartes ont de petites jambes, vous savez », expliquez-vous au public. Et pourtant, le volontaire découvre la carte manquante à l'endroit indiqué.

Truc de métier

- Entraînez-vous pour voir si vous pouvez attraper le bord de la carte non préparée au milieu d'un jeu préparé. Sinon, placez une carte non préparée dans la poche de votre veste et laissez la carte préparée dans le jeu. Quand vous distribuez les cartes, assurez-vous que les noires restent orientées de la même façon. Vous pouvez placer « fortuitement » la rouge au-dessus des autres et la tourner de sorte que son côté biaisé fasse saillie dans la direction opposée aux autres. Il vous sera plus facile de la saisir à travers le mouchoir.

CLASSIQUES DE LA PRESTIDIGITATION

TOUT MAGICIEN DEVRAIT S'ENTRAÎNER À RÉALISER CERTAINS CLASSIQUES AUJOURD'HUI CONNUS DU MONDE ENTIER. MAIS PARCE QU'ILS JUGENT CES EFFETS TROP COMMUNS, LES DÉBUTANTS FONT L'ERREUR DE LES écarter de leur pratique. Comprenant des incontournables tels que « La multiplication des boules de billard » ou « Les anneaux chinois », sans parler du célébrissime « Les gobelets et les boules », ces composantes essentielles du répertoire restent pourtant très prisées des publics actuels, surtout si elles sont associées à des exercices inédits.

LES MOUCHOIRS DU XXe SIÈCLE

N'IMPORTE QUEL MAGICIEN SAURA VOUS EXPLIQUER CE TOUR DANS SES MOINDRES DÉTAILS CAR IL S'AGIT D'UN CLASSIQUE DU GENRE. VOUS POUVEZ ACHETER LES CARRÉS DE SOIE NÉCESSAIRES À SA RÉALISATION DANS LES MAGASINS SPÉCIALISÉS OU LES CONFECTIONNER VOUS-MÊME.

MATÉRIEL

1 SAC CONFECTIONNÉ AVEC UN CARRÉ DE SOIE VIOLETTE PLIÉ EN DIAGONALE ET COUSU DE TELLE SORTE QU'UNE PETITE OUVERTURE APPARAISSE AU NIVEAU D'UN ANGLE

1 CARRÉ DE SOIE VIOLETTE

1 CARRÉ DE SOIE JAUNE

1 CARRÉ DE SOIE JAUNE COMPORTANT UNE POINTE VIOLETTE

1 VERRE

❶ Prenez le carré bicolore et nouez la pointe jaune (opposée à la violette) à l'angle ouvert dans le sac. Glissez le carré bicolore dans le sac de sorte que sa pointe violette ressorte par l'angle ouvert. Il doit rester caché pendant toute la durée de l'exercice. Placez le tout avec les deux autres carrés pour faire croire que vous n'en utilisez que trois.

❷ Au moment d'exécuter le tour, saisissez les deux carrés violets (dont le sac) et nouez une pointe du vrai carré violet à la fausse pointe violette qui émerge du sac.

❸ Placez les carrés dans un verre de sorte que leurs pointes retombent par-dessus le bord.

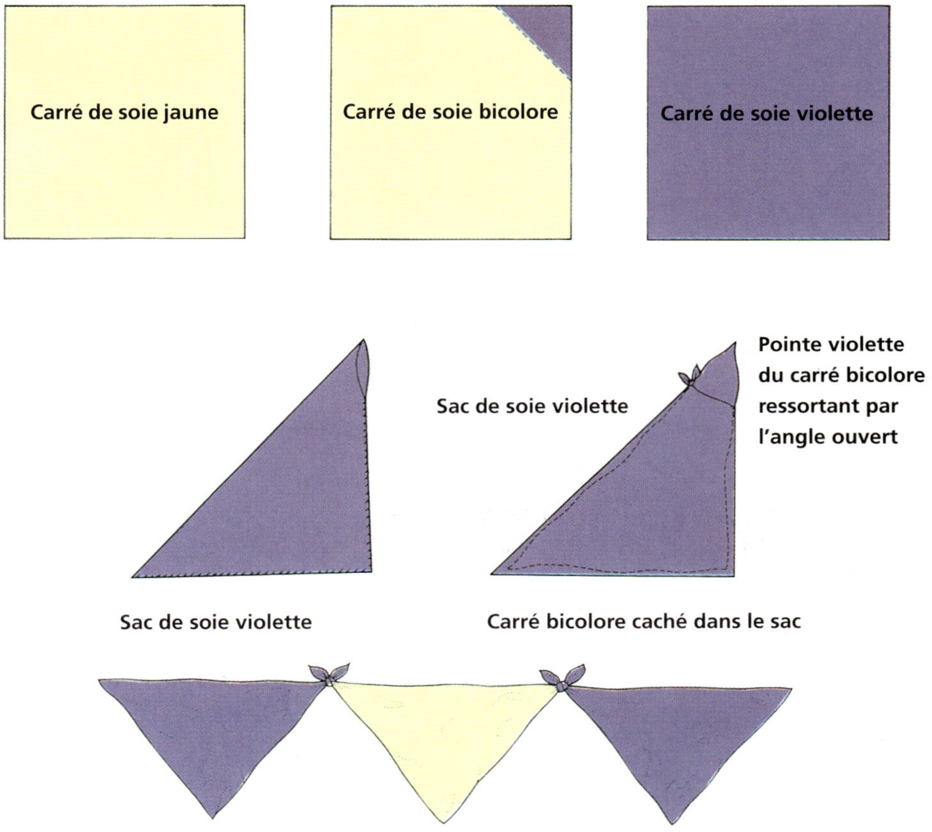

Le carré « jaune » (en réalité bicolore) semble noué aux deux carrés violets

❹ Présentez le carré jaune et faites-le disparaître. Pour ce faire, certains artistes le placent à l'intérieur d'un cône, d'une boîte ou d'un cylindre. Plus simplement, glissez-le dans votre poche. Prononcez une formule magique et retournez votre poche pour montrer qu'il a bien disparu. En fait, vous l'avez coincé dans la partie haute de la poche. Quand vous retournez celle-ci, il est donc invisible du public.

❺ Prenez le verre qui contient les carrés. Saisissez la pointe non nouée du carré violet et tirez fermement dessus pour montrer que le carré jaune a miraculeusement réapparu, cette fois-ci noué entre deux carrés violets.

LA MULTIPLICATION DES BOULES DE BILLARD

SOUVENT INCLUS DANS LES BOÎTES DE MAGIE, CE TOUR EST L'UN DES PREMIERS EXERCICES ENSEIGNÉS AUX DÉBUTANTS. LES MANIPULATIONS QUI PERMETTENT DE FAIRE APPARAÎTRE DEUX BOULES SONT EXPLIQUÉES CI-DESSOUS. CI-CONTRE SONT DÉCRITES PLUSIEURS VARIANTES DONT ON PEUT S'INSPIRER POUR PRODUIRE UN NUMÉRO PASSIONNANT. À LA BASE, LE MAGICIEN FAIT SURGIR UNE BOULE ROUGE DU VIDE. ELLE SEMBLE DONNER NAISSANCE À UNE DEUXIÈME, UNE TROISIÈME, UNE QUATRIÈME BOULE, QUE L'EXÉCUTANT PRÉSENTE ENTRE LES DOIGTS. CES BOULES PEUVENT DISPARAÎTRE TOUT AUSSI FACILEMENT, POUR RÉAPPARAÎTRE AILLEURS.

MATÉRIEL

3 BOULES ET 1 COQUE (DEMI-SPHÈRE ÉVIDÉE QUI S'AJUSTE PARFAITEMENT À CHAQUE BOULE)

1 MOUCHOIR DE SOIE

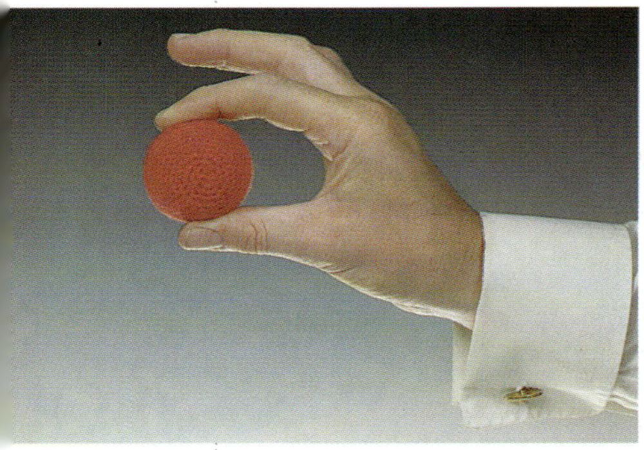

❶ Avant le spectacle, placez la première boule (coiffée de la coque) dans la poche droite de votre pantalon et la deuxième dans la poche gauche. Mettez la troisième dans la poche gauche de votre veste avec le mouchoir de soie. Présentez-vous de sorte que votre main droite soit naturellement glissée dans la poche droite de votre pantalon. Empaumez la boule coiffée de la coque (voir p. 31), sortez la main, « cueillez » la boule dans le vide et coincez-la entre le pouce et l'index. Montrez ses deux faces au public.

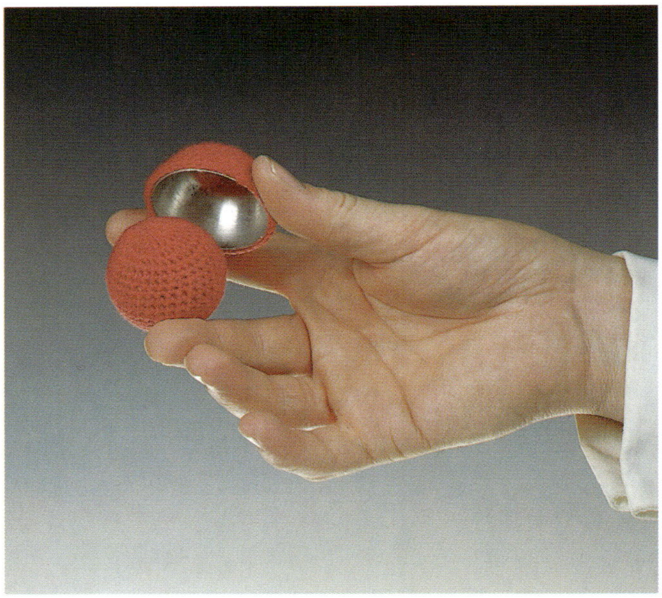

❷ Abaissez le majeur droit pour extraire la vraie boule de la coque…

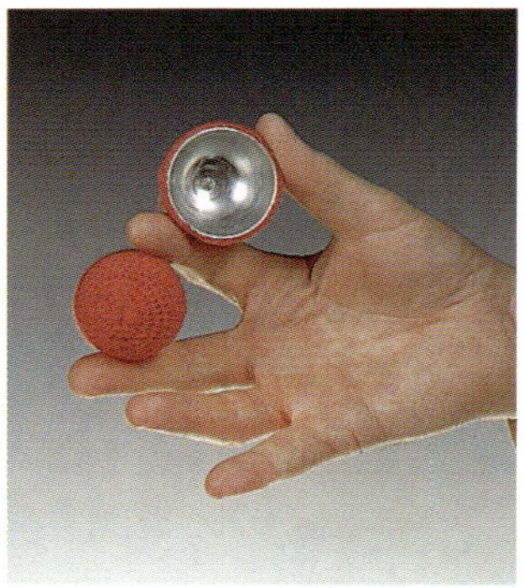

❸ … comme ceci.

Trucs de métier

- Il est conseillé de laquer les boules en rouge car cette couleur permet au public de bien les voir pendant l'exercice.
- Le mouvement qui permet l'extraction de la vraie boule (c'est sur lui que repose le tour) peut sembler délicat aux débutants. Mais avec un entraînement soutenu, de préférence devant un miroir, chacun peut le maîtriser et présenter ainsi un tour délié et divertissant.

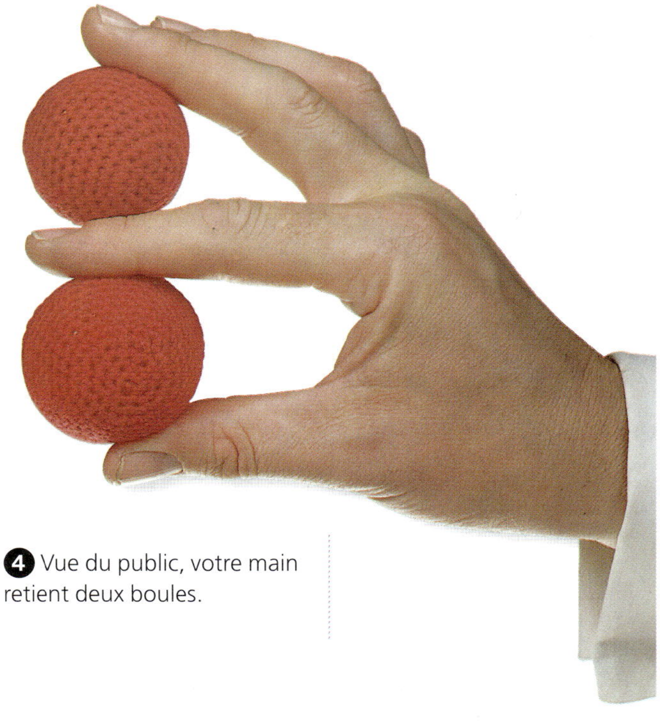

❹ Vue du public, votre main retient deux boules.

Faire apparaître 3 boules

❶ Glissez la main gauche dans la poche gauche de votre pantalon et sortez-en la boule que vous y avez mise au préalable.

❷ Tout en la coinçant entre l'index et le majeur droits, extrayez rapidement la boule de la coque pour la présenter entre le majeur et l'annulaire. Vous avez fait apparaître trois boules.

Faire apparaître 4 boules

❶ Glissez la main gauche dans la poche gauche de votre veste et sortez-en la boule. Maintenez-la fermement entre le majeur et l'annulaire droits. Montrez les trois boules au public.

❷ Extrayez la quatrième et dernière boule de la coque pour la présenter entre l'index et le majeur. Vous avez fait apparaître quatre boules.

La disparition

❶ Élevez la main gauche comme pour prendre la boule coincée entre l'index et le majeur. En fait, servez-vous-en pour cacher le geste suivant : de la main droite, faites rentrer la boule dans sa coque.

❷ Éloignez votre main gauche, à présent refermée comme si elle tenait la boule, de votre main droite où seule apparaît une boule, retenue entre le pouce et l'index.

❸ Ouvrez lentement la main gauche pour montrer qu'elle est vide.

Autre disparition

❶ Cachez la boule centrale de la main gauche, comme si vous vouliez la prendre. À cet instant, faites rentrer la boule dans la coque.

❷ Faites semblant de placer dans votre bouche la boule que votre main gauche est censée renfermer. Après avoir élevé le poing à vos lèvres, repoussez votre joue gauche de la langue pour qu'on croie la boule dans votre bouche.

❸ Montrez votre main gauche vide au public. Appuyez l'index gauche sur votre joue et faites disparaître le renflement comme si vous avaliez la boule.

Faire disparaître 2 boules

❶ Présentez les quatre boules retenues dans la main droite. Agitez celle-ci en l'air et une boule va disparaître. En fait, vous avez fait rentrer dans la coque la boule coincée entre l'index et le majeur. Seules restent trois boules, dont vous montrez les deux faces au public.

❷ De la main gauche, faites passer entre l'index et le majeur la boule retenue par le majeur et l'annulaire. Profitez de ce geste pour vider la coque en laissant la boule qu'elle contient tomber dans votre main gauche.

❸ Faites disparaître la boule coincée entre l'index et le majeur en la faisant rentrer dans la coque à présent vide. Au même moment, glissez dans votre poche gauche la boule enfermée dans votre main gauche.

❹ Faites passer entre l'index et le majeur la boule retenue entre l'annulaire et l'auriculaire. Comme précédemment, videz la coque en laissant la boule qu'elle contient tomber dans votre main gauche.

Disparition sous le mouchoir

❶ De la main gauche, empaumez la boule placée dans votre poche gauche et coincez-la entre l'index et le majeur droits. Ce faisant, videz la coque de la boule qu'elle contient.

❷ Glissez la main gauche dans la poche gauche de votre veste et sortez-en le mouchoir. En même temps, glissez-y la boule que vous venez d'extraire de la coque.

❸ De la main gauche, saisissez le mouchoir par une de ses pointes et recouvrez-en les boules retenues dans la main droite. Passez la main gauche sous le tissu comme pour prendre une boule et faites rentrer celle-ci dans la coque. Retirez la main gauche comme si elle contenait la boule.

❹ Ouvrez lentement la main gauche pour faire voir que la boule a disparu. Soulevez le mouchoir pour montrer que votre main droite ne retient plus qu'une boule.

❺ Glissez le mouchoir dans votre poche. Faites disparaître la boule restante et la coque en recourant à un des procédés de passe-passe expliqués pages 14-40. Le numéro doit s'achever comme il a débuté : vos deux mains sont totalement vides.

LA BOÎTE À CARTES

CETTE BOÎTE COMPTE PARMI LES ACCESSOIRES LES PLUS UTILES QU'ON AIT JAMAIS INVENTÉS. ELLE PEUT CONTENIR DES CARTES À JOUER, DES FEUILLES DE PAPIER, DES PHOTOGRAPHIES, DES BILLETS DE BANQUE, ETC. FACILE À UTILISER, ELLE PERMET DE FAIRE DISPARAÎTRE ET RÉAPPARAÎTRE N'IMPORTE QUEL OBJET PLAT.

MATÉRIEL

1 BOÎTE EN BOIS ÉQUIPÉE D'UN COUVERCLE À REBORDS ET D'UN RABAT QUI PEUT SE LOGER DANS LE COUVERCLE OU SUR LE FOND (LE RABAT ET L'INTÉRIEUR DE LA BOÎTE DOIVENT ÊTRE DE LA MÊME COULEUR ; EN GÉNÉRAL, ON PRÉFÈRE LE NOIR).

❶ Avant le spectacle, placez l'objet à produire (par exemple, une carte) sur le rabat et logez celui-ci dans le couvercle. La boîte semble parfaitement vide.

❷ Lorsque vous fermez la boîte, le rabat et la carte tombent au fond. Et lorsque vous l'ouvrez, la carte apparaît.

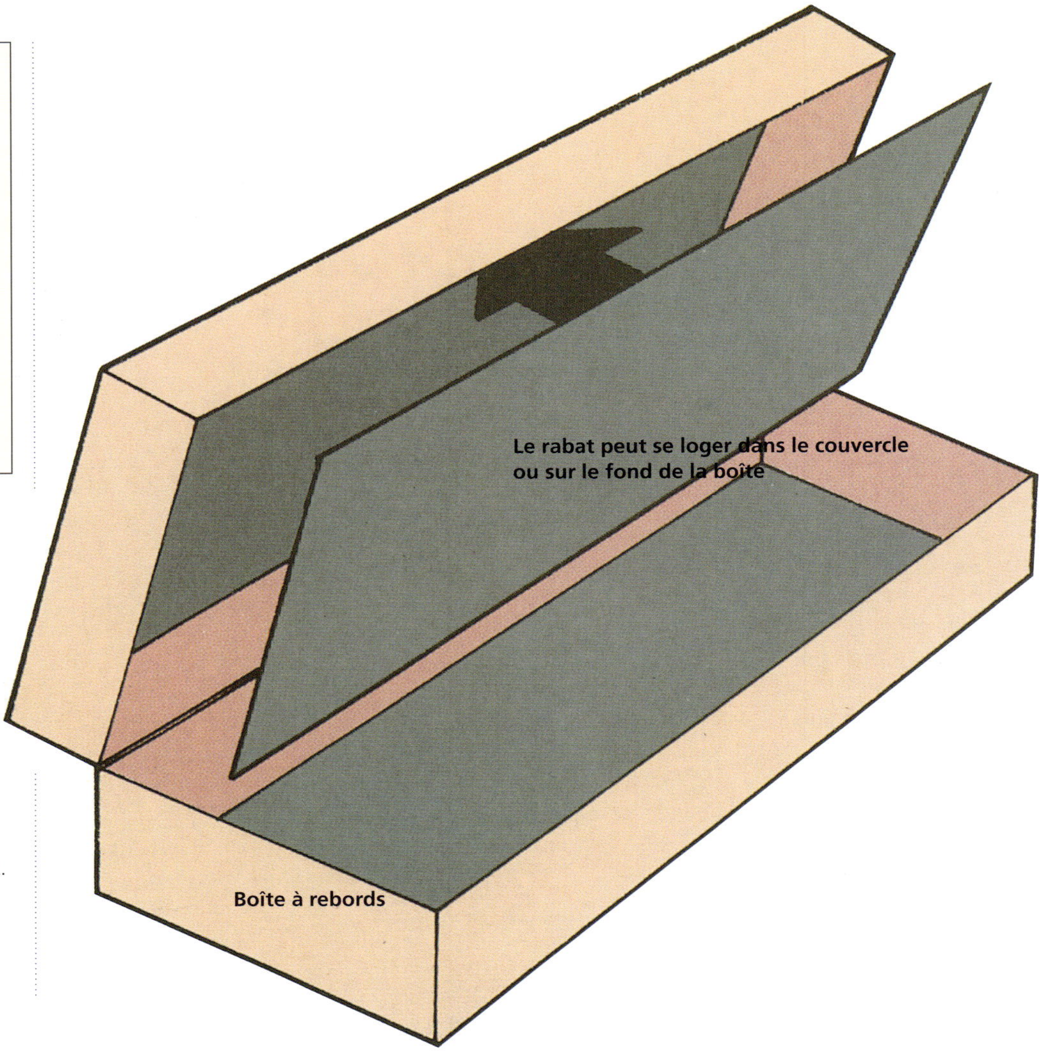

ÉCHANGER UNE CARTE CONTRE UNE AUTRE

❶ Avant de commencer votre tour, placez sur le rabat une carte différente de celle qui doit être échangée.

❷ Le rabat étant logé dans le couvercle, la boîte présentée au public paraît vide.

❸ Montrez aux spectateurs la carte à échanger et posez-la dans la boîte, que vous fermez ensuite.

❹ Lorsque vous l'ouvrez, la carte a bien été échangée contre une autre.

FAIRE DISPARAÎTRE UNE CARTE

❶ Au début du tour, la boîte est vide et le rabat est logé dans le couvercle.

❷ Placez une carte dans la boîte et abaissez le couvercle.

❸ Lorsque vous le relevez, le rabat cache la carte que le public croit disparue.

20 TOURS À RÉALISER AVEC LA BOÎTE À CARTES

1 Présentez une carte au public, déchirez-la et placez les morceaux dans la boîte. Quand vous l'ouvrez, la carte est reconstituée.

2 Tous les deux d'un jeu de cartes se transforment en as.

3 Une carte librement choisie par un spectateur est placée dans la boîte sans que le public la voie. Le magicien indique sa valeur et sa couleur. Il ouvre la boîte et y découvre la carte annoncée.

4 Placez une carte blanche dans la boîte, puis abaissez le couvercle. Ouvrez la boîte pour y déposer un stylo. Lorsque vous la rouvrez, quelqu'un a écrit sur la carte avec le stylo qui se trouve à côté.

5 Placez le roi et la dame de cœur dans la boîte. Montrez le valet de cœur au public et glissez-le dans la poche de votre pantalon. Il disparaît (vous le repoussez vers le haut de la poche), mais lorsque vous ouvrez la boîte, il réapparaît en compagnie du roi et de la dame.

6 Un morceau de papier blanc placé dans la boîte se transforme en un authentique billet de banque.

7 Un billet de banque placé dans la boîte se transforme en billet d'une valeur supérieure.

8 À l'insu du public, fixez une carte sous le fond de la boîte au moyen d'une fine couche de cire. Le rabat étant logé dans le couvercle, placez une carte dans la boîte et fermez-la. Donnez un coup sur la boîte pour que la carte fixée au-dessous tombe sur la table. Montrez cette carte à la salle et ouvrez la boîte pour qu'on constate qu'elle est vide. Cet effet de « passe-muraille » intriguera sûrement tous les publics.

9 Forcez le trois de carreau auprès d'un spectateur (sur la méthode du forçage, voir p. 41-52). Annoncez au public que vous allez découvrir la carte choisie dans le jeu. Retirez-en, par exemple, le six de trèfle et placez-le dans la boîte. Demandez au spectateur si ce choix correspond au sien. Bien sûr, il vous répond : « non ». Mais, lorsque vous ouvrez la boîte, apparaît une carte où est écrit : « Vous allez choisir le trois de carreau. » Vous avez fini par gagner.

10 Choisissez deux spectateurs, donnez un jeu à chacun et demandez-leur d'y tirer une carte sans la regarder. Placez les cartes dans la boîte. Ouvrez une enveloppe placée en évidence depuis le début du spectacle et lisez le papier qu'elle contient. Il est écrit que les deux spectateurs vont choisir la même carte (nommez-la) dans deux jeux différents. Pour réussir ce tour, il suffit d'échanger deux cartes contre deux autres.

11 Inscrivez en gros des nombres, de 1 à 6, sur des morceaux de papier blanc. Placez-les dans la boîte et fermez-la. Demandez à un spectateur d'y tirer un nombre, de 1 à 6 également. Vous pourrez prédire à l'avance ou annoncer sur le moment le nombre choisi. Vous aurez tout simplement échangé un jeu de vrais nombres, de 1 à 6, contre un jeu de six nombres identiques (par exemple des cinq).

12 Prenez des jetons de couleurs différentes et placez-les dans la boîte. Demandez à un spectateur d'y mettre la main et d'en sortir un jeton sans le regarder. Vous allez prédire sa couleur.

13 Placez dans la boîte une enveloppe et un timbre. Soufflez à l'intérieur de la boîte et fermez-la. Quand vous l'ouvrez, le timbre est collé sur l'enveloppe, prête à être postée.

14 Avec un morceau de craie, inscrivez sur une face du rabat le nom d'une carte (par exemple, le quatre de pique). Placez le quatre de pique d'un premier jeu sous le rabat, lui même tourné de sorte que l'inscription soit invisible. Invitez un volontaire à tirer une carte d'un autre jeu. Sans la lui faire voir, placez-la dans la boîte et fermez le couvercle. Ouvrez la boîte pour déposer un morceau de craie sur la carte choisie. Quand le spectateur rouvre la boîte, il découvre le morceau de craie ainsi que la carte, et constate que le nom de cette dernière est inscrit à la craie au fond (en fait sur le rabat tombé du bon côté).

15 Placez un papier blanc dans la boîte. Il se transforme en photographie d'un objet dont vous venez de parler.

16 Placez une grille de mots croisés presque complète dans la boîte. Ouvrez-la pour y déposer un stylo. Quand vous la rouvrez, la grille de mots croisés est achevée.

17 Inscrivez un X sur la face d'une carte choisie dans un jeu. Placez-la dans la boîte et abaissez le couvercle. Quand vous l'ouvrez, le X est passé au dos de la carte choisie.

18 Des cartes tirées d'un alphabet pour enfants sont placées dans la boîte. Elles forment un mot que le magicien a annoncé.

19 Le magicien imprime mystérieusement son nom sur une carte de visite blanche et la donne à un membre de l'assistance.

20 Des pastilles collantes de papier coloré composent un message sur une feuille blanche.

L'INUSABLE BOÎTE MAGIQUE

Les magiciens du monde entier utilisent cet accessoire, qui permet de faire apparaître toutes sortes d'objets – voire des animaux. Apparemment vide, la boîte peut être présentée au public entre deux exercices. La chambre secrète fonctionne lorsqu'on fait basculer la boîte d'arrière en avant, de telle sorte que le sommet soit dirigé vers les spectateurs.

MATÉRIEL

1 boîte spéciale, dotée d'une chambre secrète et conçue de telle sorte qu'on puisse présenter toutes ses faces (dont le fond) au public

❶ Avant le spectacle, placez le lapin que vous voulez faire apparaître dans la chambre secrète et positionnez celle-ci dans la boîte.

❹ Vue de dos, la chambre secrète qui contient un lapin est ressortie à l'arrière de la boîte.

❷ Présentez la boîte au public.

❸ Basculez la boîte vers le public et relevez le couvercle pour montrer l'intérieur.

❺ Replacez la boîte en position normale et soulevez prestement le couvercle pour produire le lapin.

LES GOBELETS ET LES BOULES

CE TOUR EST SANS DOUTE LE PLUS ANCIEN DU MONDE. IL A SON ÉQUIVALENT DANS CHAQUE PAYS ET PEUT SE RÉALISER AVEC TOUTES SORTES DE RÉCEPTACLES. TRÈS PRATIQUÉ DANS LES SALONS DE L'ANGLETERRE VICTORIENNE, IL S'OBSERVE AUSSI SUR LES TROTTOIRS INDIENS, OÙ DES FAKIRS L'EXÉCUTENT ENTRE DEUX NUMÉROS DE CHARMEURS DE SERPENTS. CHAQUE MAGICIEN PEUT MODULER L'EXERCICE, DONT L'ESSENCE RESTE CEPENDANT IMMUABLE : DES BOULES APPARAISSENT, DISPARAISSENT ET RÉAPPARAISSENT, SE CHANGENT EN FRUITS, EN LÉGUMES, VOIRE, DANS CERTAINS CAS, EN POUSSINS.

MATÉRIEL

3 GOBELETS EN MÉTAL OU EN PLASTIQUE OPAQUE
4 PETITES BOULES EN ÉPONGE OU EN LIÈGE
3 GROSSES BOULES DE LA MÊME MATIÈRE

S'il est possible de réaliser ce tour avec des gobelets en plastique opaque, il est cependant préférable d'utiliser les réceptacles adéquats. Les magasins spécialisés proposent des gobelets d'aluminium, de laiton ou de cuivre par jeux de trois. Certains ont une forme ronde, d'autres se présentent comme des gobelets classiques, mais tous possèdent un bourrelet qui les empêche de s'emboîter totalement les uns dans les autres. L'espace ainsi créé peut aisément contenir une boule. Par ailleurs, ils présentent un fond légèrement incurvé, de sorte qu'en les retournant on peut y poser une boule sans craindre de la voir tomber.

Truc de métier

• Lors de votre entraînement, peut-être préférerez-vous utiliser des gobelets en plastique transparent pour mieux suivre les déplacements des boules.

LE GALOP

Avant de vous produire, dissimulez trois grosses boules dans la poche droite de votre pantalon et trois des quatre petites dans la gauche. Placez la quatrième boule dans un gobelet, sur lequel vous empilerez les deux autres. L'ensemble doit être placé sur la gauche de votre table et présenté de sorte que l'orifice des gobelets soit dirigé vers le haut.

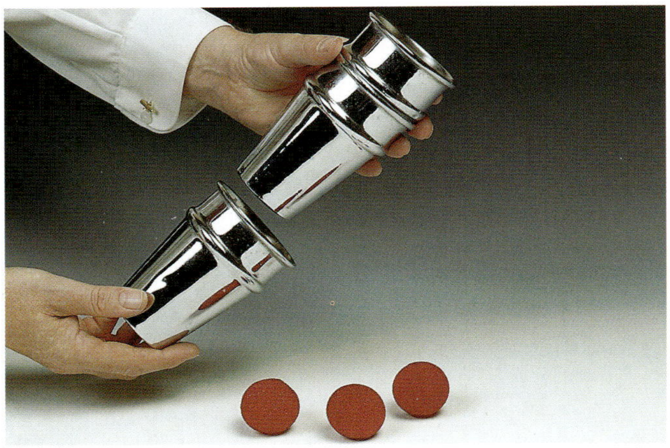

❶ Prenez les gobelets de la main gauche et présentez-les au public en les laissant empilés, l'orifice toujours tourné vers le haut. De la main droite, dégagez celui du dessous et préparez-vous à réaliser le « galop ».

❷ Retournez sur la table le gobelet du dessous (celui qui contient la boule) de sorte que la boule se retrouve cachée à l'intérieur.

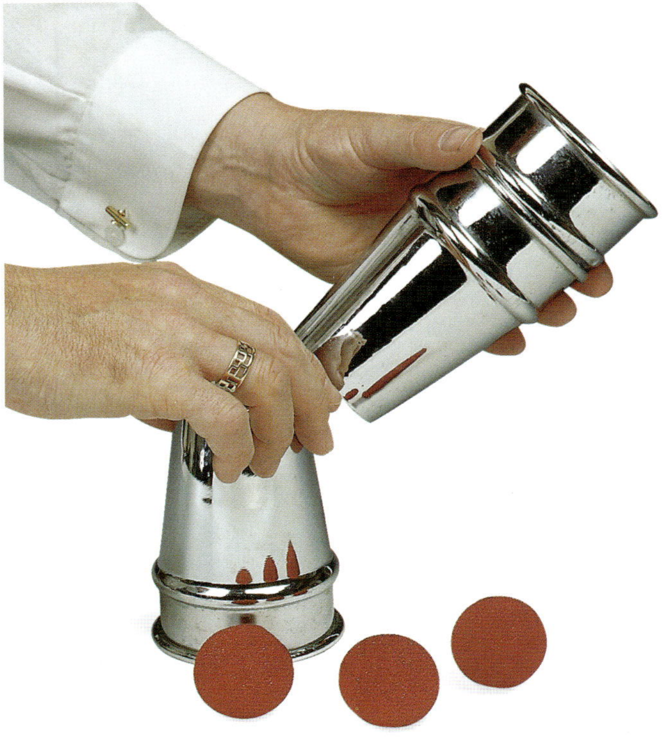

❸ Dégagez le deuxième gobelet, retournez-le et posez-le à gauche du premier.

Pour finir, retournez le dernier gobelet et placez-le à gauche du précédent.

Le déplacement

Prenez dans votre poche gauche la première des trois petites boules et posez-la dans la main droite.

❶ Tendez la main gauche vers la droite comme pour y prendre la boule. En réalité, gardez-la dans la main droite.

❷ Serrez le poing gauche pour faire croire qu'il renferme la boule. Empaumez discrètement celle-ci dans la main droite et pointez le doigt vers la main gauche pour renforcer la supercherie.

❸ De la main droite (où la boule est empaumée), soulevez le gobelet de gauche en dirigeant son orifice vers le public. Faites semblant de placer la boule qui, croit-on, se trouve dans votre main gauche sous ce gobelet. Pendant l'opération, la boule empaumée reste en place.

❹ Désignez chaque gobelet tour à tour et dites, par exemple : « Mesdames et Messieurs, vous allez constater que la boule s'est déplacée vers l'autre extrémité de cet alignement. » Soulevez le gobelet de gauche pour montrer qu'il est vide, puis celui du milieu, également vide.

❺ De la main droite, soulevez le gobelet de droite en dirigeant son orifice vers le public pour montrer que la boule s'y est bien déplacée.

❻ Profitez du fait que tous les regards sont fixés sur cette boule pour mettre la boule empaumée dans le gobelet que vous avez soulevé. Pour effectuer cette opération, penchez le gobelet de telle sorte que son orifice entre en contact avec votre paume droite. Vous pouvez alors laisser la boule tomber à l'intérieur.

❼ Exécutez un nouveau galop en inversant l'ordre des gobelets. Au bout du compte, la boule doit rester cachée sous le gobelet de droite en préparation de l'effet suivant.

La production d'une boule

❶ De la main droite, saisissez la boule exposée aux regards de l'assistance (celle que vous avez produite à l'étape 5 de la page 121) et faites de nouveau comme si vous la placiez dans la main gauche.

❷ Faites participer le public en demandant, par exemple : « Sous quel gobelet souhaitez-vous voir la boule apparaître, Madame ? » Ce faisant, gardez les yeux fixés sur votre main gauche pour renforcer le sentiment qu'elle contient la boule.

❸ Si la spectatrice choisit le gobelet de gauche ou du centre, soulevez-le de la main droite en dirigeant le fond vers le public et faites passer la boule au-dessous pour donner l'impression qu'elle s'y trouve depuis le début.

❹ Si la spectatrice choisit le gobelet de droite, soulevez-le pour montrer la boule que vous y avez placée auparavant. Mais puisqu'il doit toujours contenir une boule en préparation de l'effet suivant, faites-y tomber la boule empaumée dans la main droite au moment où vous le soulevez pour montrer celle qu'il recouvrait.

❺ Exécutez un nouveau galop en veillant à ce que l'orifice du gobelet glisse à la surface de la table et que la boule que vous y avez fait tomber reste invisible du public.

Autres productions

❶ Reproduisez le galop en modifiant l'alignement des gobelets. Celui qui recouvre la boule doit passer au milieu.

❷ Faites disparaître la boule visible en employant une des techniques de passe-passe décrites pages 14-40. En fait, gardez-la empaumée dans la main droite.

❸ Toujours de la main droite, soulevez le gobelet du milieu pour montrer que la boule est passée au-dessous. Pendant que le public fixe son attention sur elle, faites tomber la boule empaumée dans le gobelet dont vous dirigez l'orifice vers votre paume.

❹ Exécutez un galop pour que le gobelet recouvre la boule qui vient d'apparaître.

❺ Sortez une autre boule de la poche gauche de votre pantalon et faites-la disparaître. Chacun a sa méthode pour y parvenir, mais le plus simple est de l'empaumer discrètement dans la main droite.

❻ Soulevez le gobelet du milieu pour montrer la boule « disparue » et celle qu'il recouvrait déjà. Tenez le gobelet dans la main droite et faites-y tomber la boule empaumée en préparation du troisième et dernier effet. Placez les deux boules visibles sous un autre gobelet.

❼ Reproduisez l'étape 5 en prenant la troisième boule dans la poche gauche de votre pantalon. Faites-la « disparaître » et « réapparaître » sous le gobelet du milieu.

❽ Glissez naturellement la main droite dans la poche droite de votre pantalon, laissez-y tomber la boule empaumée et saisissez en même temps une des trois grosses boules. Maintenez-la en position d'empalmage par les doigts. Ce faisant, de la main gauche, posez une petite boule sur chaque gobelet retourné.

La pénétration

Après avoir exécuté un galop, vous êtes prêt pour l'effet suivant. Souvenez-vous qu'une boule reste cachée sous le gobelet de droite.

❶ Posez la boule visible sur le gobelet de droite...

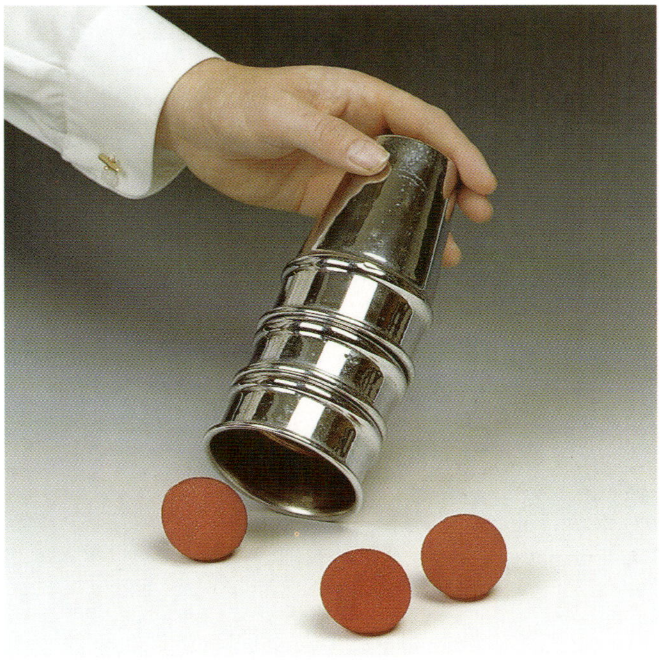

❷ ... et empilez-y le gobelet du milieu, puis celui de gauche, en les appuyant fortement les uns sur les autres comme pour faciliter la pénétration de la boule.

❸ Soulevez en même temps les trois gobelets pour montrer la boule cachée sous le dernier. Le public a l'impression que la boule posée sur le fond a traversé le métal pour se retrouver sur la table.

Le chargement à l'envers

Cette manipulation en trois temps a pour but de faire disparaître les trois petites boules et de faire apparaître une grosse boule sous chaque gobelet.

❶ De la main droite (où la grosse boule est empaumée), saisissez le gobelet de droite par le fond et penchez-le vers le public. Recourbez la main gauche en forme de coupe et recueillez la petite boule qui se trouvait au-dessus. Ce geste laisse entendre qu'il existe une façon de récupérer la boule posée sur le fond d'un gobelet sans avoir à la toucher.

❷ Tout en exécutant ce mouvement avec panache, faites tomber dans le gobelet la grosse boule empaumée dans la main droite. Pour y parvenir, employez le même procédé que précédemment. Reposez aussitôt l'orifice du gobelet contre la table.

❸ Prenez la petite boule dans la main droite et glissez-la dans la poche droite de votre pantalon. Profitez-en pour sortir une autre grosse boule que vous allez empaumer tout en désignant le gobelet du milieu (et surtout la boule qui repose sur le fond) de la main gauche.

❹ Faites passer la grosse boule sous le gobelet et glissez la petite dans votre poche. Empaumez la troisième grosse boule et faites-la passer sous le gobelet de gauche. Après avoir empoché les trois petites boules, repoussez-les vers le haut de votre poche de pantalon.

❺ Annoncez au public que ces trois boules vont disparaître de votre poche pour réapparaître sous les gobelets. Retournez votre poche pour montrer qu'elle est totalement vide et que les trois boules se sont bien envolées.

❻ Soulevez les gobelets un par un pour montrer que les boules ont non seulement regagné leur place, mais encore grossi pendant l'opération !
Si vous le souhaitez, confiez les gobelets et les boules à quelques spectateurs afin qu'ils les examinent.

LES ANNEAUX CHINOIS

RÉALISÉ DANS LE MONDE ENTIER, CE CLASSIQUE DE LA MAGIE PERMET À L'EXÉCUTANT D'ASSEMBLER ET DE DISSOCIER DES ANNEAUX MÉTALLIQUES. JADIS PRATIQUÉ EN SILENCE SUR UN FOND MUSICAL, IL PEUT S'ACCOMPAGNER AUJOURD'HUI D'UN COMMENTAIRE AMUSANT. AU FIL DU TEMPS, LES TECHNIQUES ONT ÉVOLUÉ : CERTAINES FONT APPEL À QUATRE, CINQ OU SIX ANNEAUX, ET D'AUTRES À SEIZE... LA VERSION LA PLUS COURANTE EN UTILISE HUIT, QUE LE PUBLIC CROIT EXAMINER EN TOTALITÉ.

LE COMPTE DES ANNEAUX

MATÉRIEL

1 ENSEMBLE DE 8 ANNEAUX (2 ANNEAUX INDÉPENDANTS, 1 JEU DE 2 ANNEAUX GROUPÉS, 1 JEU DE 3 ANNEAUX GROUPÉS ET 1 ANNEAU OUVERT, DIT ANNEAU CLÉ OU CLÉ).

Truc de métier

• On peut se procurer l'ensemble de ce matériel dans un magasin de magie ou le faire fabriquer par un artisan spécialisé.

❶ Avant le spectacle, posez les anneaux sur la table ou suspendez-les au dossier d'une chaise. Placez de bas en haut : la clé, le premier anneau indépendant, la chaîne de trois, la chaîne de deux et le second anneau indépendant. Lorsque vous les prendrez, ils devront être empilés de la sorte.

❷ L'introduction habituelle se présente ainsi : « Venus du bout du monde, aussi vieux que la magie elle-même, les *anneaux chinois* vont accomplir des miracles sous vos yeux. Mesdames et Messieurs, voici huit anneaux d'acier que je vais compter devant vous. » Prenez l'ensemble dans la main gauche pour commencer le *drop count*.

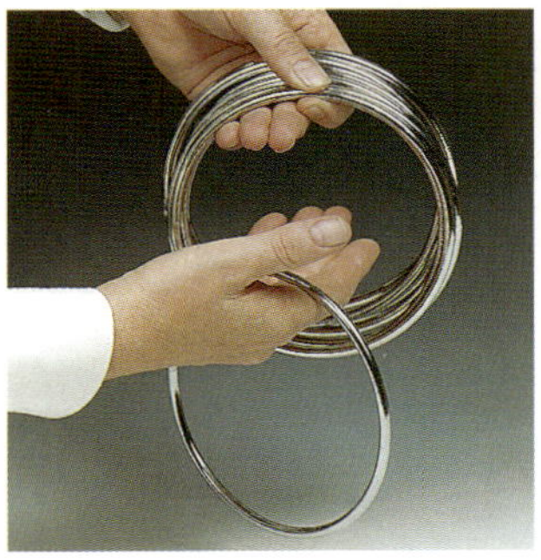

❸ Lâchez le premier anneau indépendant et laissez-le tomber dans la main droite. Abaissez-la légèrement pour bien montrer que cet anneau est distinct des autres.

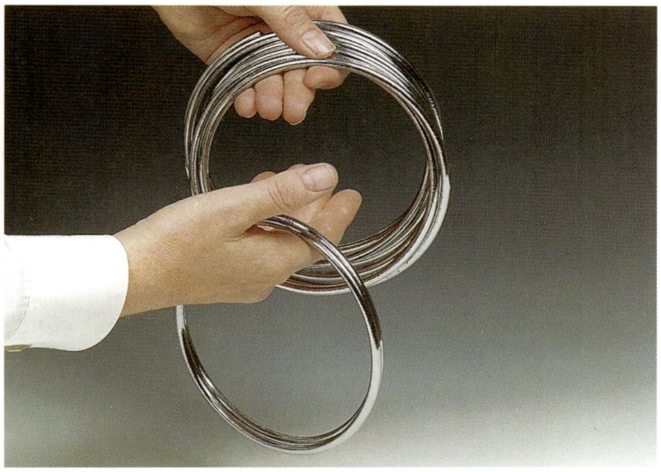

❹ Laissez les deux anneaux groupés tomber un à un dans la main droite, toujours un peu abaissée pour les recevoir.

❺ De même, laissez tomber les trois anneaux groupés de sorte qu'on les croie détachés les uns des autres. Lâchez le second anneau indépendant. Enfin, faites simplement passer la clé de la main gauche à la droite. Vous avez donné l'illusion de laisser tomber (*drop*) et de compter (*count*) huit anneaux.

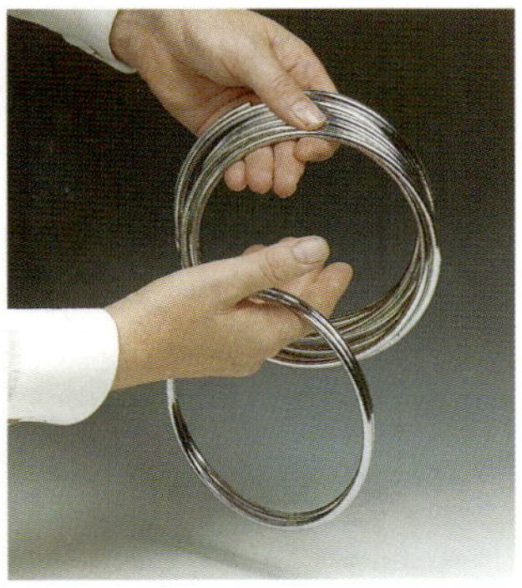

❻ Veillez à ce qu'ils retrouvent leur ordre initial une fois replacés dans la main gauche. Pendant toute l'opération, l'ouverture de l'anneau clé doit rester dirigée vers le haut de l'ensemble et cachée par votre pouce gauche.

Enchaîner les anneaux

Bien qu'il soit relativement simple, ce tour nécessite un bon entraînement et une certaine dextérité. Pensez-y si vous voulez maîtriser la technique de manipulation des anneaux.

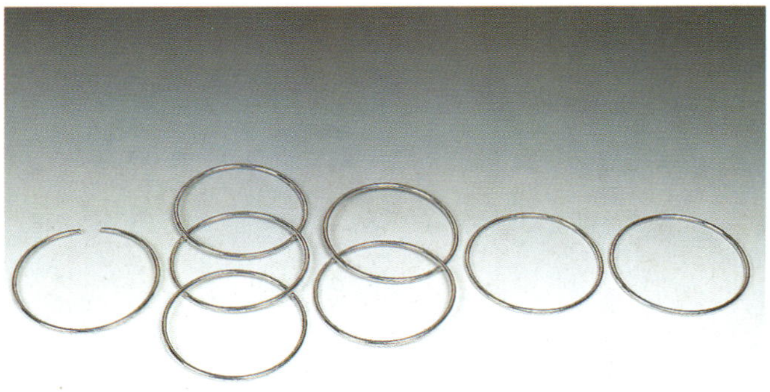

1 De la main droite, saisissez le premier anneau indépendant et appliquez-le fermement contre les autres. Simultanément, laissez tomber le premier des deux anneaux groupés.

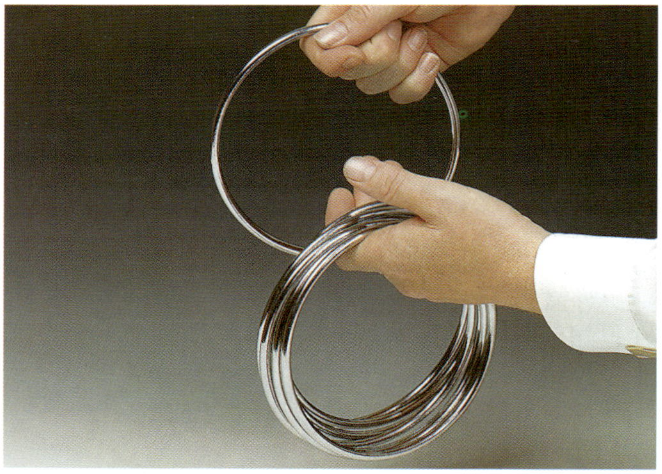

2 Le public a l'impression que vous avez enchaîné le premier anneau au deuxième. Saisissez les deux anneaux groupés pour montrer qu'il en est bien ainsi et tendez-les à un spectateur afin qu'il les examine.

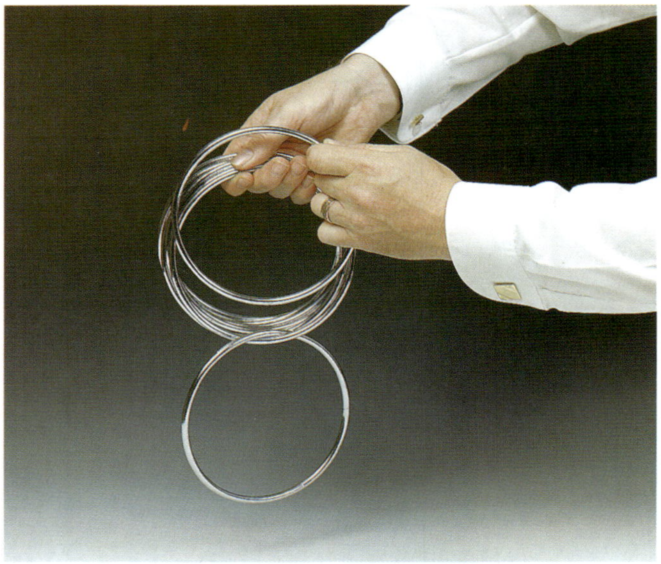

3 Il vous faut maintenant relier trois anneaux entre eux. De la main droite, saisissez le premier anneau indépendant (resté à sa place) et appliquez-le fermement contre les autres. Laissez tomber le premier des trois anneaux groupés. Effectuez la même opération avec le premier anneau indépendant et le deuxième des trois anneaux groupés. Saisissez la chaîne pour montrer que ces trois anneaux sont bien reliés entre eux et tendez-les à un spectateur afin qu'il les examine.

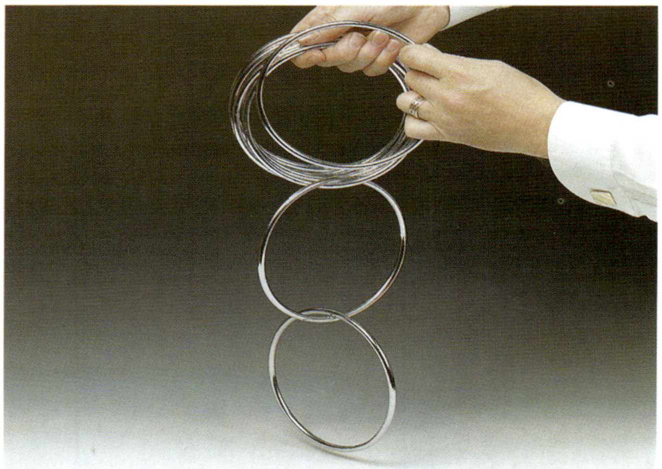

4 Il vous reste à relier les deux derniers anneaux. À ce stade du tour, vous tenez trois anneaux, dont la clé. Passez le bras dans un des anneaux indépendants pour vous en débarrasser. Frottez le second anneau indépendant sur l'ouverture de la clé et faites durer ce geste après les avoir enchaînés. Laissez brusquement tomber l'anneau indépendant qui semble désormais associé au suivant (à la clé).

5 Tournez-vous vers la personne à qui vous avez donné la chaîne de deux et demandez-lui de vous imiter. Les bras près du corps, frottez les deux anneaux l'un contre l'autre. Bien évidemment, ils vont se séparer tandis que ceux du spectateur vont rester groupés.

6 Prenez le dernier anneau indépendant (dans lequel vous avez passé le bras) et frottez-le sur les deux autres. Ce faisant, glissez les deux anneaux indépendants dans la clé. Tenez bien l'ensemble et demandez au spectateur à qui vous avez confié la chaîne de trois de vous imiter à son tour. Commencez par sortir un anneau indépendant. Le spectateur va s'échiner en vain. Puis sortez un autre anneau (la clé) en posant soigneusement le pouce sur son ouverture. Lancez en l'air le troisième anneau indépendant pour montrer que les trois anneaux sont distincts les uns des autres. Ceux du spectateur (faut-il le préciser ?) vont rester groupés. Formez une nouvelle chaîne de vos trois anneaux.

7 Demandez à la première personne de vous rendre la chaîne de deux. Saisissez-la et frottez-la sur vos trois anneaux groupés. Reliez-les tous ensemble en faisant passer un anneau de la chaîne de deux par l'ouverture de la clé. Tenez celle-ci de sorte que tous les anneaux y soient suspendus.

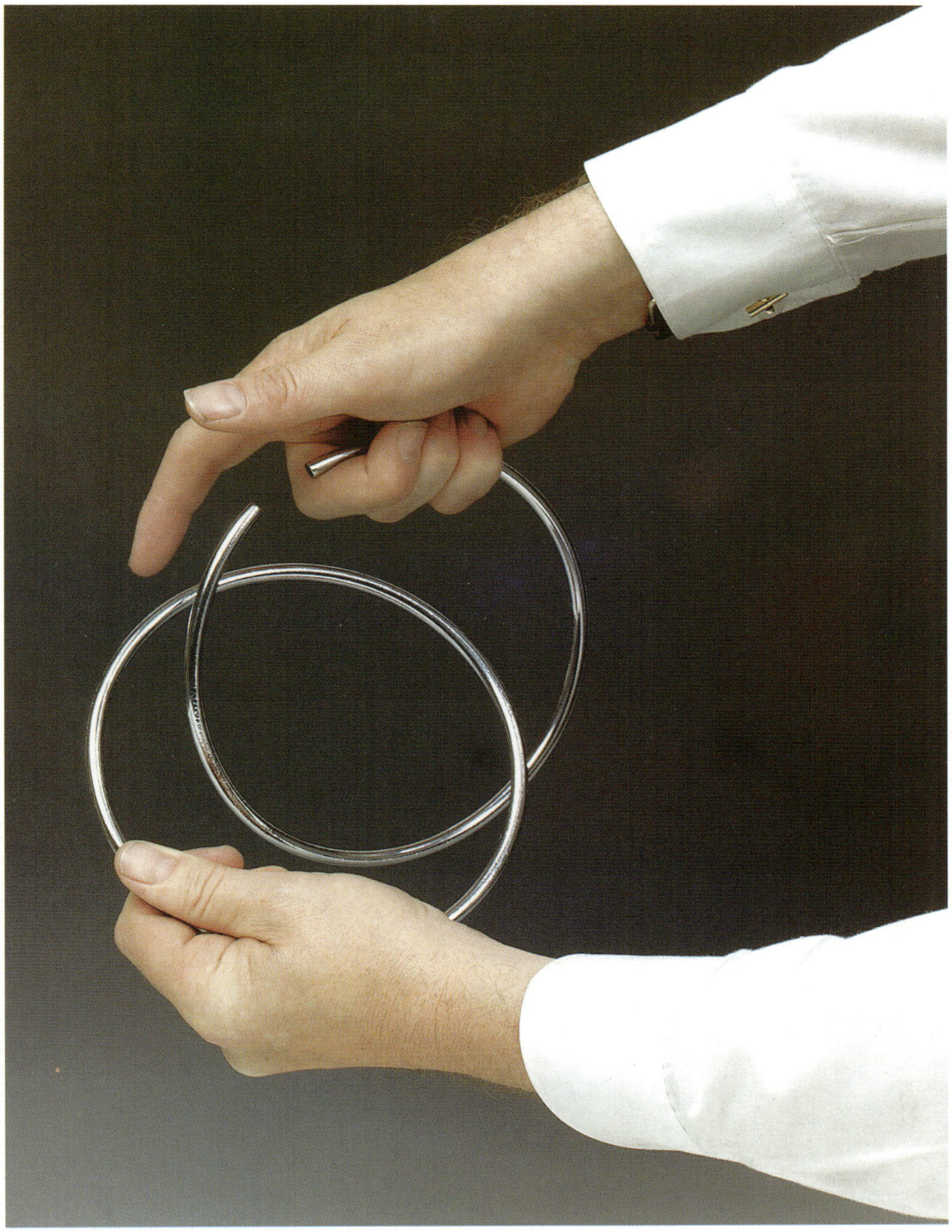

8 Reprenez la chaîne de trois au second spectateur. Comme précédemment, placez ces anneaux contre les autres, frottez-les et faites glisser l'un d'eux par l'ouverture de la clé. Montrez l'ensemble complet au public : à la clé sont suspendus sept anneaux.

9 Pour annoncer le point d'orgue de votre exercice, dites par exemple : « Mesdames et Messieurs, vous voyez ici huit anneaux d'acier qui se sont transformés en guimauve entre mes mains. Je vais maintenant vous prouver que, comme au début, nous avons bien huit anneaux séparés. » Tendez le bras en avant et élevez-le au-dessus de votre tête. Dégagez l'ouverture de la clé pour que les anneaux glissent à terre (apparemment un par un). Laissez tomber la clé en dernier.

La cordelette coupée et reconstituée

Depuis toujours, les magiciens coupent des cordelettes pour mieux les reconstituer. Ce tour compte aujourd'hui parmi les plus célèbres du répertoire. L'exécutant coupe une cordelette au niveau du milieu, montre ce qu'on croit être deux morceaux et redonne à la cordelette son apparence d'origine.

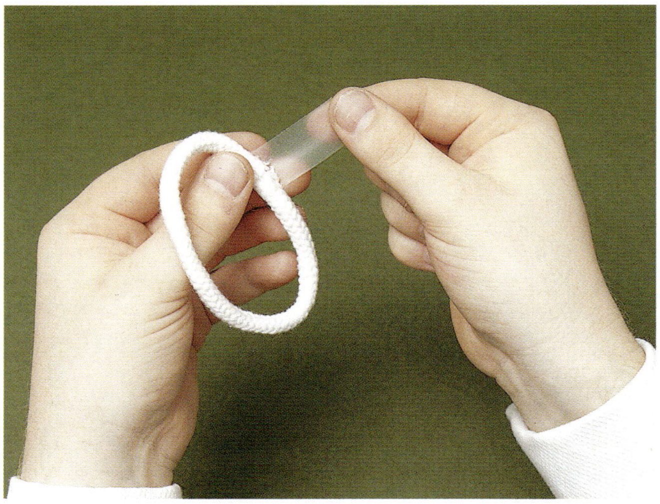

MATÉRIEL

1 petite cordelette
1 rouleau de papier adhésif transparent
1 grande cordelette
Un mouchoir
1 paire de ciseaux

❶ Prenez la petite cordelette, faites-en une boucle et collez ses deux extrémités avec de la bande adhésive. Passez la grande cordelette dans la boucle et posez le tout sur la table. Glissez la boucle vers l'extrémité droite de la cordelette et cachez-la avec un mouchoir ou tout autre accessoire. Au début du tour, saisissez la cordelette de la main droite au niveau de la boucle.

Truc de métier

• Plutôt que de cacher la boucle dans votre main, vous pouvez la coincer dans le bracelet de votre montre. Si vous choisissez cette solution, n'oubliez pas de porter (outre une montre) une veste ou un vêtement à manches longues afin de la dissimuler jusqu'à ce que vous la fassiez passer dans la main.

❷ De la main gauche, prenez l'autre extrémité. Écartez les bras pour donner l'impression de tenir une seule cordelette. Personne ne peut supposer que vous cachez la boucle dans votre main droite.

❸ Amenez la main gauche vers l'extrémité retenue dans la main droite. La main gauche saisit l'extrémité qui ressort de la main droite tandis que la main droite glisse vers le milieu de la cordelette en entraînant la boucle avec elle. Lâchez les deux extrémités retenues dans la main gauche tout en remontant la main droite, comme pour montrer le milieu de la cordelette. En réalité, à ce stade du tour, c'est une partie de la boucle qui est visible.

4 Faites passer ce qui semble être le milieu de la cordelette de la main droite à la gauche en veillant à ne pas montrer la boucle. N'attirez pas l'attention sur ce mouvement ; on doit penser que vous voulez simplement libérer votre main droite pour saisir les ciseaux. Prenez-les donc de la main droite et coupez ce qui semble être le milieu de la cordelette et qui n'est en fait que la boucle.

5 Apparemment, vous tenez les deux morceaux de la cordelette. En effet, le public voit deux extrémités pointer au-dessus de votre main gauche et deux longueurs apparaître au-dessous.

6 Avec les ciseaux, égalisez les deux extrémités supérieures. En fait, vous allez si bien les égaliser que vous allez découper l'ensemble de la boucle…

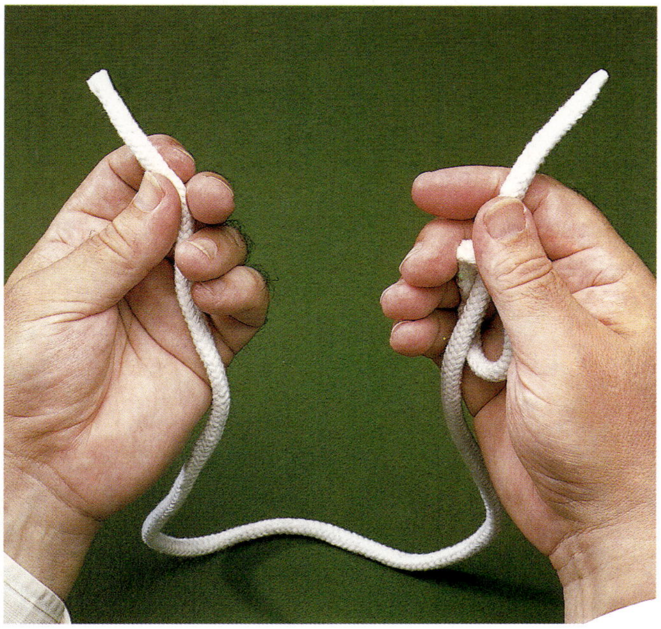

7 Agitez la main droite devant le milieu de la cordelette « coupée » ou soufflez sur vos mains réunies. Saisissez une extrémité de la cordelette dans chaque main et écartez les bras. Saluez en présentant la cordelette reconstituée.

Truc de métier

- Mieux vaut employer de la cordelette souple et blanche pour magiciens, qui présente un intérieur creux. Prenez soin d'aiguiser vos ciseaux afin de la couper correctement.

LE SAC AUX ŒUFS

PRÉSENTÉ AU MUSIC-HALL PAR ARNOLD DE BIÈRE, CE CÉLÈBRE TOUR EST ÉGALEMENT UN GRAND SUCCÈS DU MAGICIEN AUSTRALIEN LES LEVANTE. IL AUTORISE UNE PRÉSENTATION COMIQUE ET PEUT S'EXÉCUTER TOUT PRÈS DU PUBLIC SANS RIEN PERDRE DE SON MYSTÈRE. SES PRINCIPALES ÉTAPES SONT JALONNÉES D'INCIDENTS DIVERS QUI PEUVENT NÉCESSITER LA PARTICIPATION DE L'ASSISTANCE. LE MAGICIEN PRÉSENTE L'ENVERS ET L'ENDROIT D'UN SAC EN TISSU APPAREMMENT VIDE. IL FAIT APPARAÎTRE ET DISPARAÎTRE UN ŒUF QUI FINIT PAR SE RETROUVER DANS LA POCHE D'UN SPECTATEUR. LES SIX PREMIERS MOUVEMENTS EXPLIQUÉS ICI CONSTITUENT EN EUX-MÊMES UN TOUR IMPRESSIONNANT. SI VOTRE GOÛT DE L'AVENTURE VOUS POUSSE À LE RENDRE PLUS COMPLEXE, AJOUTEZ-Y L'EXERCICE DÉTAILLÉ À LA SUITE.

MATÉRIEL

1 SAC EN TISSU POURVU D'UNE POCHE SECRÈTE COUSUE SUR L'INTÉRIEUR D'UNE FACE ; CELLE-CI S'OUVRE VERS LE BAS

1 FAUX ŒUF EN PLASTIQUE OU EN BOIS (LES ŒUFS DE CAOUTCHOUC VENDUS DANS LES MAGASINS DE FARCES ET ATTRAPES SONT PARFAITS, MAIS LES ŒUFS GONFLABLES NE CONVIENNENT PAS)

1 Avant le début du spectacle, dissimulez le faux œuf dans la poche secrète du sac.

2 Saisissez le sac, montrez ses deux faces et retournez-le (l'envers à l'endroit). Pour ce faire, retenez l'œuf à travers le tissu. Pendant cette présentation, il se trouvera donc dans le sac et le public ne remarquera rien de suspect. En outre, ayez soin d'orienter la poche secrète vers vous. Retournez à nouveau le sac (l'envers à l'envers). Vous voilà prêt pour le début du tour.

3 Annoncez que vous allez faire apparaître un œuf en prononçant une formule magique quelconque. À ces mots, glissez la main droite dans le sac et lâchez l'œuf que vous retenez de la main gauche à travers le tissu. L'œuf tombe de la poche secrète au fond du sac. D'un geste ample, sortez l'œuf du sac pour le montrer au public.

4 Replacez l'œuf dans le sac et demandez à un spectateur de prononcer la même formule magique. Retournez alors le sac (l'ouverture vers le bas). Au lieu de tomber à terre, l'œuf est retenu dans la poche secrète. Apparemment, l'œuf a disparu.

5 Pour rendre la chose plus convaincante, retournez à nouveau le sac (l'envers à l'endroit), montrez que l'intérieur est bien vide et remettez-le dans son état initial (l'envers à l'envers). Glissez-y la main droite et sortez-en l'œuf pour le présenter à l'assistance.

6 Replacez l'œuf dans le sac, prononcez la formule magique et glissez la main droite dans le sac. Refermez-la et sortez-la comme si elle contenait l'œuf. Feignez de placer l'œuf sous l'aisselle gauche et enchaînez ainsi : retournez le sac (l'envers à l'endroit), puis une fois encore (l'envers à l'envers) pour montrer que l'œuf a disparu. Lorsque les spectateurs vous crieront : « Il est sous votre aisselle », ne leur accordez aucune attention. Après un certain temps, levez le bras droit pour montrer que l'œuf n'est pas là. Les spectateurs vont protester. Levez alors le bras gauche et montrez que l'œuf n'est pas là non plus. Saisissez le sac ouvert des deux mains et demandez à quelqu'un d'y mettre la main pour en sortir l'œuf. Bien sûr, la personne en question y parviendra.

7 Invitez un volontaire à vous présenter la poche intérieure de sa veste. Faites comme si vous y laissiez tomber l'œuf. En réalité, lorsque vous penchez le sac, l'œuf roule dans la poche secrète. Dirigez l'ouverture du sac vers le sol pour prouver qu'il est vide.

8 Retournez le sac (l'envers à l'endroit) et dirigez l'ouverture vers le haut de sorte que l'œuf tombe de la poche secrète dans votre main droite. Empaumez-le dans cette même main tout en attirant l'attention de l'assistance sur la poche de votre volontaire. Demandez-lui s'il a gardé l'œuf. Il met la main à la poche et s'aperçoit que l'œuf a mystérieusement disparu. Regardez vous-même dans sa poche et confirmez que l'œuf ne s'y trouve plus. Au même moment, laissez tomber l'œuf empaumé dans la poche.

9 Feignez de faire réapparaître l'œuf dans le sac sans y parvenir. Réessayez et glissez la main dans le sac pour y saisir ce que vous appelez un « œuf invisible ». Tenez-le entre le pouce et les doigts de la main droite.

10 Faites le geste de placer cet œuf invisible dans la poche du volontaire. Puis demandez à celui-ci d'en sortir l'œuf et de le placer dans le sac. Cette opération marque la fin du tour.

LES CORDES INÉGALES

CET EXERCICE FAIT SANS DOUTE PARTIE DES MEILLEURS TOURS RÉALISÉS AVEC DES CORDES. IL COMPTE EN TOUT CAS PARMI LES PLUS APPRÉCIÉS DU PUBLIC. APRÈS AVOIR MONTRÉ TROIS CORDES DE DIFFÉRENTES TAILLES, LE MAGICIEN LES « ÉTIRE » POUR QU'ELLES PARVIENNENT À UNE LONGUEUR IDENTIQUE. IL LES PRÉSENTE ENFIN TELLES QU'ELLES ÉTAIENT À L'ORIGINE.

MATÉRIEL

3 CORDES DE DIFFÉRENTES LONGUEURS : 1 PETITE (LONGUEUR Y), 1 MOYENNE (LONGUEUR Y x 2) ET 1 GRANDE (LONGUEUR Y x 3). TOUTES DOIVENT PRÉSENTER UNE COULEUR ET UN ASPECT SEMBLABLES

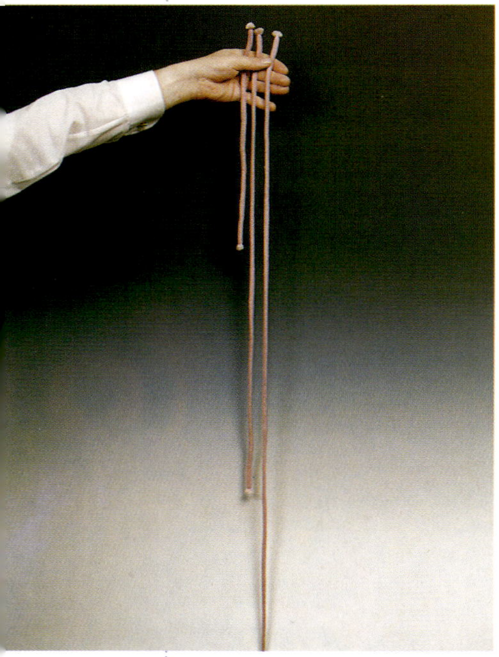

❶ Dénouez les cordes et présentez-les une à une pour mettre en évidence leurs différentes longueurs. Montrez d'abord la plus petite, puis placez-la dans la main gauche. Montrez ensuite la moyenne, puis placez-la dans la main gauche, à droite de la première. Montrez enfin la grande, puis placez-la dans la main gauche, à droite de la deuxième.

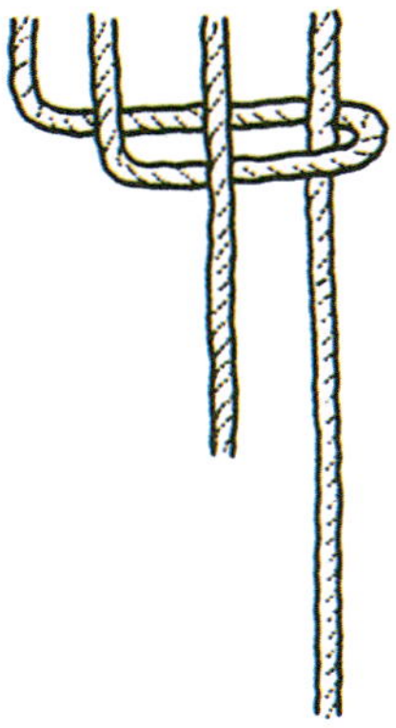

❷ Passez la main droite entre la moyenne et la grande, saisissez la petite, ramenez-la vers l'avant, faites-la passer autour de la grande et ramenez-la par derrière de sorte que son extrémité se retrouve à gauche de celles que vous tenez déjà. Vous avez désormais quatre extrémités en main.

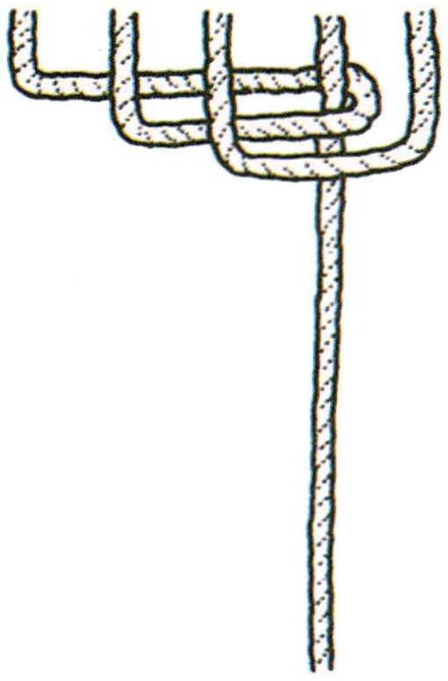

❸ Saisissez l'extrémité libre de la moyenne et relevez-la pour la placer à droite des autres. Vous avez désormais cinq extrémités en main.

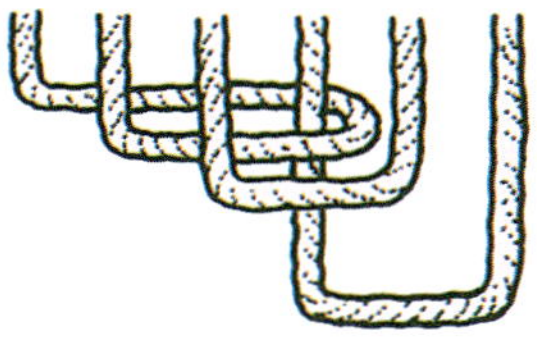

❹ Saisissez l'extrémité libre de la grande et relevez-la pour la placer à droite des autres. Vous avez désormais six extrémités en main.

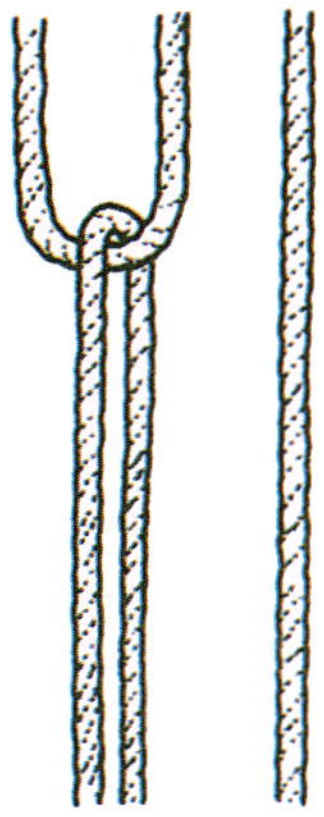

❺ Vous voilà prêt à étirer les cordes pour qu'elles parviennent à une longueur identique. De la main droite, saisissez les trois extrémités de droite. Gardez dans la main gauche les trois extrémités de gauche. Écartez brusquement les bras et vous verrez les trois cordes présenter une longueur identique.

❻ Lâchez les extrémités de droite et tenez les cordes dans la main gauche en repliant les doigts de façon à cacher la boucle apparue lors de l'opération précédente.

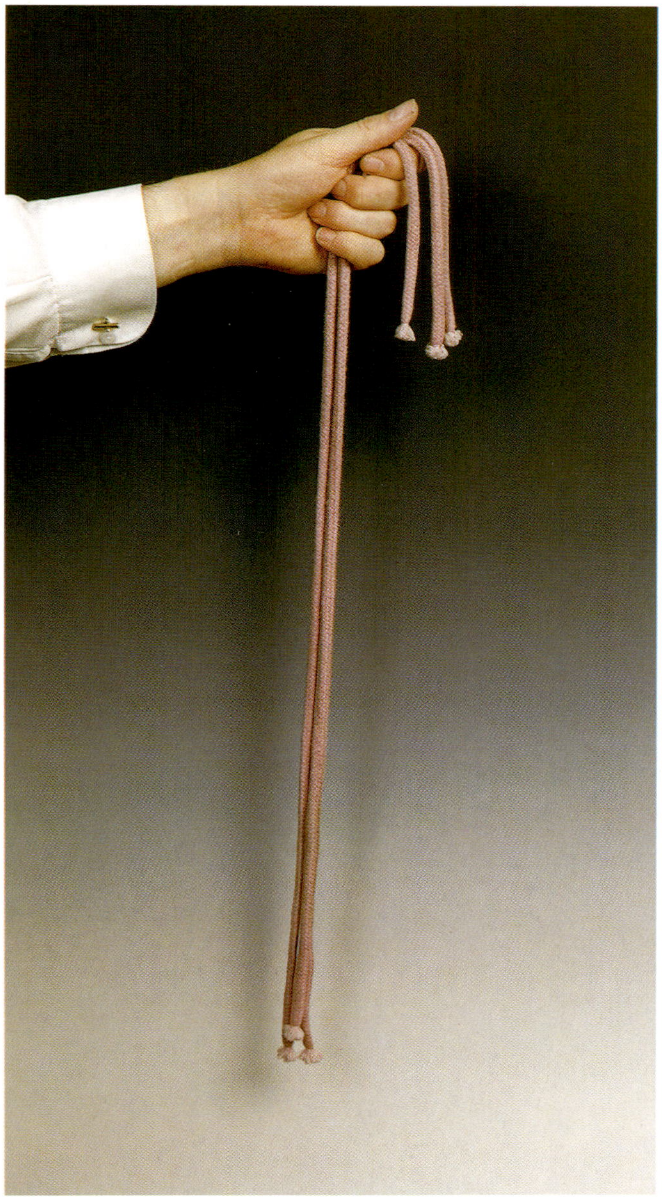

❼ Vous pouvez alors compter les cordes et les présenter séparément. De la main droite, saisissez la première corde indépendante (la moyenne) et séparez-la du lot en annonçant : « Une ! » Faites comme si vous preniez la deuxième, replacez discrètement la corde indépendante dans la main gauche, saisissez de la main droite les deux extrémités restantes (en cachant bien la boucle) et annoncez : « Deux ! » Enfin, faites repasser la corde indépendante de la main gauche à la main droite en annonçant : « Trois ! » Les spectateurs croient avoir vu trois cordes distinctes et de longueur identique.

Truc de métier

- Avant le spectacle, faites un nœud avec les trois cordes afin de ne pas en perdre une à un moment donné.

PRODUIRE L'EFFET INVERSE

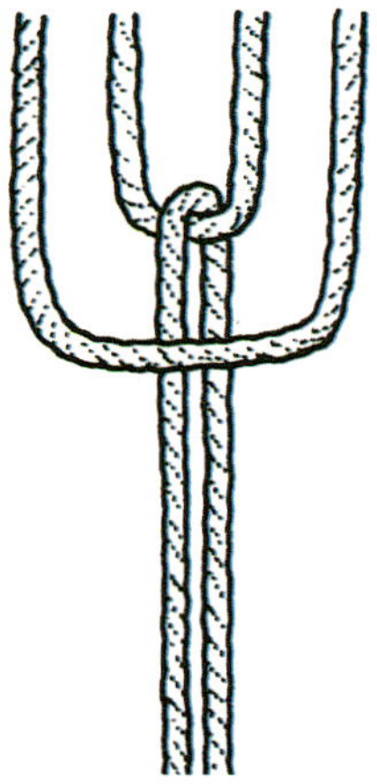

❶ Saisissez l'extrémité libre de la corde indépendante et placez-la dans la main gauche, à gauche des autres.

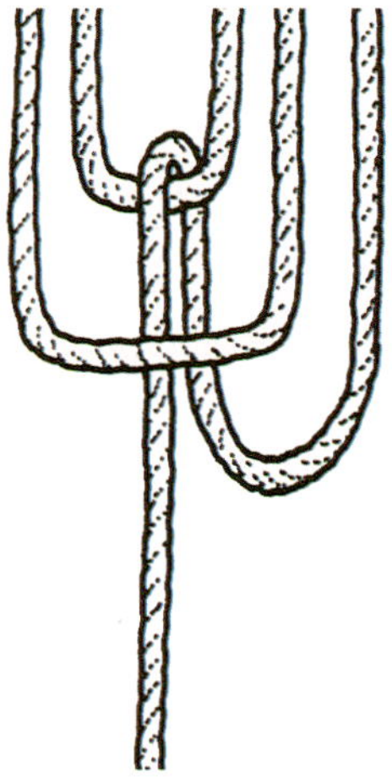

❷ Saisissez la moitié droite de la grande corde et ramenez-la à droite des autres.

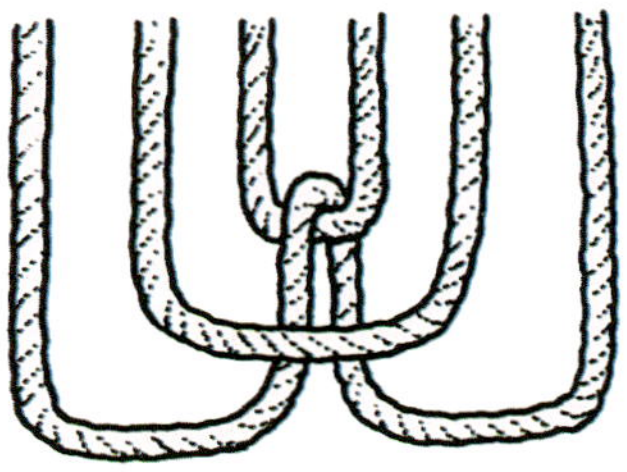

❸ Saisissez la moitié gauche de la grande corde et ramenez-la à gauche des autres.

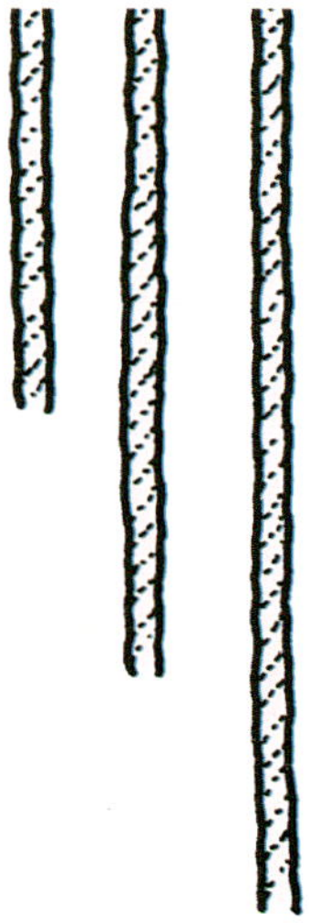

❹ De la main droite, saisissez les trois extrémités de droite et lâchez celles de gauche. Secouez les cordes d'un geste ample. Elles se séparent automatiquement et retrouvent leur longueur initiale : une petite, une moyenne et une grande.

LE MERVEILLEUX SAC À ÉCHANGES

CE SAC PLAT EST POUR LE MAGICIEN UN ACCESSOIRE INDISPENSABLE CAR IL PARTICIPE À LA RÉALISATION D'INNOMBRABLES TOURS. APRÈS AVOIR PLACÉ UN OU PLUSIEURS OBJETS DANS UN DE SES COMPARTIMENTS, ON PEUT FAIRE CROIRE QU'IL EST VIDE EN RETOURNANT L'AUTRE COMPARTIMENT (L'ENVERS À L'ENDROIT). IL SUFFIT ALORS DE LE REMETTRE DANS SON ÉTAT INITIAL POUR PRODUIRE LES OBJETS EN QUESTION. IL PEUT ÉGALEMENT SERVIR À ÉCHANGER UN ARTICLE CONTRE UN AUTRE. POUR CE FAIRE, ON MONTRE D'ABORD LE COMPARTIMENT VIDE, PUIS ON Y DÉPOSE LE PREMIER ARTICLE. DE L'AUTRE COMPARTIMENT, ON PEUT ALORS EXTRAIRE UN SECOND ARTICLE QU'ON AVAIT DISSIMULÉ AUPARAVANT. ON LE MONTRE AU PUBLIC, AINSI QUE LE COMPARTIMENT DÉSORMAIS VIDE. IL PERMET AUSSI DE MODIFIER UNE CARACTÉRISTIQUE D'UN OBJET. ON PEUT AINSI PLACER UNE BOÎTE VIDE ET FAIRE APPARAÎTRE LA MÊME BOÎTE RENFERMANT UNE BAGUE. LA PAGE SUIVANTE REGROUPE VINGT IDÉES DE TOURS DANS LESQUELS CET ACCESSOIRE INTERVIENT, TANDIS QUE DEUX EXERCICES QUI FONT APPEL À CE SAC MAGIQUE SONT ENSUITE PLUS LONGUEMENT DÉCRITS.

CONFECTIONNER LE SAC

MATÉRIEL

1 SAC À ÉCHANGES

Le sac à échanges est un simple sac de tissu divisé en deux. Comme le public ignore cette caractéristique, il est possible de glisser quelque chose dans un compartiment et de faire croire que le sac est vide en montrant l'autre compartiment.

1 Pour confectionner un sac à échanges, prenez un premier morceau de tissu de 50 x 20 cm et un second morceau de 25 x 20 cm.

2 Repliez le grand morceau sur lui-même et placez le petit morceau à l'intérieur. Piquez les trois épaisseurs sur les bords et le fond de façon à avoir deux compartiments distincts.

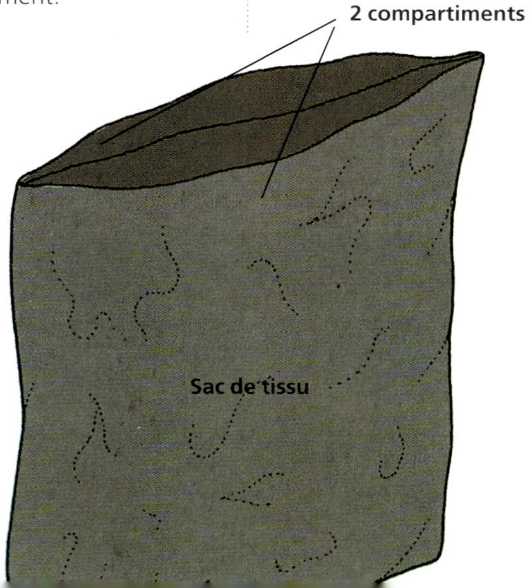

Pour confectionner un sac à échanges, prenez deux morceaux de tissu des dimensions suivantes :

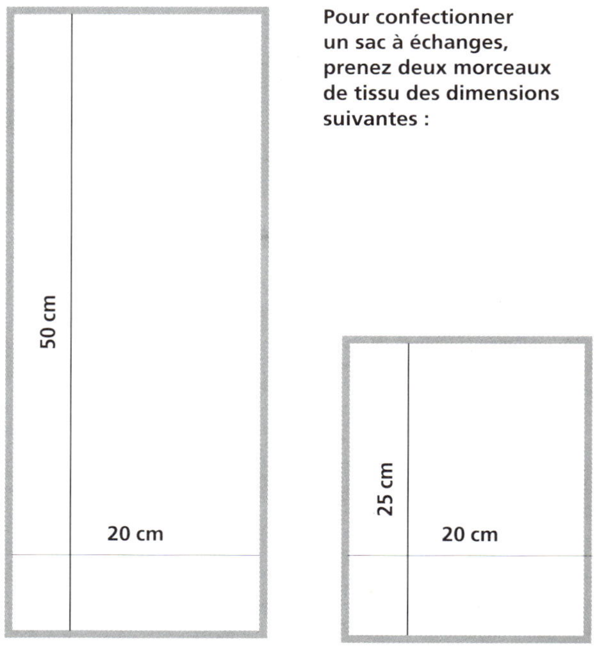

Repliez le grand morceau sur lui-même et placez le petit morceau à l'intérieur. Piquez les trois épaisseurs sur les bords et le fond.

20 TOURS AVEC LE SAC À ÉCHANGES

Le sac à échanges permet d'effectuer plusieurs centaines de tours. Si vous avez pris la peine d'en confectionner un vous-même, vous chercherez à en tirer le meilleur profit. Voici vingt idées qui vous aideront à vous lancer.

❶ Placez plusieurs mouchoirs de soie dans le sac vide et ressortez-les attachés les uns aux autres.

❷ Placez plusieurs mouchoirs de soie et un ruban dans le sac. Lorsque vous les retirez, les mouchoirs se sont noués au ruban les uns derrière les autres.

❸ Placez plusieurs mouchoirs de soie dans le sac et faites-les disparaître.

❹ Retournez le sac (l'envers à l'endroit) pour montrer qu'il est vide. Après y avoir plongé la main, un spectateur en sort plusieurs mouchoirs de soie.

❺ Coupez un mouchoir de poche en plusieurs morceaux et faites-lui retrouver son état initial.

❻ Coupez une corde en plusieurs morceaux, placez-les dans le sac, faites réapparaître la corde intacte et montrez que le sac est à nouveau vide.

❼ Placez un jeu de cartes battues dans le sac. Nommez trois cartes et sortez-les du sac pour les montrer au public.

❽ Détachez les pétales d'une rose et placez-les dans le sac. Les pétales se sont regroupés pour former une magnifique rose.

❾ Plusieurs anneaux confectionnés à partir de cordes nouées se retrouvent enchaînés les uns aux autres.

❿ Un mouchoir rouge placé dans le sac se transforme en un mouchoir jaune.

⓫ Un mouchoir blanc maculé de noir devient soudainement blanc comme neige.

⓬ Un objet placé dans le sac se reproduit, de sorte qu'il réapparaît en deux exemplaires.

⓭ Placez un morceau de papier de la taille d'un billet de banque dans le sac et faites-le réapparaître sous l'aspect d'un vrai billet de banque.

⓮ Un objet placé dans une boîte, elle-même placée dans le sac, disparaît. Pour réaliser ce tour, mettez une boîte identique (mais vide) dans le premier compartiment et glissez celle qui contient l'objet dans le second.

⓯ Un spectateur choisit cinq lettres d'un jeu de scrabble et les laisse tomber dans le sac. Les cinq lettres en ressortent quelques secondes plus tard, réunies de façon à composer le mot MAGIE.

⓰ Nouez en boucle deux rubans de différentes couleurs et placez-les dans le premier compartiment. Placez un troisième ruban, également noué en boucle, dans le second. Montrez au public que ce dernier est vide (pour ce faire, repoussez le ruban dans le haut de la poche et sortez la couture pour la présenter). Quand vous ressortez les deux premières boucles, elles sont enchaînées à la troisième.

⓱ Le sac contient deux pièces de monnaie qui portent le sceau de différentes années. Sur une feuille de papier, le magicien inscrit l'année de la pièce qui va être choisie. Un spectateur tire une pièce du sac. Bien sûr, l'exécutant a pris soin de placer deux pièces frappées la même année dans l'autre compartiment.

⓲ Comment changer un œuf en poulet sans laisser la nature prendre son temps ? Ainsi : montrez un œuf et placez-le dans le sac. Grattez une allumette et passez-la sous le sac. Du compartiment invisible, sortez alors un jouet représentant un poulet.

⓳ Un morceau de papier blanc se transforme en photographie. Ce tour produit un effet particulièrement fort si vous faites en sorte de produire la photo d'un spectateur.

⓴ Cette dernière idée de tour faisant appel au sac à échanges est une variante de « La prédiction capitale » (voir p. 138), qui relève plutôt de la magie mentale. Elle implique l'usage d'une page de journal. L'exécutant la déchire et place les morceaux dans le sac. Il pense à un événement et inscrit quelques mots sur une feuille qu'il plie et tend à quelqu'un. Il demande à une autre personne de mettre la main dans le sac et d'en sortir un morceau de papier. Lorsque le texte de la « prédiction » est déplié et lu à haute voix, il s'avère identique à celui du morceau de journal que le spectateur a choisi dans le sac. Pour préparer ce tour, prenez dix exemplaires d'un même journal et arrachez-leur une page précise. Vérifiez que les dix pages contiennent bien la même information, rassemblez-les et déchirez-en la même partie. Dans le premier compartiment, placez ces dix morceaux qui portent un texte identique. Gardez un onzième exemplaire de cette même page pour la représentation. Devant la salle, déchirez-la et placez les fragments dans le second compartiment. Quand vous invitez votre volontaire à choisir un morceau de papier, présentez-lui le premier compartiment. Quel que soit le fragment tiré, il portera le même texte que votre prédiction.

LE SOLEIL ET LA LUNE

VOICI UN AUTRE TOUR QUI NÉCESSITE L'EMPLOI D'UN SAC À ÉCHANGES. L'EXÉCUTANT PREND DEUX CARRÉS DE PAPIER : UN ROUGE ET UN JAUNE. IL DÉCOUPE UN DISQUE AU CENTRE DE CHACUN. LORSQU'IL LES FAIT RÉAPPARAÎTRE, LE CARRÉ ROUGE S'ORNE D'UN DISQUE JAUNE ET LE CARRÉ JAUNE D'UN DISQUE ROUGE. FAISANT DE NOUVEAU APPEL À SES POUVOIRS MAGIQUES, L'EXÉCUTANT FAIT APPARAÎTRE DEUX CARRÉS DE PAPIER INTACTS.

MATÉRIEL

1 PATRON EN CARTON (TAILLÉ SUR LA BASE DE 1/8 DE DISQUE)
4 CARRÉS DE PAPIER ROUGE
4 CARRÉS DE PAPIER JAUNE
1 PAIRE DE CISEAUX
DE LA COLLE
1 TROMBONE
1 SAC À ÉCHANGES (VOIR P. 134)

1 Pliez un carré de chaque couleur dans le sens de la hauteur, puis dans le sens de la largeur, de façon à obtenir deux petits carrés. Pliez-les en diagonale pour obtenir deux triangles. Servez-vous du patron pour y tracer un arc de cercle. Découpez les triangles en suivant ce repère. Dépliez-les et vous verrez que vous avez découpé un disque au milieu de chaque carré. Pour simplifier la description du tour, nous appellerons le disque rouge R1 et le jaune J1. Gardez les disques et jetez le papier restant.

2 Reproduisez l'opération pour découper un disque un peu plus petit au centre d'un autre carré jaune et d'un autre carré rouge. Jetez les disques. Collez R1 sur le trou du carré jaune et J1 sur celui du carré rouge. Vous vous retrouvez donc avec un carré jaune orné d'un disque rouge et un carré rouge orné d'un disque jaune.

3 Quand la colle est sèche, pliez chaque carré en quatre et glissez un trombone sur le tout. Placez-les ensuite dans le compartiment antérieur de votre sac à échanges. À côté, placez deux carrés normaux (un rouge et un jaune) pliés à l'identique. Pliez également en quatre les deux carrés restants et posez-les sur la table. Avant de les poser, prenez le crayon pour dessiner sur chacun un arc de cercle en réutilisant le patron. Vous voilà prêt à réaliser le tour. Saisissez les carrés disposés sur la table et montrez-les au public. Découpez un disque au centre de chacun en vous guidant sur l'arc de cercle préalablement tracé.

4 Présentez les deux carrés au centre vide, puis les deux disques découpés. Pliez le tout et placez-les dans la poche postérieure du sac à échanges. Prononcez une formule magique quelconque et glissez la main dans le compartiment antérieur. Saisissez les carrés maintenus par un trombone, faites sauter ce dernier et sortez les carrés du sac.

5 Bien que vous prétendiez avoir reconstitué les carrés, vous vous apercevez en les dépliant que vous avez commis une petite erreur... Le centre du carré jaune s'orne en effet d'un disque rouge et celui du carré rouge d'un disque jaune.

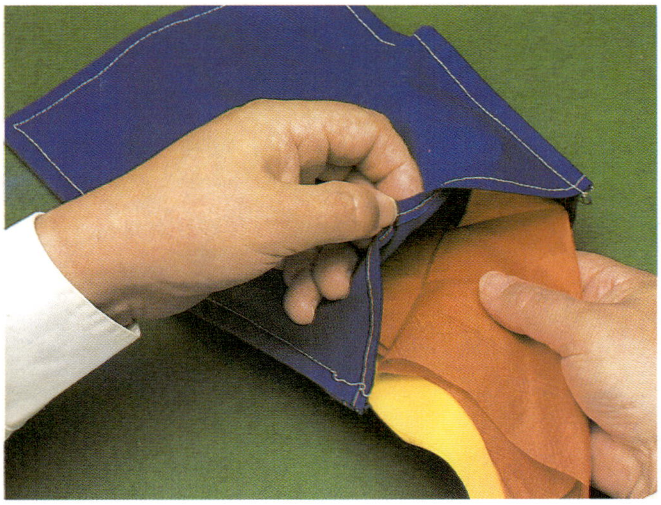

6 Repliez les carrés (ou déchirez-les si vous préférez) et placez-les dans le compartiment postérieur du sac à échanges.

7 Cette fois-ci, prononcez la formule magique correcte, mettez la main dans le compartiment antérieur et sortez-en les carrés. Dépliez-les et montrez qu'ils ont été miraculeusement reconstitués.

LA PRÉDICTION CAPITALE

DANS CE TOUR, LE MAGICIEN MONTRE UN SAC QUI CONTIENT PLUSIEURS MORCEAUX DE PAPIER OÙ SONT INSCRITS LES NOMS DE CAPITALES CÉLÈBRES. IL EN FAIT TIRER QUELQUES-UNS PAR UN VOLONTAIRE POUR PROUVER QUE LES NOMS SONT TOUS DIFFÉRENTS. IL FAIT CHOISIR UN DERNIER PAPIER OÙ APPARAÎT UN NOM PRÉCIS. D'UNE GRANDE ENVELOPPE PLACÉE BIEN EN ÉVIDENCE DEPUIS LE DÉBUT DU TOUR, IL SORT UNE FEUILLE OÙ APPARAÎT LE NOM DE CETTE MÊME CAPITALE.

MATÉRIEL

1 SAC À ÉCHANGES (VOIR P. 134)
UNE CENTAINE DE PETITS PAPIERS D'ENVIRON 7 X 2 CM
1 STYLO BILLE OU DES LETTRES À DÉCALQUER
1 FEUILLE DE PAPIER ÉPAIS
1 GRANDE ENVELOPPE

1 Si vous ne disposez pas de sac à échanges ou si vous avez besoin d'un accessoire d'entraînement, essayez de coller deux sacs en papier l'un sur l'autre. Le tissu est toutefois plus résistant et il est assez facile de confectionner un sac tel que celui-ci.

2 Sur une cinquantaine de petits papiers, inscrivez le nom d'une même capitale (par exemple, Paris). Pliez-les en deux et placez-les dans un compartiment de votre sac. Sur la cinquantaine restante, écrivez le nom de capitales différentes. Pliez-les en deux et placez-les dans l'autre compartiment. Inscrivez le mot « PARIS » sur la feuille de papier et glissez-la dans la grande enveloppe. Vous voilà prêt à commencer votre tour.

❸ Montrez l'enveloppe au public et placez-la de sorte qu'elle reste visible pendant tout votre tour. Saisissez le sac à échanges, plongez la main dans le compartiment qui contient les noms des différentes capitales et sortez-en une poignée. Laissez-les tomber de votre main dans le sac en disant : « J'ai mis dans ce sac plus de cent petits papiers (en matière de magie, tout est affaire de mensonge) dont chacun porte un nom de capitale et j'aimerais que quelqu'un en choisisse un. » Faites monter sur scène une personne de l'assistance et demandez-lui de tirer quelques papiers du sac, de les déplier et de lire à haute voix le nom de la capitale qui y est écrit.

❹ Expliquez-lui ensuite que vous voulez le voir tirer un seul petit papier. Tout en parlant, changez la position de vos doigts de sorte que le volontaire mette la main dans l'autre compartiment (celui qui renferme les papiers marqués « PARIS ») lorsque vous lui présenterez à nouveau le sac.

❺ Le spectateur choisit un papier et lit le nom qui y est inscrit – bien évidemment, il s'agit de Paris. Insistez sur le fait que le volontaire jouissait d'une entière liberté de choix – autre gros mensonge – et attirez l'attention du public sur l'enveloppe placée en évidence depuis le début.

❻ Une fois celle-ci ouverte, force est de constater que vous aviez bien prédit le nom de capitale qui serait choisi.

LE SAC DÉBORDANT DE SOIE

POUR RÉALISER CE TOUR HAUT EN COULEUR, VOUS N'AVEZ BESOIN QUE DE QUELQUES MOUCHOIRS DE SOIE ET D'UN SAC À ÉCHANGES ASSEZ PARTICULIER...

MATÉRIEL

1 SAC À ÉCHANGES À FOND COUPÉ (VOIR ÉTAPE 1)

4 MOUCHOIRS DE SOIE VIOLETS

2 MOUCHOIRS DE SOIE JAUNE

❶ Cet exercice s'accomplit avec un sac à échanges spécial, qui se présente comme celui décrit page 134, à une différence près : au lieu d'être cousu sur toute sa longueur, le fond comporte une fente, aménagée au centre et ouverte sur les deux compartiments. De chaque côté de cet orifice, la couture doit être renforcée.

❷ Avant de vous produire, nouez un des mouchoirs jaunes entre deux mouchoirs violets. Cachez l'ensemble dans le premier compartiment du sac en veillant à pouvoir attraper la pointe d'un mouchoir violet par la fente aménagée au fond du sac. Laissez le second compartiment vide.

❸ Présentez le sac au public en le retournant (l'envers à l'endroit) afin qu'on le croie vide. Montrez ensuite les deux mouchoirs violets et glissez-les dans le compartiment vide. Ce faisant, et comme si vous y pensiez subitement, sortez la pointe d'un mouchoir violet par la fente. Il appartient à un des mouchoirs noués et placés dans le premier compartiment. Faites de même avec l'autre mouchoir violet caché au début du tour : sortez une de ses pointes par le haut, de sorte qu'elle retombe sur le bord du sac. Vu du public, le sac paraît contenir les deux mouchoirs violets que vous y avez placés, chacun présentant une extrémité soit en haut soit en bas du sac.

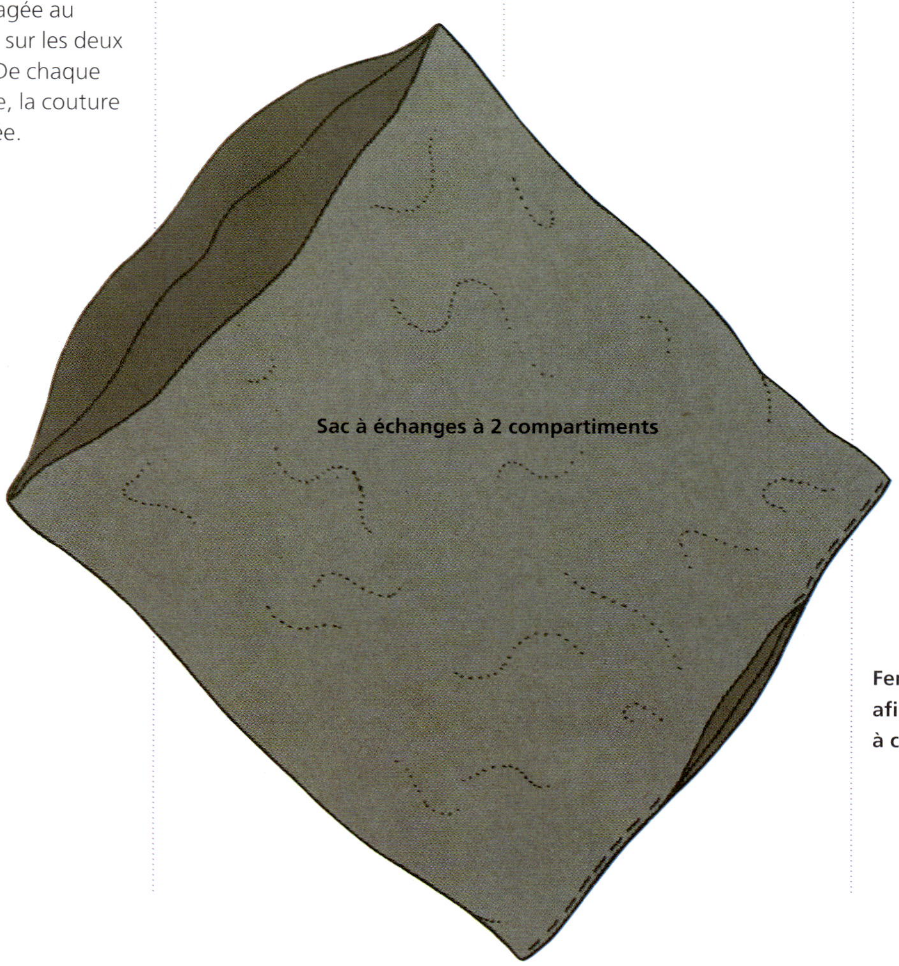

Fente aménagée au fond afin de permettre l'accès à chaque compartiment

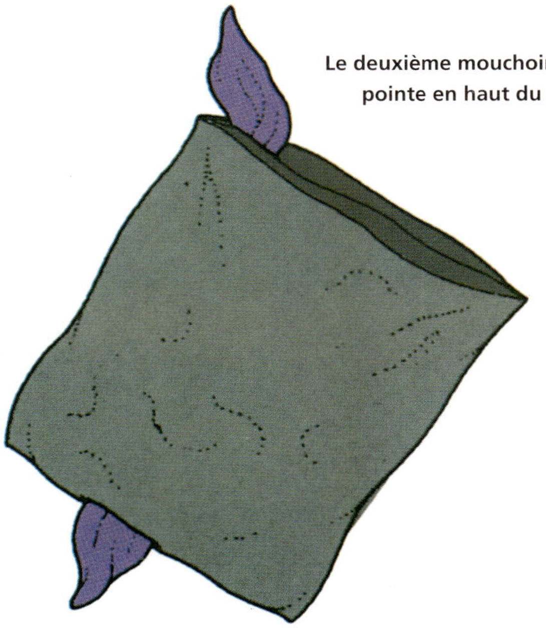

4 Présentez aux spectateurs le mouchoir jaune indépendant et placez-le dans le compartiment qui renferme les deux mouchoirs violets indépendants.

5 Demandez à quelqu'un de tirer légèrement sur la pointe du mouchoir du dessus, et à quelqu'un d'autre de faire de même avec celle du mouchoir du dessous. Ils vont découvrir une résistance. Et de fait, lorsque vous extrairez le mouchoir du haut, on s'apercevra qu'il est suivi de deux autres. La surprise de l'assistance est due au fait que les deux mouchoirs violets sont restés visibles pendant toute la durée du tour.

6 Après avoir sorti les trois mouchoirs noués, vous pouvez prouver que le sac est vide en le retournant (l'envers à l'endroit) de nouveau. Prenez soin de bien montrer le compartiment désormais vide...

LE LAPIN EXTRAIT DU CHAPEAU

DEPUIS TOUJOURS, LE TALENT D'UN MAGICIEN SE MESURE À SA CAPACITÉ À FAIRE APPARAÎTRE UN LAPIN D'UN CHAPEAU. ET DE FAIT, TOUS LES ARTISTES DIGNES DE CE NOM DOIVENT ÊTRE CAPABLES D'ACCOMPLIR CE CLASSIQUE DE LA MAGIE DONT L'EFFET EST SIMPLE, MAIS PERCUTANT.

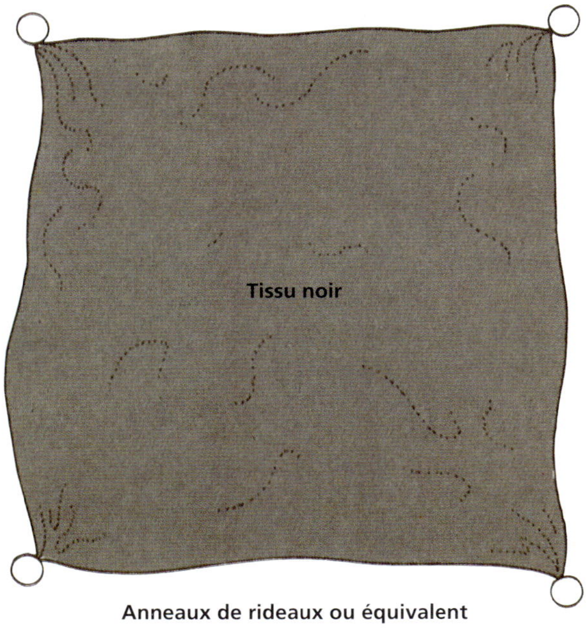

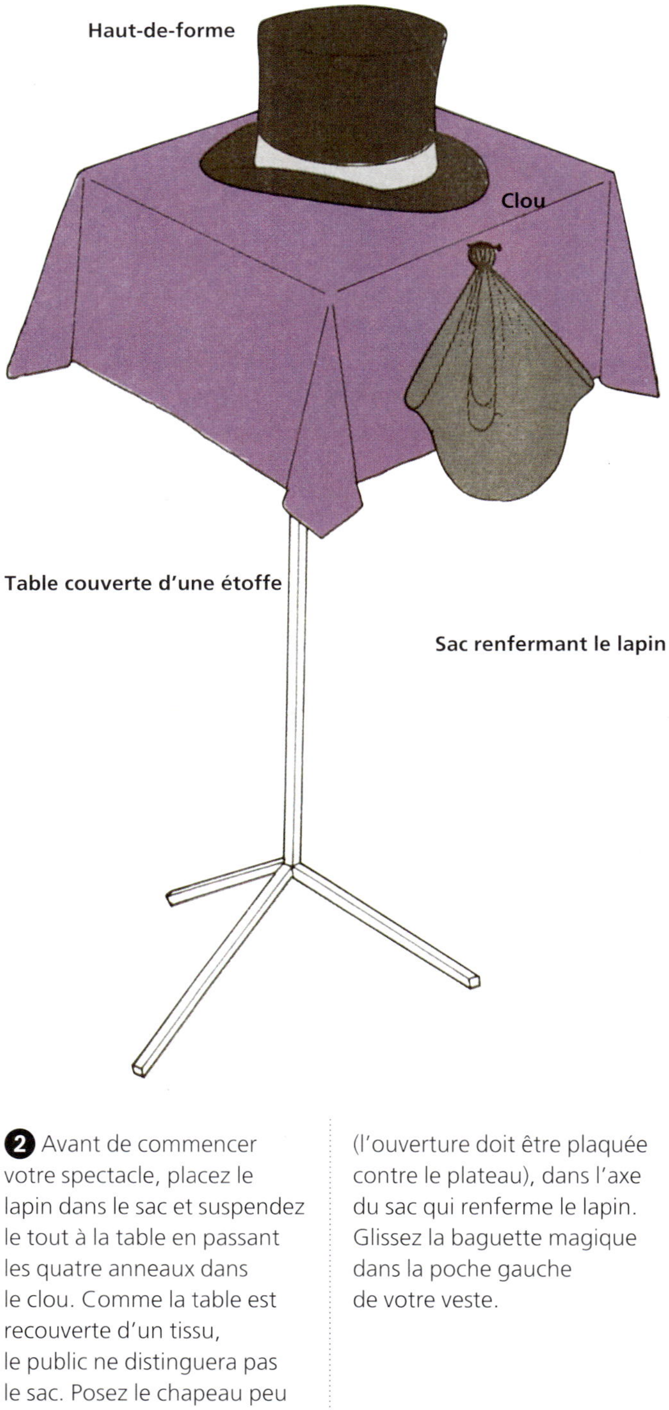

MATÉRIEL

1 LAPIN (ON EN TROUVE DE TOUTES TAILLES ET DE TOUTES RACES, MAIS ON PRÉFÉRERA LES PLUS PETITS, COMME LES LAPINS NAINS DES PAYS-BAS)

1 HAUT-DE-FORME (UN CHAPEAU CLAQUE, QUI PEUT SE REPLIER, OU UN CHAPEAU RIGIDE)

1 TABLE COUVERTE D'UNE ÉTOFFE (UN CLOU EST ENFONCÉ DANS LE REBORD INVISIBLE DU PUBLIC)

1 BAGUETTE MAGIQUE

1 SAC DESTINÉ AU CHARGEMENT DU LAPIN (VOIR ÉTAPE 1)

1 Le sac qui va contenir le lapin se compose d'un carré de tissu noir dont chaque pointe porte un anneau. La pièce de tissu doit être suffisamment grande pour qu'un lapin ne tombe pas lorsqu'on relève les quatre pointes pour former un balluchon.

2 Avant de commencer votre spectacle, placez le lapin dans le sac et suspendez le tout à la table en passant les quatre anneaux dans le clou. Comme la table est recouverte d'un tissu, le public ne distinguera pas le sac. Posez le chapeau peu ou prou au centre de la table (l'ouverture doit être plaquée contre le plateau), dans l'axe du sac qui renferme le lapin. Glissez la baguette magique dans la poche gauche de votre veste.

3 Retournez le chapeau de sorte que l'ouverture soit dirigée vers le haut, puis saisissez-le. La salle comprend ainsi que le chapeau est vide et qu'il ne cache aucun objet sur la table. Montrez-le à l'assistance en insistant bien sur le fait qu'il ne contient rien. Si vous utilisez un chapeau claque, repliez-le doucement pour donner une preuve supplémentaire de votre sincérité.

4 Reposez le chapeau sur la table comme précédemment, mais approchez-le un peu plus de vous. De la main gauche, sortez la baguette magique de votre poche et faites-lui décrire quelques arabesques dans les airs. Ce faisant, vous détournez l'attention du public et êtes libre d'utiliser votre main droite.

5 Pendant que les spectateurs gardent les yeux fixés sur votre baguette, soulevez le chapeau de la main droite pour y faire passer le lapin. Le mouvement doit s'accomplir avec rapidité et fluidité : soulevez le bord du chapeau (le plus proche de vous) tout en dégageant les anneaux du clou avec le pouce, de sorte que le sac s'ouvre directement au niveau du plateau, donc devant le chapeau. Contrairement à ce qu'on peut penser, le poids du lapin facilite considérablement l'opération.

6 Basculez totalement le chapeau puis, une fois le sac à l'intérieur, dégagez votre pouce des anneaux. Donnez un coup de baguette magique sur la bordure du chapeau. Le lapin peut alors en surgir, la pièce de tissu restant cachée au fond.

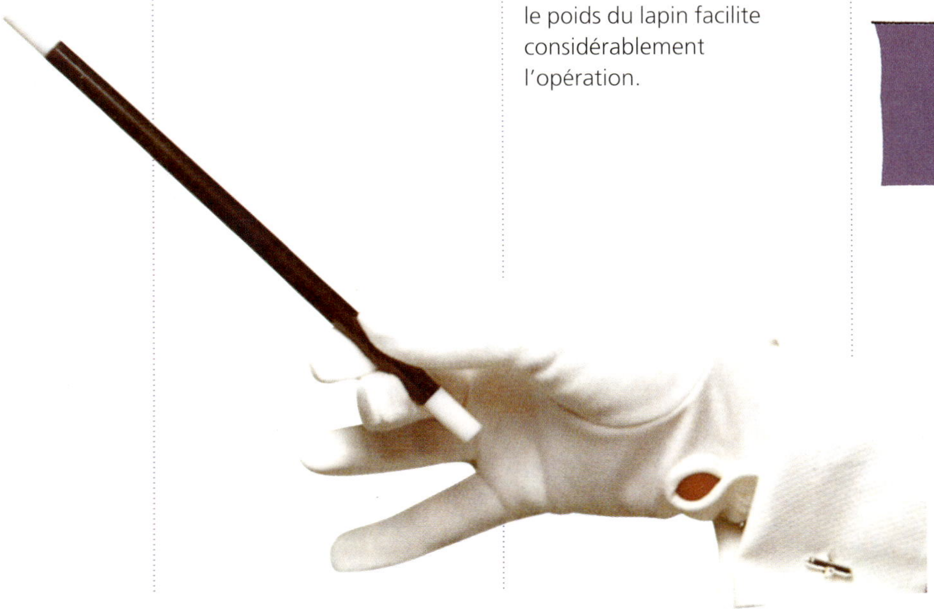

LE FAUX POUCE

DE TOUS LES ACCESSOIRES DE MAGIE, LE FAUX POUCE EST SANS DOUTE CELUI QUI AUTORISE LES MANIPULATIONS LES PLUS VARIÉES. VENDU DANS LES MAGASINS SPÉCIALISÉS, CE PETIT GADGET SE présente dans des formes, des tailles et des matières différentes. Il vous permettra de réussir vos tours aussi bien sur scène que dans un cadre plus intime.

L'UTILISATION DU FAUX POUCE

Le faux pouce s'ajuste au pouce droit comme au pouce gauche. Choisissez une taille et une couleur qui correspondent à celles de vos doigts. Il doit être à la fois assez étroit pour que vous vous sentiez à l'aise en le portant, et assez large pour que vous puissiez vous en défaire facilement et y glisser un petit mouchoir de soie.

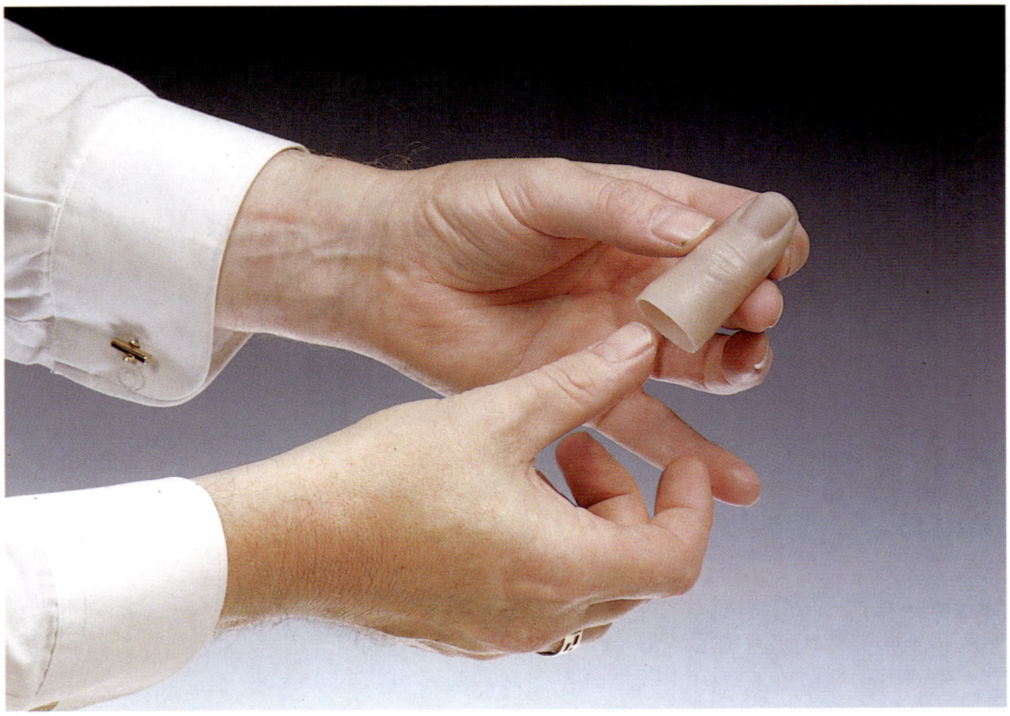

1 Le faux pouce doit s'ajuster aisément à votre pouce tout en laissant un espace suffisant pour y glisser, par exemple, un mouchoir de soie.

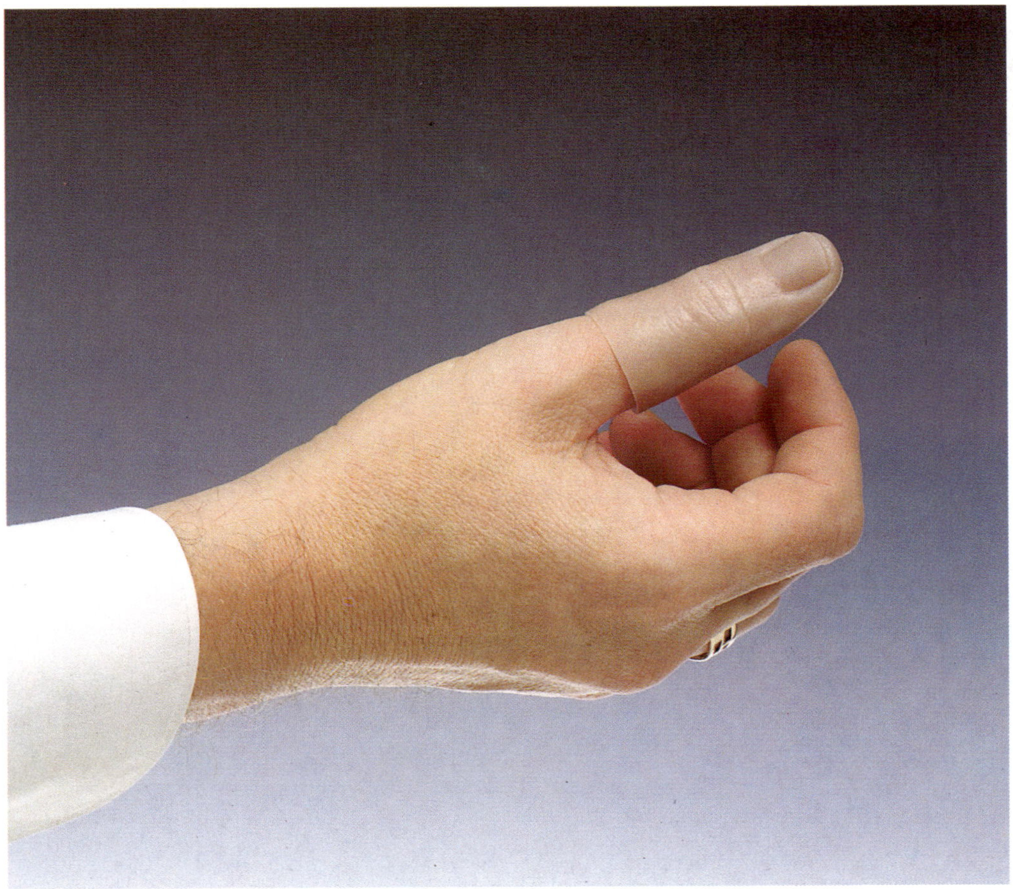

2 Assurez-vous que sa taille et sa couleur correspondent le plus possible à celles de vos doigts. Vous devez pouvoir l'enfiler et vous en défaire facilement. S'il est trop étroit, vous aurez du mal à en dégager votre pouce.

Présenter des mains vides

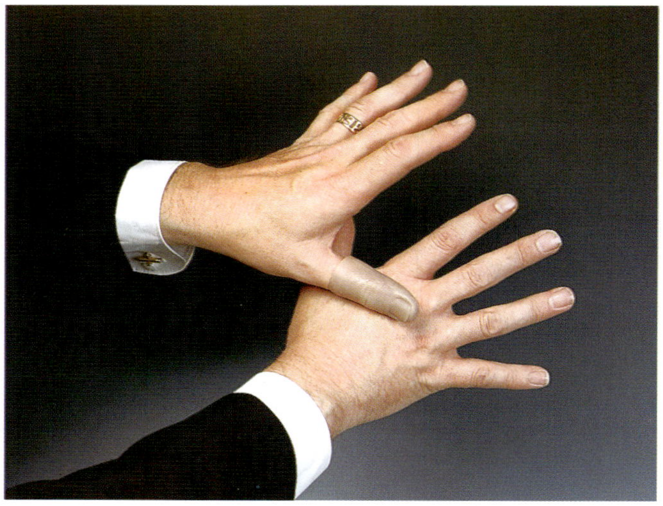

Vous voulez présenter des mains vides au public alors que vous portez le faux pouce à une main. En fait, vous allez vous arranger pour ne jamais exposer le faux pouce sur toute sa longueur.

❶ Dirigez les doigts et les pouces vers les spectateurs en vous assurant que seules leurs extrémités (dont celle du faux pouce) sont visibles. La jonction du faux pouce et du vrai pouce passe ainsi inaperçue.

❷ Si vous gardez les mains immobiles, dissimulez le pouce muni du faux pouce derrière la main opposée.

❸ Vues de la salle, vos mains ont l'air tout à fait normales.

Enfiler le faux pouce pendant le spectacle

Dans bien des cas, vous n'aurez besoin du faux pouce qu'après avoir commencé votre prestation. Il vous faudra donc l'enfiler sans que le public s'en aperçoive. Tout dépend de l'effet que vous voulez produire. La plupart du temps, vous placerez le faux pouce dans une poche de veste. Vous pouvez aussi le déposer dans un réceptacle et le passer discrètement lorsque vous saisirez le réceptacle en question pour accomplir votre tour. Bien sûr, si votre numéro débute par un exercice qui nécessite l'emploi du faux pouce, vous pouvez le porter dès votre entrée en scène.

L'ART DE PASSER LE SEL

LES MAGICIENS ONT TOUJOURS TRANSVASÉ DU SEL D'UNE MAIN À L'AUTRE GRÂCE AU FAUX POUCE. CET EFFET GARDE TOUT SON MYSTÈRE AUX YEUX DU PUBLIC, CAR L'EXÉCUTANT TRAVAILLE AVEC UN MATÉRIEL MINUSCULE ET NON AVEC DES ACCESSOIRES PLUS SUSPECTS, COMME LES MOUCHOIRS OU LES CIGARETTES.

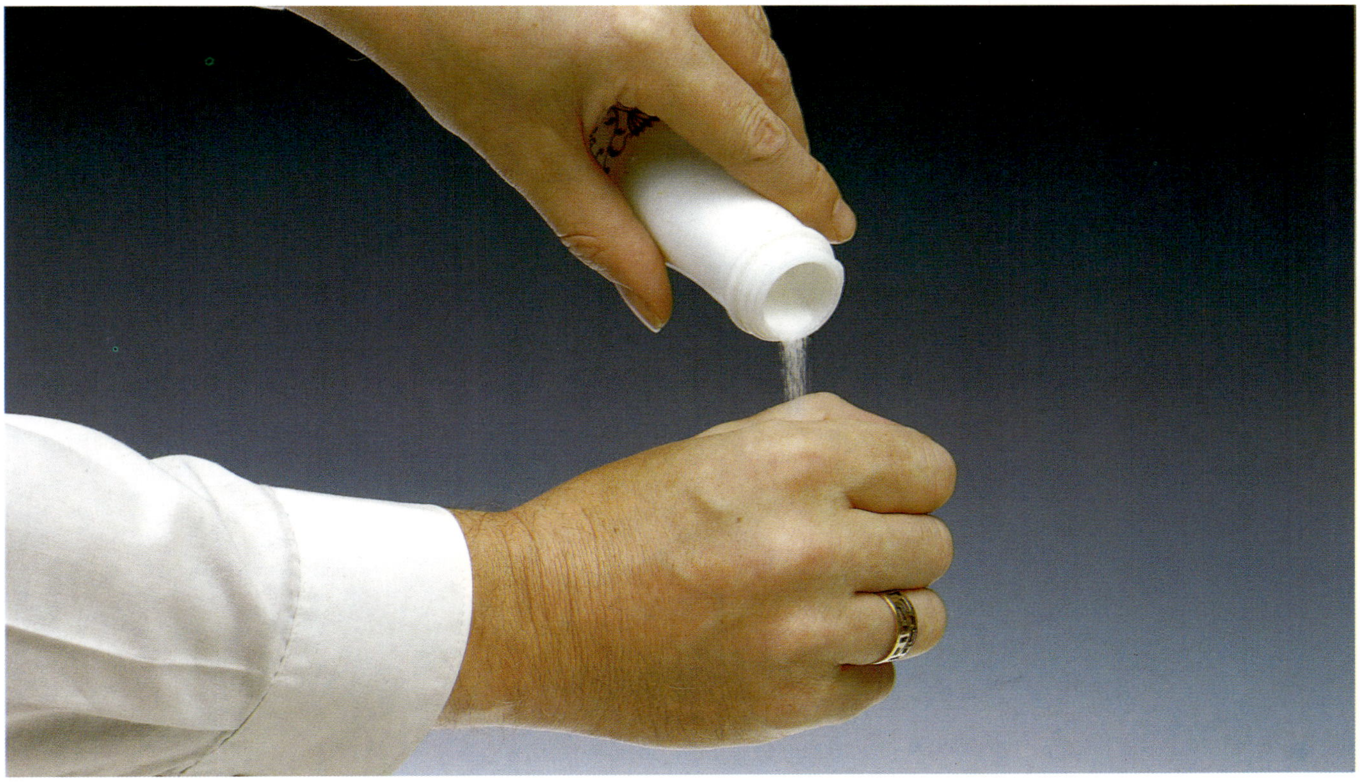

MATÉRIEL

1 FAUX POUCE
1 SALIÈRE EMPLIE DE SEL (CHOISISSEZ DE PRÉFÉRENCE UN MODÈLE À COUVERCLE VISSÉ)
1 BOL OU UN CENDRIER, EN VERRE

❶ Avant le spectacle, posez le faux pouce et la salière emplie de sel à l'arrière de votre table, derrière d'autres objets. Ces deux accessoires doivent rester invisibles du public.

❷ Présentez vos mains vides (à ce stade, vous ne portez pas encore le faux pouce). De la main gauche, saisissez la salière tout en enfilant discrètement le faux pouce. Placez la salière sur le devant de la table. De la main gauche, repliez les doigts de la main droite pour que celle-ci forme un poing. Ce faisant, glissez le faux pouce au creux de la paume droite. L'orifice du faux pouce doit être tourné vers le haut.

❸ Dévissez le couvercle de la salière et versez le sel dans votre poing droit (plus précisément, dans le faux pouce). Il convient de laisser assez d'espace pour y glisser votre pouce par la suite. Versez quelques grains sur vos doigts comme si le sel débordait. Enfoncez le pouce gauche dans le poing droit comme pour tasser le sel et profitez-en pour le glisser dans le faux pouce.

❹ Sortez le pouce gauche (coiffé du faux pouce) de votre poing droit. Montrez rapidement que votre main gauche est vide, puis refermez-la en poing. Aidez-vous des doigts pour coincer le faux pouce dans la paume et extraire le vrai pouce.

❺ Ouvrez la main droite en dépliant les doigts un par un et montrez que le sel a disparu.

❻ Retournez la main gauche au-dessus du bol ou du cendrier pour y vider le sel retenu dans le faux pouce. Refaites passer celui-ci sur le pouce gauche et concluez l'exercice en présentant vos deux mains vides.

FAIRE APPARAÎTRE UN MOUCHOIR

IL EST TRÈS FACILE DE FAIRE APPARAÎTRE ET DISPARAÎTRE UN MOUCHOIR LORSQU'ON PORTE UN FAUX POUCE. APRÈS AVOIR PRÉSENTÉ DES MAINS VIDES À LA SALLE, LE MAGICIEN EXTRAIT UN MOUCHOIR DE SON POING.

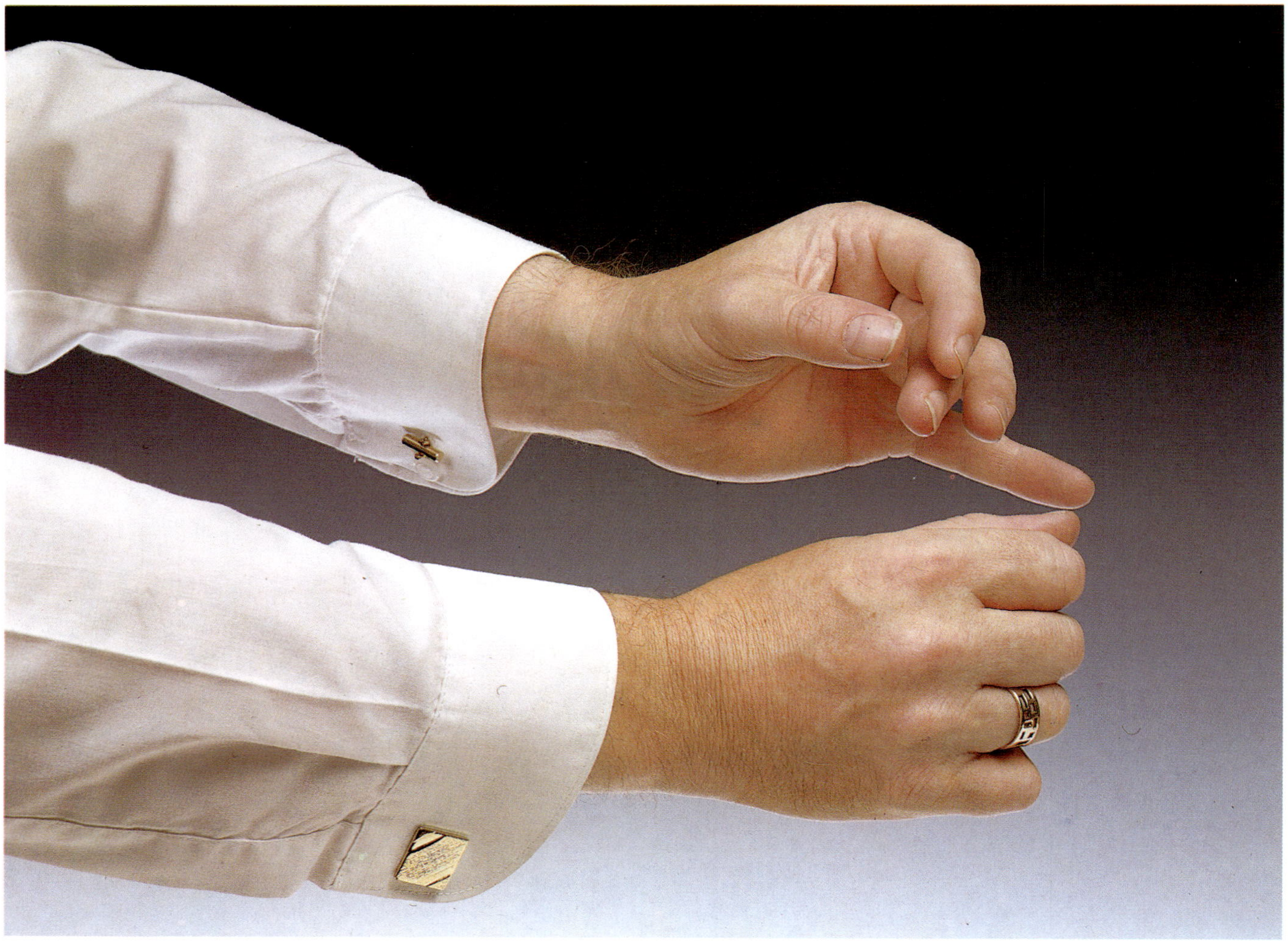

MATÉRIEL

1 FAUX POUCE

1 PETIT MOUCHOIR DE SOIE

1 Avant le spectacle, cachez le mouchoir dans le faux pouce. Veillez à diriger une de ses pointes vers l'orifice pour mieux pouvoir l'extraire du faux pouce. Glissez celui-ci à votre pouce droit (à supposer que vous soyez droitier).

2 Présentez des mains vides aux spectateurs (voir p. 146) tout en les distrayant par un commentaire habile. Agitez sans cesse les doigts et les mains. Soudain, de la main droite, faites le geste d'attraper quelque chose en l'air. Profitez-en pour replier votre pouce au creux de la main et le recouvrir de vos autres doigts, le tout formant un poing serré. Sortez-en votre vrai pouce, le faux restant bloqué dans la paume (l'orifice dirigé vers le haut).

3 Du pouce et de l'index gauche, extrayez délicatement le mouchoir du faux pouce.

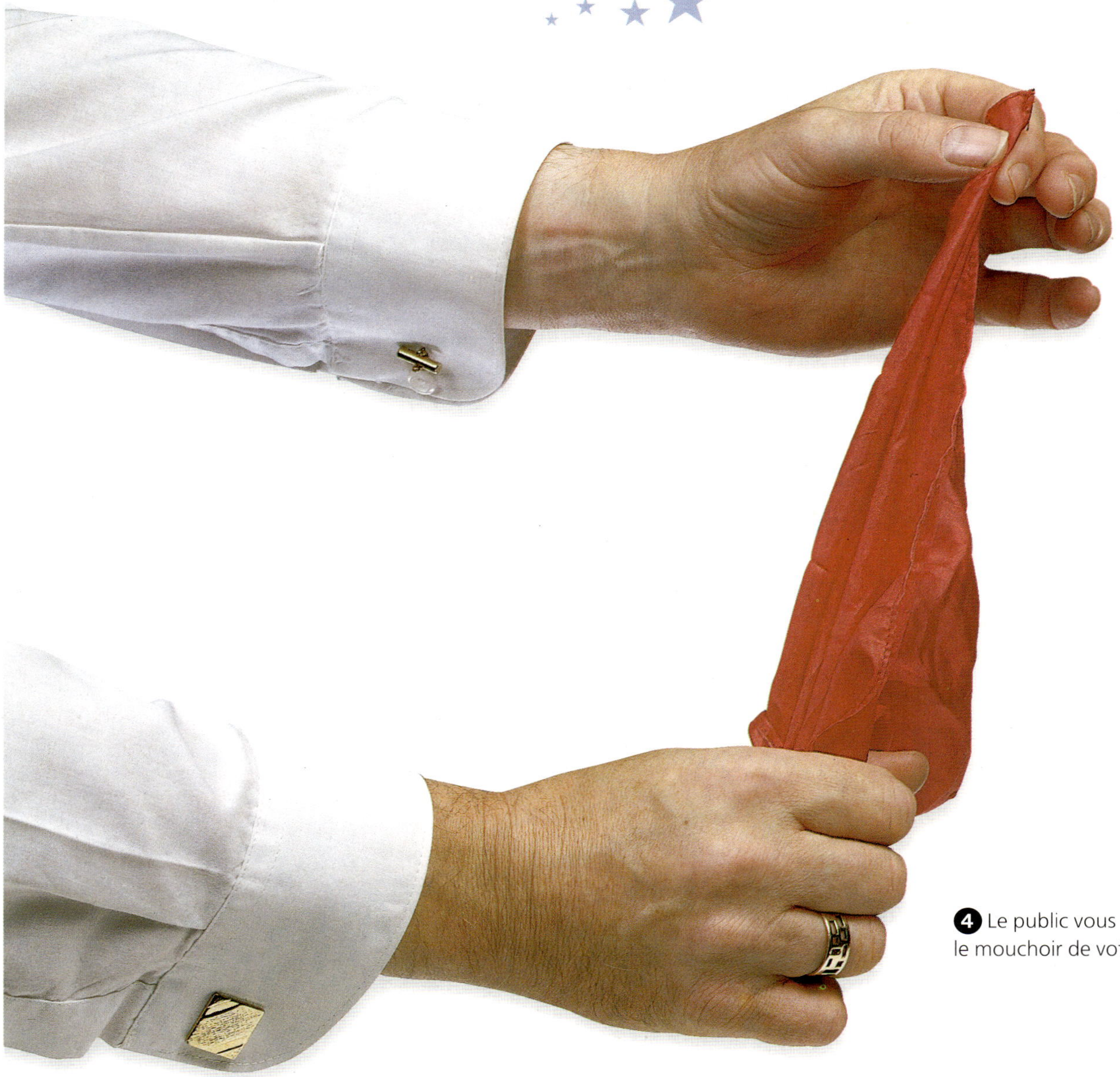

❹ Le public vous voit sortir le mouchoir de votre poing.

FAIRE DISPARAÎTRE UN MOUCHOIR

Cet exercice est aussi simple que le précédent. Vous pouvez avoir passé le faux pouce avant de commencer votre tour ou l'enfiler dans la poche où vous l'aurez caché.

❶ Présentez deux mains vides et repliez les doigts et le pouce de la main droite pour former un poing.

❷ Sortez le pouce du faux pouce et maintenez ce dernier dans votre poing. Enfoncez le mouchoir dans le faux pouce.

❸ Après quoi il vous est facile de glisser le pouce dans le faux pouce et de déplier les doigts des deux mains pour montrer que le mouchoir a bel et bien disparu.

SE DÉBARRASSER DU FAUX POUCE

Il existe deux façons de se débarrasser du faux pouce.

❶ Glissez le pouce dans le faux pouce après en avoir extrait le mouchoir. Le faux pouce retrouve ainsi son emplacement initial.

❷ Autre possibilité : vous pouvez glisser dans votre poche le mouchoir que vous venez d'extraire, et profiter de ce geste pour vous défaire du faux pouce. Cette seconde méthode est préférable à la première car elle vous permet de garder les mains libres en prévision de tours où le faux pouce n'intervient pas.

FAIRE DISPARAÎTRE UNE CIGARETTE ALLUMÉE

CE TOUR EST TRÈS PRISÉ DES ARTISTES QUI PRATIQUENT LA MAGIE RAPPROCHÉE. LE PUBLIC, QUANT À LUI, S'ÉTONNE TOUJOURS AUTANT DE VOIR UNE CIGARETTE ALLUMÉE DISPARAÎTRE DANS UN MOUCHOIR EMPRUNTÉ. SI VOUS N'ÊTES PAS SÛR DE TROUVER DES FUMEURS PARMI VOS SPECTATEURS, PRENEZ SOIN DE PRÉVOIR UNE CIGARETTE À DEMI CONSUMÉE AINSI QU'UNE BOÎTE D'ALLUMETTES, ET DE LES POSER SUR LA TABLE. PENDANT LE TOUR, VOUS N'AVEZ PAS À PRÉSENTER VOS MAINS VIDES CAR VOUS N'ÊTES PAS CENSÉ Y FAIRE APPARAÎTRE QUOI QUE CE SOIT. BOUGEZ-LES NATURELLEMENT, MAIS GARDEZ LE POUCE REPLIÉ POUR QUE LE FAUX POUCE RESTE INVISIBLE.

MATÉRIEL

1 FAUX POUCE

1 CIGARETTE À DEMI CONSUMÉE

1 BOÎTE D'ALLUMETTES

1 Avant de commencer le tour, assurez-vous d'avoir passé le faux pouce. Empruntez un grand mouchoir de poche à un spectateur pour prouver que vous n'utilisez pas de trucage et que votre accessoire aura une certaine valeur. Présentez ses deux côtés au public pour montrer qu'il est intact et que le tissu est de bonne qualité.

2 Enveloppez votre poing gauche dans le mouchoir. Servez-vous du pouce qui porte le faux pouce pour former le puits où vous allez plonger la cigarette. Enfoncez plusieurs fois le pouce droit dans le creux du poing gauche pour y faire un trou. Sortez le pouce droit en retenant le faux pouce à l'intérieur de votre poing.

❸ Plongez l'extrémité allumée de la cigarette dans le faux pouce de sorte que le public voie s'élever un filet de fumée. À ce stade du tour, vous pouvez émettre un commentaire en feignant de ne pas prendre garde à la fumée qui s'échappe du mouchoir.

❹ Les rires du public vont attirer votre attention sur le mouchoir « en feu ». Du pouce, écrasez la cigarette à plusieurs reprises et profitez-en pour repasser discrètement le faux pouce.

❺ Présentez le mouchoir à la salle en plaçant les deux pouces derrière ses pointes supérieures. Faites-le circuler pour que l'assistance s'aperçoive qu'il est intact et rendez-le ensuite à son propriétaire. Si vous le souhaitez, débarrassez-vous du faux pouce en le glissant dans votre poche au moment où vous y rangez la boîte d'allumettes.

Note : les enfants doivent exécuter ce tour sous la surveillance d'un adulte.

LE MOUCHOIR BRÛLÉ ET RECONSTITUÉ

COMME LE PRÉCÉDENT, CET EXERCICE A POUR BUT DE FAIRE BRÛLER UN MOUCHOIR ET DE LE RESTITUER INTACT À SON PROPRIÉTAIRE. IL FAIT ÉGALEMENT APPEL AU FAUX POUCE.

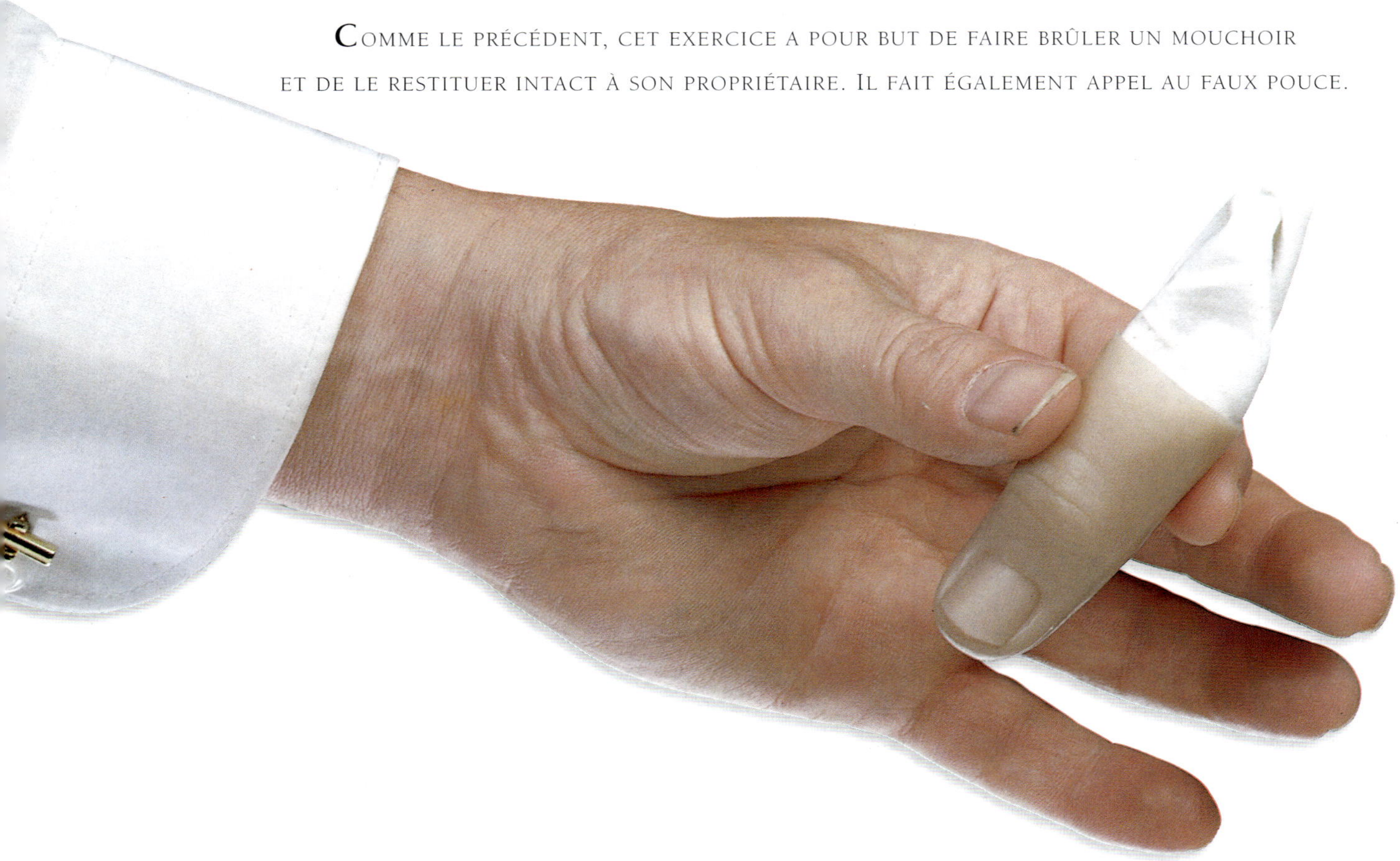

MATÉRIEL

1 FAUX POUCE
1 BRIQUET OU
1 BOÎTE D'ALLUMETTES
1 PETIT MORCEAU DE TISSU PROVENANT D'UN MOUCHOIR BLANC

Note : les enfants doivent exécuter ce tour sous la surveillance d'un adulte.

❶ Réunissez les quatre pointes du petit morceau de tissu. Cousez-les ou fixez-les ensemble avec un peu de bande adhésive transparente. Dissimulez le tissu dans le faux pouce en veillant à orienter les pointes vers le fond. Placez le faux pouce dans la poche droite de votre veste avec le briquet ou la boîte d'allumettes.

❷ Au début du tour, demandez à un spectateur de vous prêter un mouchoir. Celui-ci doit posséder un centre blanc et présenter un aspect identique à celui du morceau de tissu caché dans le faux pouce.

❸ Enveloppez votre poing gauche dans le mouchoir. Plongez la main droite dans votre poche pour y prendre le briquet ou la boîte d'allumettes. Ce faisant, glissez votre pouce dans le faux pouce. Distrayez votre public en expliquant que vous allez réaliser une expérience dans le but de prouver que seuls certains tissus brûlent.

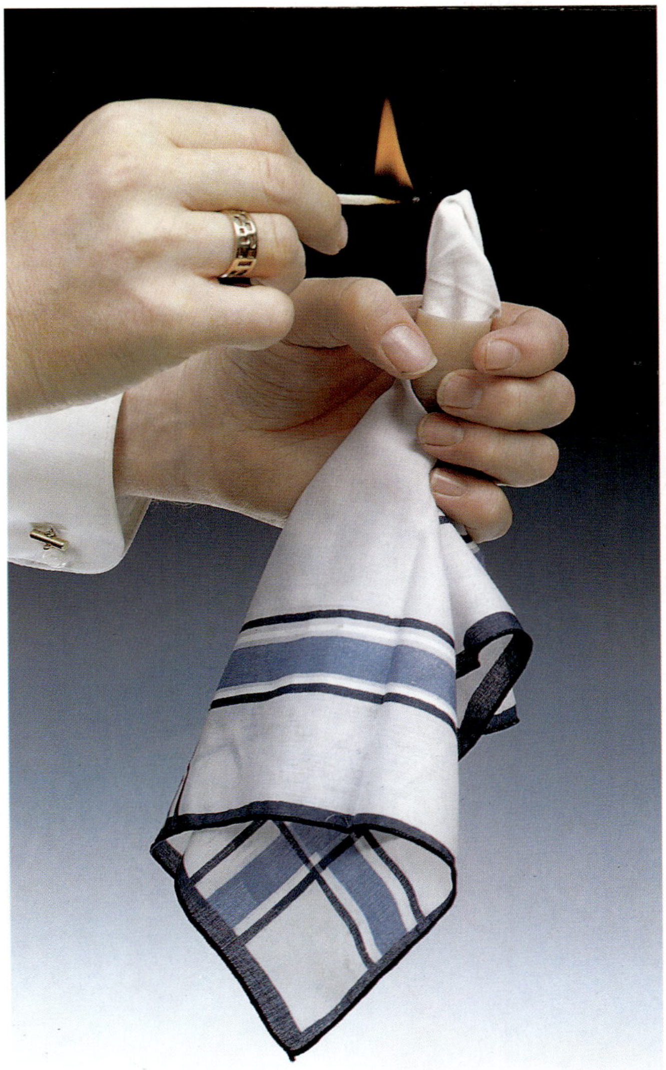

❹ Posez le briquet ou la boîte d'allumettes sur la table. Du pouce droit, enfoncez le mouchoir dans votre poing gauche et laissez-y votre faux pouce. Montrez que votre main droite est bien vide et saisissez le morceau de tissu qui pointe hors du faux pouce. Le public pense qu'il s'agit du centre du mouchoir emprunté. C'est ce tissu que vous allez enflammer.

❺ Allumez le briquet ou grattez une allumette, et passez rapidement la flamme au-dessus du mouchoir. Amenez-la alors au niveau du tissu qui pointe hors du faux pouce et agitez-la jusqu'à ce que le tissu prenne feu.

❻ Au début, faites comme si vous ne vous aperceviez de rien. Le public va croire que le centre du mouchoir emprunté brûle. Puis feignez de vous en alarmer et éteignez la flamme du pouce droit. À ce stade de l'opération, le morceau de tissu sera pratiquement réduit en cendres.

❼ Avant de l'extraire définitivement du poing gauche, glissez votre pouce droit dans le faux pouce. Ramassez le briquet ou la boîte d'allumettes et rangez-les dans votre poche, où vous vous débarrasserez également du faux pouce. Lorsqu'elle ressort de la poche droite, votre main droite est propre et vide.

❽ Fixez les yeux sur ce qu'on pense être un mouchoir brûlé et faites une passe magique au-dessus de lui. Dépliez-le lentement pour montrer qu'il est à présent reconstitué et rendez-le à son propriétaire.

Truc de métier

- Lors de cet exercice, il est bon d'avoir un cendrier à portée de main car le tissu peut projeter des flammèches en brûlant.

LE POUCE PASSE MURAILLE

UNE MATIÈRE EN TRAVERSE UNE AUTRE... VOICI UN TOUR QUI VA LAISSER VOTRE PUBLIC PANTOIS ! EN EFFET, VOUS PASSEZ LE POUCE À TRAVERS UN MOUCHOIR EMPRUNTÉ QUE VOUS RENDEZ INTACT À SON PROPRIÉTAIRE.

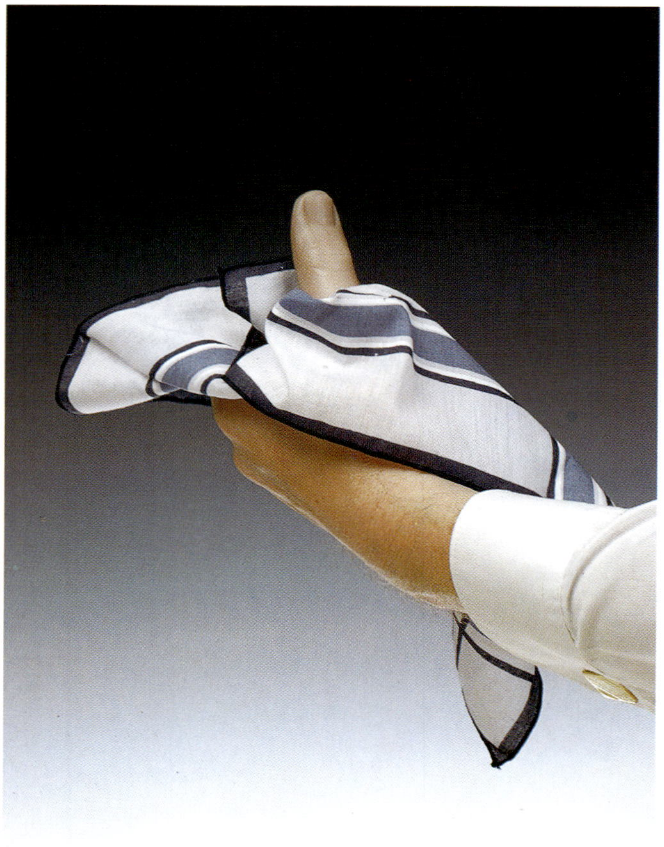

MATÉRIEL

1 FAUX POUCE

❶ Enfilez le faux pouce sur votre pouce droit avant le début du tour.

❷ Empruntez un mouchoir à un spectateur et expliquez ce qui va suivre : vous allez envelopper votre poing dans le mouchoir et y enfoncer le pouce droit. Joignez le geste à la parole et enfoncez le pouce droit (auquel est passé le faux pouce) dans le creux du poing gauche. Retirez-en le pouce et laissez-y le faux pouce.

❸ Enveloppez votre poing gauche dans le mouchoir et servez-vous du pouce droit pour faire un puits dans le tissu. Ce faisant, enfoncez le pouce et le centre du mouchoir dans le faux pouce.

❹ De la main droite, saisissez le mouchoir et montrez que le « pouce » a bel et bien traversé le mouchoir. Votre vrai pouce enveloppé de tissu sera parfaitement ajusté au faux pouce.

❺ Pour produire l'effet inverse, saisissez le faux pouce et le mouchoir de la main gauche, puis dégagez le tout. Agitez la main droite pour que le public ne remarque pas que, de la main gauche, vous glissez le mouchoir et le faux pouce dans la poche gauche de votre veste. Sortez-en le mouchoir et montrez-le aux spectateurs pour qu'ils constatent qu'il est intact. Rendez-le ensuite à son propriétaire.

MAGIE RAPPROCHÉE

DE TOUTES LES BRANCHES DU GENRE, LA MAGIE RAPPROCHÉE COMPTE PARMI LES PLUS APPRÉCIÉES. ELLE PERMET AUX AMATEURS ET AUX SEMI-PROFESSIONNELS DE SE PRODUIRE LORS de soirées improvisées ou de petites réunions mondaines. Elle fait appel à des accessoires on ne peut plus quotidiens : allumettes, pièces de monnaie, clés, couteaux... Le spécialiste de magie rapprochée doit accepter d'exécuter un numéro à l'improviste et choisir avec soin les spectateurs qui vont y participer.

LA PIÈCE QUI TOMBE PILE

FAITES DE LAITON, D'ARGENT OU DE PLASTIQUE, LES PETITES BOÎTES « OKITO » SONT TRÈS PRISÉES DES AMATEURS DE MAGIE RAPPROCHÉE. MALHEUREUSEMENT, LA PLUPART D'ENTRE EUX UTILISENT CET ACCESSOIRE POUR ACCOMPLIR DES TOURS DÉPOURVUS D'ORIGINALITÉ. EN VOICI UN QUI REPOSE SUR UN EFFET PARTICULIÈREMENT NOVATEUR.

MATÉRIEL

1 BOÎTE À PILULES OU 1 RÉCEPTACLE ÉQUIPÉ D'1 COUVERCLE CLASSIQUE (NON VISSÉ), QUI PUISSE AUSSI S'AJUSTER AU FOND

1 Commencez par montrer la boîte à pilules au public. Demandez ensuite à quelqu'un de vous prêter une pièce de monnaie qui puisse être enfermée dans la boîte. Lorsque vous avez trouvé la bonne pièce, retournez-vous et invitez son propriétaire à la déposer dans la boîte, côté face vers le haut. Prévenez-le qu'il lui faudra se souvenir de l'année gravée sur la pièce. Pendant ce temps, restez retourné pour ne rien voir de l'opération. Demandez enfin au spectateur de reposer le couvercle sur la boîte.

2 De la main droite, prenez la boîte fermée. Agitez-la pour faire tinter la pièce et prouver ainsi qu'elle se trouve bien à l'intérieur.

3 Tout en tenant la boîte dans la main droite, légèrement repliée en coupe, soulevez le couvercle de la main gauche pour montrer que la pièce est toujours là. Annoncez alors que vous allez vous retourner pour être sûr de ne pas regarder la pièce pendant le tour. Mais avant de replacer le couvercle sur la boîte, renversez celle-ci dans la main droite, de sorte que le fond soit dirigé vers le haut. Toujours dissimulée par la boîte, la pièce repose à présent sur votre paume en vous présentant son côté pile.

4 De la main gauche, enfoncez le couvercle sur le fond de la boîte. Secouez celle-ci en la maintenant sur votre paume avec les doigts et le pouce de la main droite. Même ainsi placée, la pièce produira toujours un tintement. Faites légèrement basculer la boîte vers le public pour jeter un œil à la pièce. Il vous est alors facile de « deviner » l'année qui y est inscrite et de l'annoncer chiffre à chiffre. Le spectateur ne peut que confirmer vos dires.

5 Vous voilà prêt à présenter la seconde partie du tour. De la main gauche, saisissez la boîte posée à l'envers tout en retournant la main droite pour y empaumer la pièce.

6 Posez la boîte sur le haut de votre poing droit, à l'intérieur duquel vous cachez la pièce. De la main gauche, donnez une petite tape sur la boîte et laissez la pièce tomber de la main droite sur la table. Vous venez de produire un effet de pénétration.

7 Prenez la boîte de la main gauche et lancez-la sur la table de sorte que le couvercle se sépare du fond. Faites ensuite circuler l'ensemble parmi les spectateurs pour qu'ils l'examinent.

Boîte à pilules équipée d'un couvercle non vissé

Le couvercle s'ajuste également au fond de la boîte

Après avoir placé le couvercle sur le fond de la boîte, vous pouvez faire basculer celle-ci pour entrevoir la pièce

LA CORDE RAIDE

CE TOUR AUX ALLURES EXOTIQUES DOIT BEAUCOUP À UN CLASSIQUE DE LA MAGIE : « LA CORDE INDIENNE ». IL EST D'UNE SIMPLICITÉ ENFANTINE. UNE CORDE DONT L'EXTRÉMITÉ REPOSE SUR VOTRE INDEX SE TEND COMME PAR MAGIE... À LA FIN DE L'EXERCICE, ELLE RETROUVE SA SOUPLESSE D'ORIGINE.

MATÉRIEL

1 CORDE SOUPLE BLANCHE
1 FIL DE COTON COULEUR CHAIR

1 Avant de commencer le tour, fixez une petite boucle de coton couleur chair à une extrémité de la corde.

2 De la main droite, présentez la corde en cachant la boucle de coton.

3 Glissez l'index gauche dans la boucle et tendez le bras droit pour raidir la corde, dont vous tenez l'autre extrémité. De fait, elle semble se rigidifier. Gardez le même écart entre vos deux mains pour que la corde reste bien tendue.

4 Pour conclure, dégagez l'index gauche de la boucle et redonnez ainsi à la corde sa souplesse initiale.

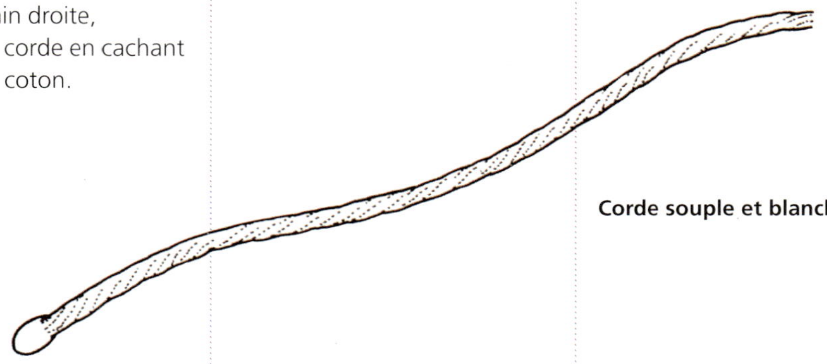

Corde souple et blanche

Boucle de fil couleur chair fixée à une extrémité

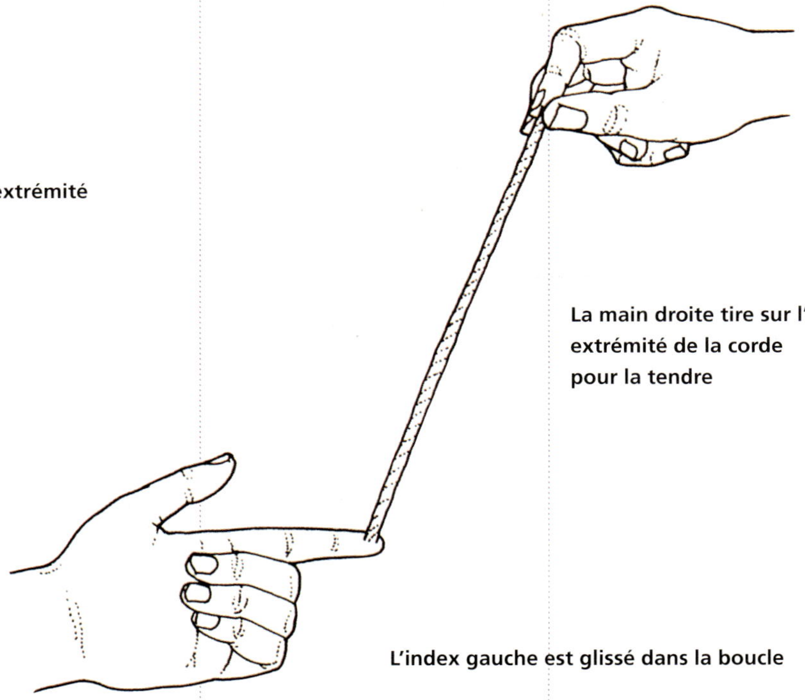

La main droite tire sur l'autre extrémité de la corde pour la tendre

L'index gauche est glissé dans la boucle

LES ALLUMETTES BRÛLÉES

POUR RÉALISER CE TOUR, PROCUREZ-VOUS UNE SIMPLE BOÎTE D'ALLUMETTES ET EFFECTUEZ UNE PETITE PRÉPARATION. VIDEZ ENSUITE LA BOÎTE ET MONTREZ QU'IL Y RESTAIT QUATRE ALLUMETTES. REMETTEZ-EN TROIS À L'INTÉRIEUR. GRATTEZ LA QUATRIÈME ET PROMENEZ-LA AUTOUR DE LA BOÎTE. LORSQUE VOUS ROUVREZ CELLE-CI, TOUTES LES ALLUMETTES ONT BRÛLÉ.

MATÉRIEL

1 BOÎTE D'ALLUMETTES VIDE
4 ALLUMETTES INTACTES
3 ALLUMETTES DÉJÀ UTILISÉES

Note : les enfants doivent exécuter ce tour sous la surveillance d'un adulte.

❶ Préparez la boîte en découpant une fente sur une extrémité de la partie interne. Coincez les trois allumettes déjà utilisées entre la partie interne et la partie externe. Laissez la boîte ouverte et placez-y les quatre allumettes intactes.

❷ Présentez la boîte ouverte et faites tomber les quatre allumettes intactes sur la table. Montrez que la boîte est totalement vide.

❸ Remettez trois des quatre allumettes dans la boîte et placez la quatrième dans une poche. Prenez la boîte dans la main gauche et penchez-la pour que les trois allumettes intactes glissent par la fente et tombent dans votre main.

❹ Fermez la boîte. Les trois allumettes coincées entre la partie externe et la partie interne tombent automatiquement dans cette dernière.

❺ Mettez la main gauche à la poche pour en extraire l'allumette restante. Ce faisant, laissez-y tomber deux des trois allumettes que vous avez empaumées et sortez la dernière.

❻ Grattez cette allumette intacte contre la boîte et promenez-la tout autour. Ouvrez la boîte et videz son contenu sur la table. Elle renfermait trois allumettes déjà utilisées.

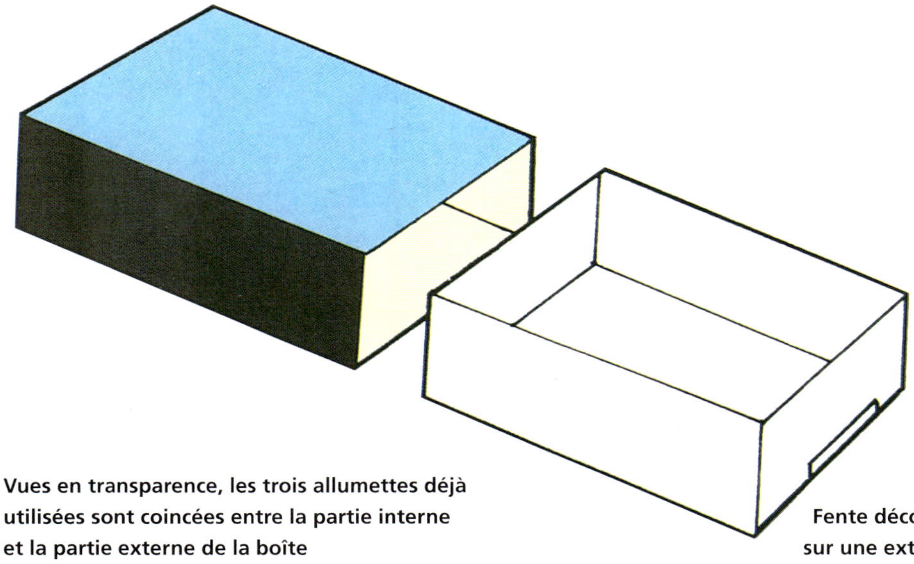

Vues en transparence, les trois allumettes déjà utilisées sont coincées entre la partie interne et la partie externe de la boîte

Fente découpée sur une extrémité de la partie interne

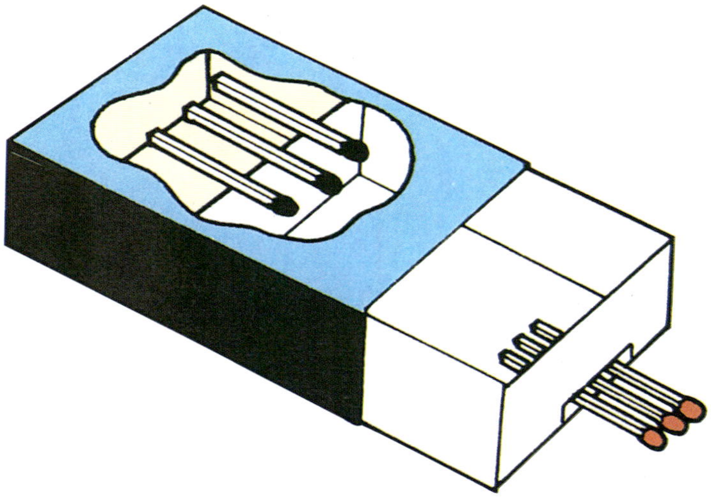

Les trois allumettes intactes s'échappent par la fente

LA POCHETTE SURPRISE

POUR RÉALISER CE TOUR, SEULE UNE POCHETTE D'ALLUMETTES EST NÉCESSAIRE. VOUS MONTREZ À UN PETIT GROUPE UNE POCHETTE INTACTE, VOUS Y PRENEZ UNE ALLUMETTE, VOUS LA GRATTEZ ET VOUS LA PROMENEZ AUTOUR DE LA POCHETTE. QUAND VOUS ROUVREZ CELLE-CI, L'ASSISTANCE CONSTATE QU'UNE ALLUMETTE UTILISÉE VOISINE AVEC LES ALLUMETTES INTACTES.

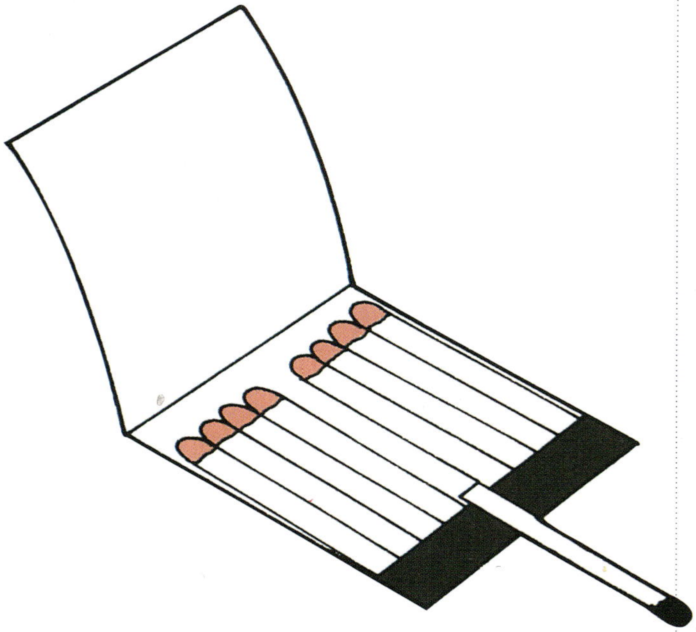

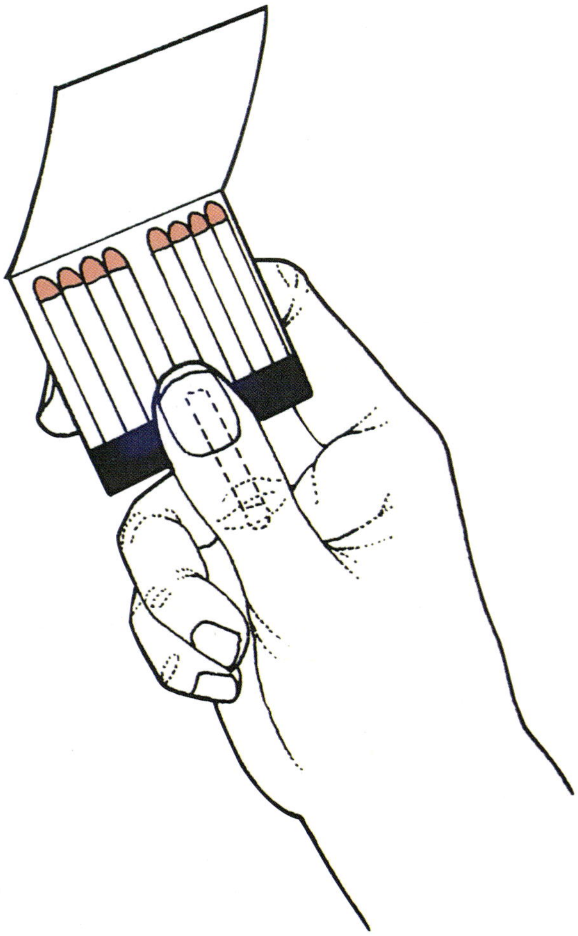

MATÉRIEL

1 POCHETTE D'ALLUMETTES

Note : les enfants doivent exécuter ce tour sous la surveillance d'un adulte.

❶ Avant de vous produire, repliez une allumette en veillant à ne pas la détacher du lot. Grattez-la et éteignez immédiatement la flamme. Glissez la pochette ouverte dans la poche droite de votre veste.

❷ Le moment venu, prenez la pochette de la main droite et maintenez-la par le bas, de sorte que votre pouce couvre l'allumette repliée.

❸ De la main gauche, détachez une allumette intacte et grattez-la.

❹ Refermez la pochette d'avant en arrière en redressant doucement l'allumette utilisée pour la replacer parmi les autres.

❺ Promenez l'allumette allumée autour de la pochette. Ouvrez celle-ci pour montrer qu'une allumette utilisée se trouve désormais parmi les allumettes intactes.

PAIR OU IMPAIR

CE TOUR CONVIENT PARFAITEMENT AUX AMATEURS DE MAGIE RAPPROCHÉE. IL IMPLIQUE LA PARTICIPATION D'UN SPECTATEUR. QUEL QUE SOIT SON CHOIX, VOUS DONNEREZ TOUJOURS LA BONNE RÉPONSE ET SUSCITEREZ AINSI LA PERPLEXITÉ DE VOTRE PUBLIC.

MATÉRIEL

1 BOÎTE D'ALLUMETTES

19 ALLUMETTES

❶ Avant le spectacle, préparez votre tour en plaçant sept allumettes dans la boîte : six dans le sens de la longueur et une coincée en diagonale. Si vous retournez la partie interne de la boîte, elles doivent rester en place sans tomber. Posez les douze allumettes restantes sur les sept premières et refermez la boîte. Vous voilà prêt à commencer l'exercice.

❷ Posez la boîte préparée sur la table, de sorte qu'elle soit visible pendant que vous exécutez vos autres tours. De même, les spectateurs ne doivent pas cesser de la voir pendant toute la durée de l'exercice. Annoncez que vous pouvez indifféremment leur donner tort ou raison et que vous allez même parier contre un volontaire. Expliquez que la boîte peut contenir des allumettes en nombre pair ou impair et que, quel que soit le choix du volontaire, vous allez le contredire.

❸ Demandez à quelqu'un de dire s'il pense que la boîte contient des allumettes en nombre pair ou impair.

❹ Si cette personne parie sur un nombre impair, sortez la partie interne de la boîte et retournez-la pour faire tomber son contenu. Seules les douze allumettes du dessus vont tomber sur la table. Refermez la boîte et comptez les allumettes pour prouver que le spectateur a tort.

❺ S'il parie sur un nombre pair, exercez une légère pression sur les côtés de la boîte pour dégager l'allumette coincée en diagonale. Renversez la partie interne et comptez les dix-neuf allumettes tombées sur la table. Là encore, le volontaire a tort.

LA CARTE DU MILIEU

CE TOUR PEUT ÊTRE EXÉCUTÉ À L'IMPROVISTE, EN TOUTES CIRCONSTANCES ET PAR UNE PERSONNE TOTALEMENT DÉNUÉE DE DEXTÉRITÉ. SI VOUS L'ESSAYEZ PAR VOUS-MÊME, VOUS CONSTATEREZ QUE LA CARTE DU MILIEU EST BIEN LA ROUGE LORSQUE L'ALIGNEMENT SE PRÉSENTE FACE EN HAUT, MAIS QU'IL N'EN EST PLUS RIEN LORSQUE VOUS LE RETOURNEZ. LES SPECTATEURS AURONT BEAU ESSAYER, ILS NE PARVIENDRONT JAMAIS À LOCALISER LA CARTE DU MILIEU.

MATÉRIEL

2 PAIRES DE CARTES NOIRES DE JEUX IDENTIQUES
1 CARTE ROUGE D'UN DE CES JEUX
1 TROMBONE

❶ Alignez les cartes de gauche à droite en commençant par la première paire. Collez chacune sur la précédente en la recouvrant environ aux deux tiers. Placez la carte rouge (il s'agit ici du roi de cœur) au milieu des autres. Une fois collées les unes sur les autres, les cartes peuvent se manipuler comme un tout. Faites toujours croire qu'elles sont indépendantes.

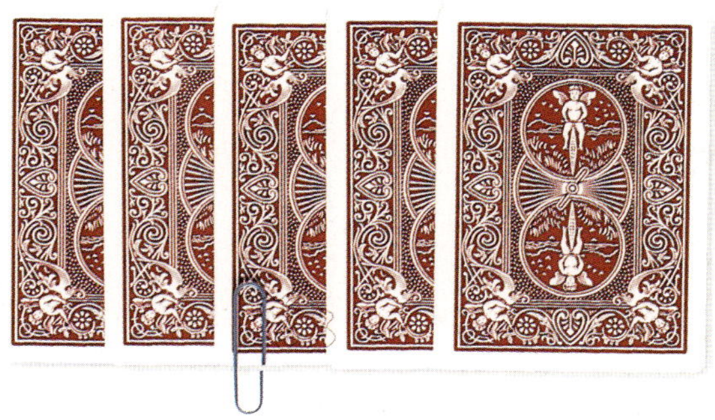

❷ Retournez l'ensemble et demandez à un volontaire de glisser le trombone sur le roi de cœur. Ici, le trombone apparaît à l'endroit choisi par tout le monde.

❸ Retournez à nouveau l'ensemble de sorte que les cartes se présentent face en haut. On constate que le spectateur a glissé le trombone sur la première carte et non sur celle du milieu.

LE DÉ SANS TACHES

CET EXERCICE SE PRÊTE À MERVEILLE AUX SPECTACLES DE MAGIE RAPPROCHÉE. L'EXÉCUTANT PRÉSENTE UN CUBE PEINT EN NOIR ET PRÉTEND QU'IL S'AGIT D'UN DÉ DONT LES TACHES ONT DISPARU. IL SAISIT UNE BANDE DE PAPIER BLANC, LA PLIE EN ACCORDÉON, LA POSE SUR LE CUBE ET RECOUVRE LE TOUT. IL MANIPULE UNE PAIRE DE CISEAUX ET AFFIRME DÉCOUPER AINSI DES TACHES DANS LA BANDE DE PAPIER. APRÈS AVOIR DÉCOUVERT LE CUBE, IL DÉPLIE LA BANDE, QUI PRÉSENTE UNE SÉRIE DE TROUS RONDS. LE CUBE, QUANT À LUI, SE RETROUVE COUVERT DE TACHES BLANCHES, COMME UN ÉNORME DÉ.

MATÉRIEL

1 CUBE INTERNE NOIR, COUVERT DE TACHES À LA MANIÈRE D'UN GROS DÉ
1 COQUE INTERNE NOIRE
1 BANDE DE PAPIER BLANC PLIÉE OÙ SONT DÉCOUPÉS DES RONDS
1 BANDE DE PAPIER BLANC DE MÊME FORMAT QUE LA PRÉCÉDENTE
1 COQUE EXTERNE ROUGE

1 La coque interne est une sorte de boîte ouverte sur un côté, qui s'ajuste parfaitement au cube tacheté. Elle doit être peinte en noir à l'extérieur comme à l'intérieur. La coque externe présente le même aspect, à cette différence près qu'elle doit être peinte en rouge. Elle doit s'ajuster à l'ensemble composé du cube tacheté recouvert de la coque interne.

❷ Posez le cube tacheté sur une table, une assiette ou un plateau. Placez au-dessus la bande de papier pliée où sont découpés des ronds et couvrez le tout de la coque interne, de sorte qu'on pense voir un cube entièrement noir.
Posez la coque externe et la bande de papier non pliée à proximité.

❸ Présentez le cube noir au public. Montrez ensuite la bande de papier blanc, pliez-la en accordéon et posez-la au-dessus. Couvrez le tout de la coque externe rouge.

❹ Donnez quelques coups de ciseaux dans le vide au-dessus de la coque rouge. Soulevez cette dernière en même temps que la coque interne – la bande pliée se trouve entre les deux – et faites apparaître le cube tacheté de blanc. Dépliez la bande placée au-dessus pour montrer les ronds qui y sont découpés.

LA CARTE DOMINO

BIEN QU'IL SEMBLE S'APPARENTER À LA MAGIE MENTALE, CE TOUR RELÈVE VÉRITABLEMENT DE LA MAGIE RAPPROCHÉE. IL PROVOQUE IMMANQUABLEMENT LA STUPÉFACTION DE L'ASSISTANCE, QUI DOIT PARTICIPER À SA RÉALISATION. POUR RENFORCER L'EFFET, EMPRUNTEZ UN JEU AU LIEU D'UTILISER LE VÔTRE.

MATÉRIEL

1 JEU DE CARTES
1 JEU DE DOMINOS
1 ENVELOPPE
1 MORCEAU DE CARTON OU DE PAPIER
1 CRAYON OU 1 STYLO

❶ Avant de vous présenter au public, sortez un domino du jeu (par exemple, le trois-deux). Ces numéros doivent apparaître en bout de chaîne à la fin de la partie. Vous connaîtrez ainsi le total (en l'occurrence : 5) et l'emplacement de la carte à deviner.

❷ Au début du tour, présentez le jeu de cartes et battez-le. Tendez-le à un spectateur et demandez-lui d'y choisir douze cartes, puis de les aligner face en haut. Notez l'identité de la cinquième carte.

❸ Éparpillez les dominos, points noirs visibles, sur la table. Demandez à un autre volontaire d'en faire une partie avec vous, chacun se plaçant en bout de chaîne. Comme vous avez retiré le trois-deux du jeu, la chaîne se terminera par un trois et un deux.

❹ Pendant la partie, prenez un morceau de carton et inscrivez-y les deux chiffres de la fin de chaîne (en l'occurrence, le trois et le deux) ainsi que l'identité de la carte que vous avez repérée en cinquième position. Glissez le carton dans une enveloppe, cachetez-la et confiez le tout à un troisième spectateur.

❺ Lorsque le deuxième volontaire a fini la partie, demandez-lui d'additionner les deux derniers chiffres et d'annoncer le total (vous savez qu'il s'agit de 5).

❻ Proposez alors au spectateur qui a aligné ses douze cartes de nommer celle qui occupe la cinquième position.

❼ Reprenez l'enveloppe au troisième volontaire et décachetez-la. Sortez-en le carton, lisez à voix haute les numéros de fin de chaîne et donnez l'identité de la carte librement choisie parmi douze autres, elles-mêmes librement choisies dans un jeu de cinquante-deux.

LA CLÉ DU MYSTÈRE

UNE SIMPLE CLÉ EST NÉCESSAIRE À LA RÉALISATION DE CET EFFET DE MAGIE RAPPROCHÉE. PRÉSENTEZ-LA SUR UN ANNEAU PORTE-CLÉ, PUIS DÉTACHEZ-LA ET DONNEZ-LA À UN SPECTATEUR QUI CONTRIBUERA À LA FAIRE DISPARAÎTRE D'UN MOUCHOIR DE POCHE. ELLE RÉAPPARAÎTRA ENSUITE SUR SON ANNEAU.

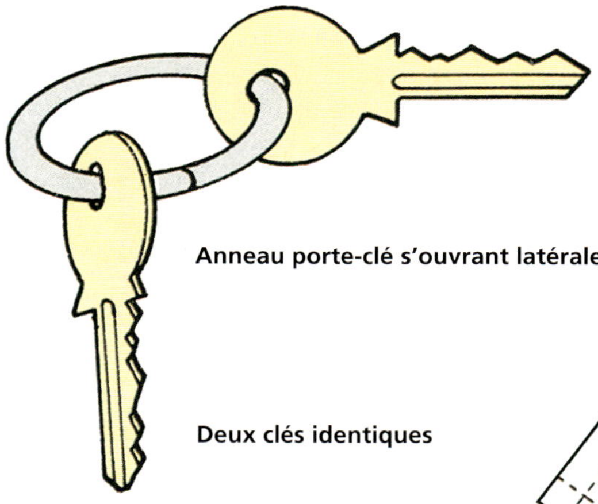

Anneau porte-clé s'ouvrant latéralement

Deux clés identiques

Clé cousue dans l'ourlet du mouchoir

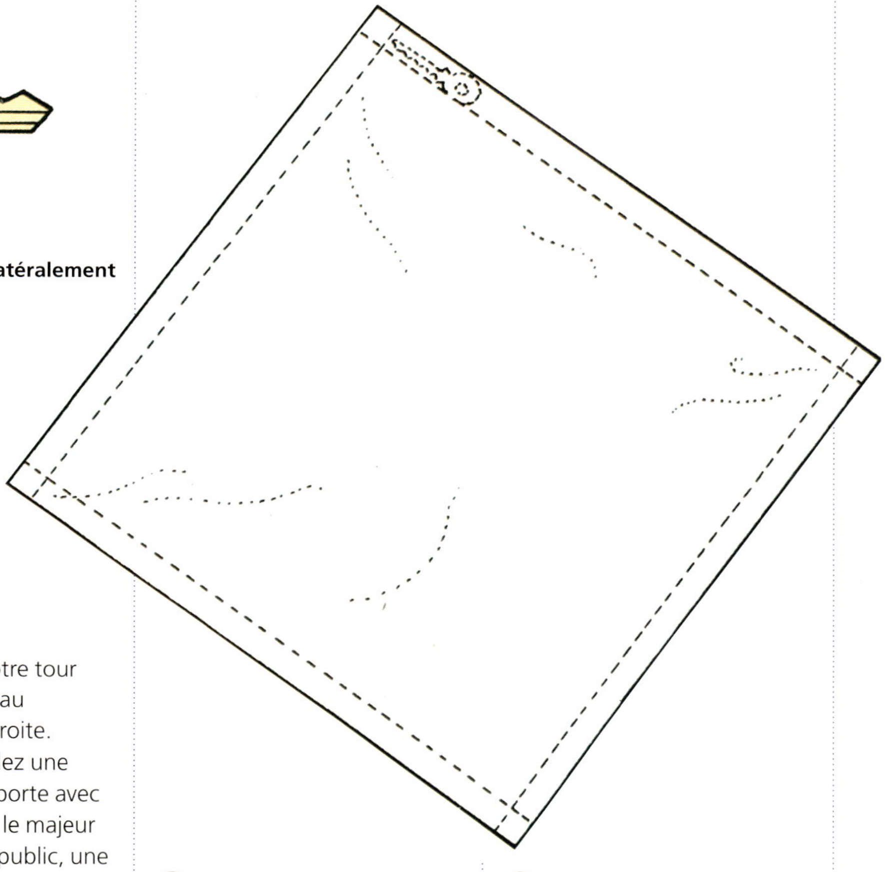

MATÉRIEL

3 CLÉS IDENTIQUES

1 ANNEAU PORTE-CLÉ S'OUVRANT LATÉRALEMENT

2 MOUCHOIRS DE POCHE (VOIR ÉTAPE 1)

❶ Cousez une clé dans l'ourlet d'un mouchoir et passez les deux autres dans l'anneau. Mettez le mouchoir préparé ainsi que l'anneau et ses deux clés dans la poche droite de votre veste. Glissez l'autre mouchoir dans la poche gauche.

❷ Commencez votre tour en saisissant l'anneau dans votre poche droite. Ce faisant, dissimulez une des deux clés qu'il porte avec le pouce, l'index et le majeur droit. Aux yeux du public, une seule clé y est passée.

❸ Demandez à un spectateur d'ouvrir l'anneau et d'en sortir la clé.

❹ De la main gauche, prenez le mouchoir intact dans votre poche gauche. Tout en continuant à cacher la deuxième clé, placez l'anneau sur le mouchoir et rassemblez ses quatre pointes pour en faire un petit balluchon. Tendez-le à un autre volontaire et demandez-lui de le tenir par les pointes.

❺ De la main droite, sortez le mouchoir préparé de votre poche droite. Reprenez la clé conservée par le premier spectateur et faites semblant de la poser pointe en haut sous le mouchoir dans la main gauche. En réalité, empaumez-la dans la main droite tout en relevant de la main gauche la clé cousue dans l'ourlet du mouchoir. Demandez à quelqu'un de la toucher à travers le tissu. Déposez ensuite dans votre poche droite la clé empaumée.

❻ Vous voilà prêt à effectuer la transformation. Saisissez le mouchoir par une pointe et montrez que la clé a disparu. Présentez le mouchoir à la salle.

❼ Demandez au volontaire qui tient le mouchoir de le déplier. La clé « disparue » y a réapparu, à présent passée à l'anneau.

TOURS DE MAGIE DIVERS

CE CHAPITRE PRÉSENTE DES TOURS QUI FONT APPEL À TOUTES SORTES D'ACCESSOIRES ET N'APPARTIENNENT À AUCUNE BRANCHE PARTICULIÈRE DE LA MAGIE. SPÉCIALEMENT CONÇUS POUR CE LIVRE, CERTAINS D'ENTRE EUX ne seront connus que de vous. Étudiez donc les pages qui suivent pour découvrir celui que vous pourrez inclure à votre numéro.

LE VENTILATEUR MAGIQUE

CE TOUR DE CARTES PRODUIT AUTANT D'EFFET SUR SCÈNE QUE DANS UN CADRE INTIME. TROIS SPECTATEURS CHOISISSENT CHACUN UNE CARTE DIFFÉRENTE. DEPUIS LE DÉBUT DE L'EXERCICE, UN VENTILATEUR TOURNE À PLEIN RÉGIME SUR UNE TABLE VOISINE. UNE FOIS ÉTEINT, IL FAIT LENTEMENT APPARAÎTRE LES CARTES EN QUESTION, CHACUNE ÉTANT COLLÉE SUR UNE HÉLICE.

MATÉRIEL

1 VENTILATEUR ÉLECTRIQUE PUISSANT
3 CARTES MINIATURES D'UN JEU DE PATIENCE
1 JEU DE CARTES

❶ Avant le spectacle, fixez les trois cartes miniatures sur les hélices du ventilateur (face en haut, bien sûr). Vous constaterez que, lorsqu'il tourne à plein régime, l'appareil ne les laisse pas voir et que seule apparaît une traînée colorée. C'est là le secret du tour.

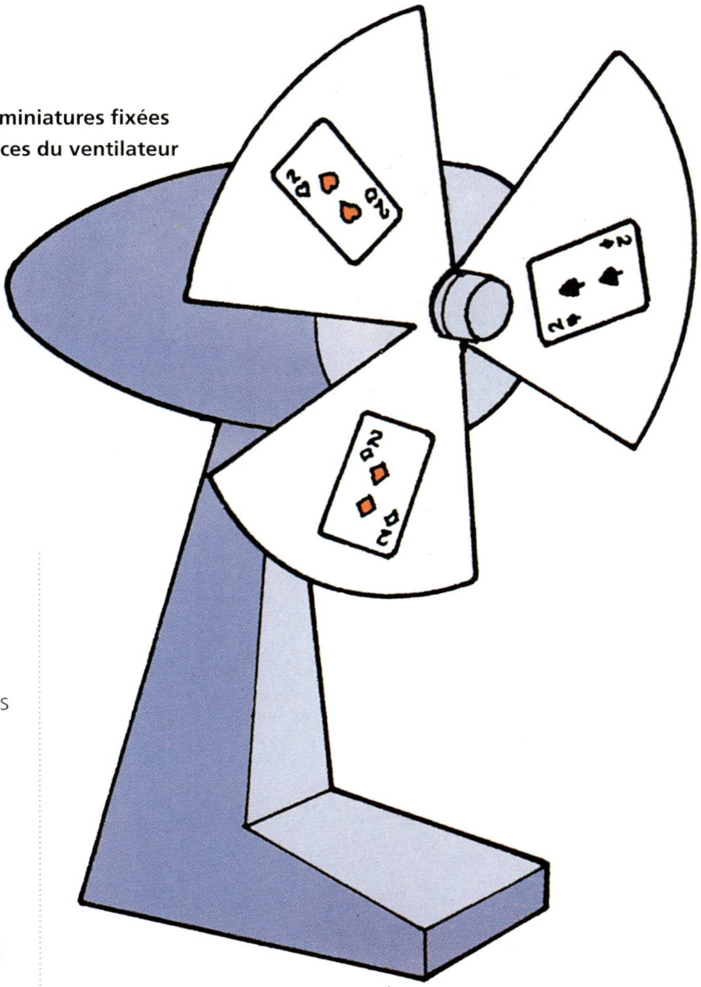

❷ N'attirez l'attention du public sur le ventilateur qu'après avoir forcé les trois cartes auprès de trois spectateurs (sur les méthodes de forçage, voir p. 41-52).

❸ Demandez à chacun d'eux d'annoncer la valeur et la couleur de sa carte. Éteignez le ventilateur. À mesure que la vitesse de rotation diminue, les trois cartes sélectionnées apparaissent sur les hélices.

Truc de métier

• Prenez soin de poser le ventilateur sur une table et de le brancher avant le spectacle. Sa vitesse de rotation doit être au maximum lorsque vous commencez l'exercice.

LA CORDELETTE ET LA BAGUE

UNE BAGUE EST PASSÉE À L'INTÉRIEUR D'UNE CORDELETTE OU D'UN RUBAN DONT CHAQUE EXTRÉMITÉ EST RETENUE PAR UN SPECTATEUR. LE MAGICIEN PARVIENT POURTANT À FAIRE SORTIR LA BAGUE.

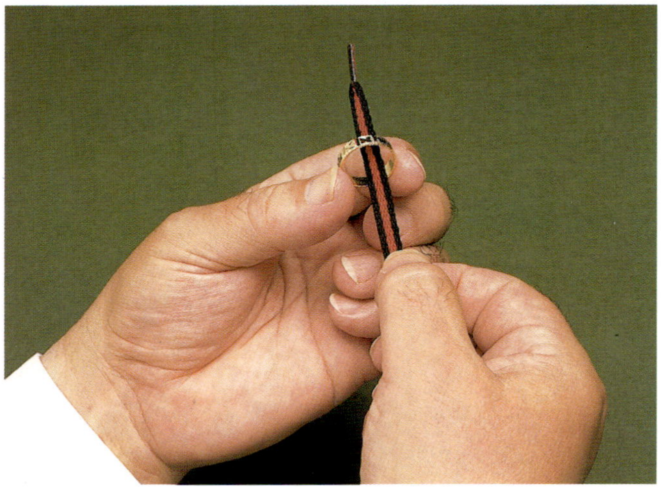

MATÉRIEL

1 BAGUE

1 CORDELETTE OU 1 RUBAN (ENVIRON 1 M)

❶ Demandez à un spectateur de vous prêter une bague. Enfilez-y la cordelette et montrez la bague posée dans le creux de votre main gauche.

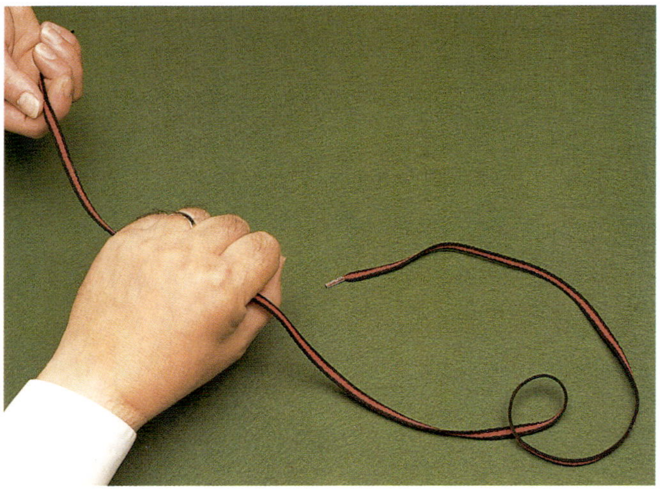

❸ Maintenez-la ainsi et saisissez de la main droite l'extrémité gauche de la cordelette pour la présenter à un spectateur.

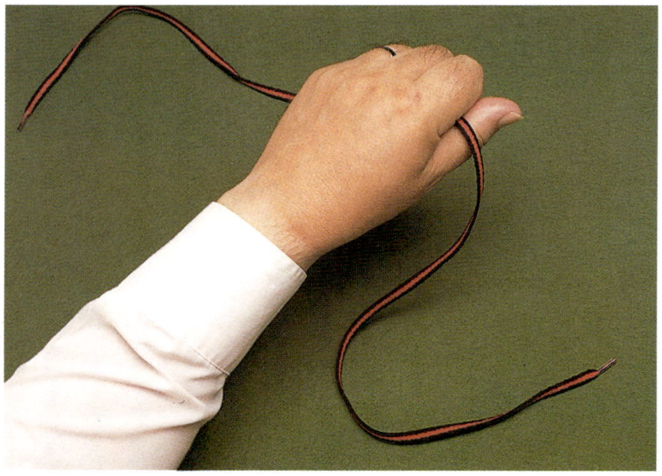

❷ Fermez la main et retournez-la de sorte que vos doigts soient dirigés vers le bas.

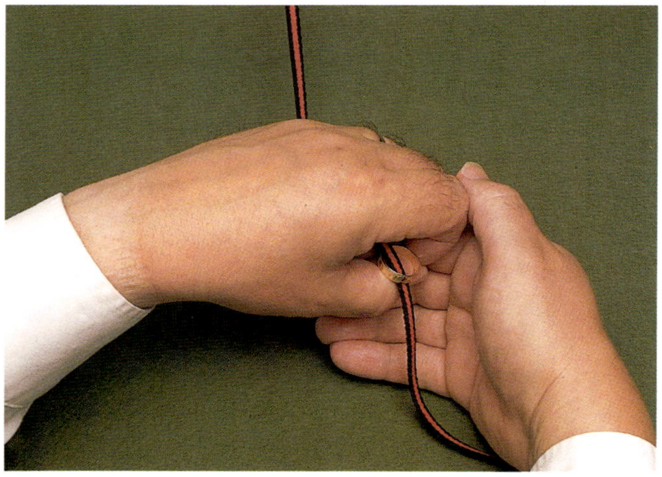

❹ Toujours de la main droite, présentez l'extrémité droite de la cordelette à un autre spectateur. C'est alors que vous accomplirez le mouvement clé du tour.

Au moment où votre main droite passe sous la gauche pour saisir la cordelette à proximité du pouce, la main gauche s'entrouvre et laisse tomber la bague dans la droite.

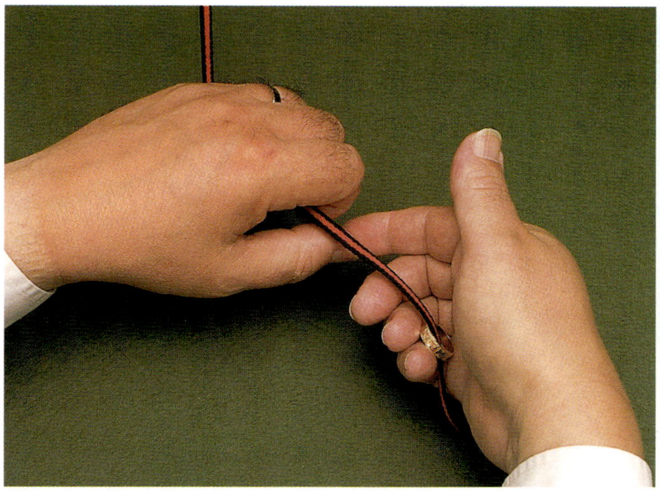

❺ La bague dissimulée par vos doigts, continuez à glisser la main droite vers l'extrémité droite de la cordelette.

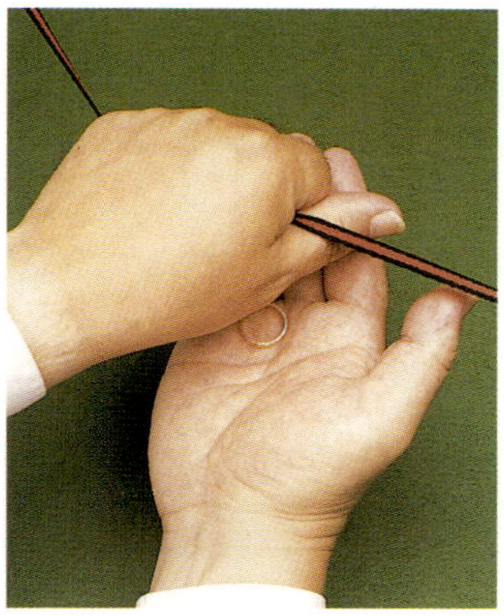

❼ Tout en dissimulant la bague dans la main droite, tendez l'extrémité droite de la cordelette à un autre spectateur. Chaque extrémité est à présent retenue par une personne différente et la bague se trouve dans votre main droite.

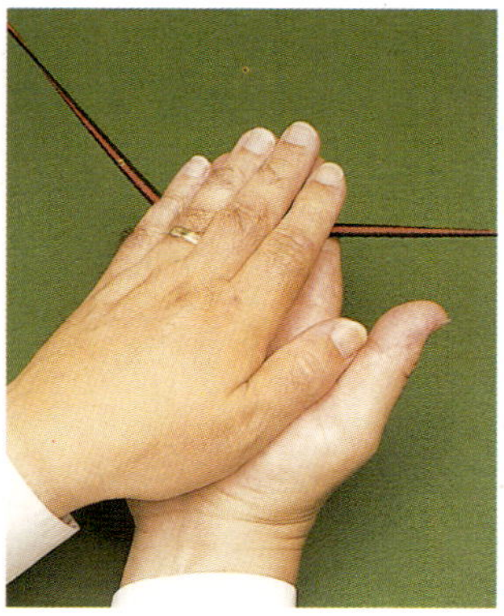

❽ Regardez votre main gauche, qui paraît toujours tenir la bague, et imprimez-lui une torsion, comme pour essayer de dégager la bague de la cordelette. Amenez la main droite sous la gauche et placez-les paume contre paume.

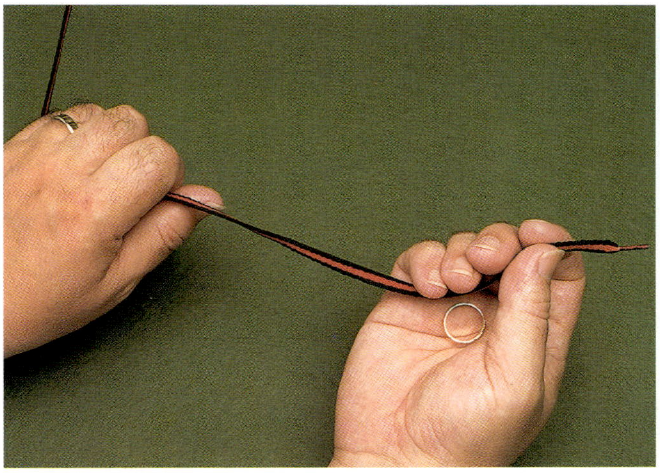

❻ Juste avant d'atteindre l'extrémité droite, regardez le spectateur qui retient l'extrémité gauche et demandez-lui de la tenir un peu plus haut. Pour souligner votre demande, soulevez la main gauche. À cet instant, déplacez votre main droite jusqu'à l'extrémité droite de la cordelette et dégagez la bague.

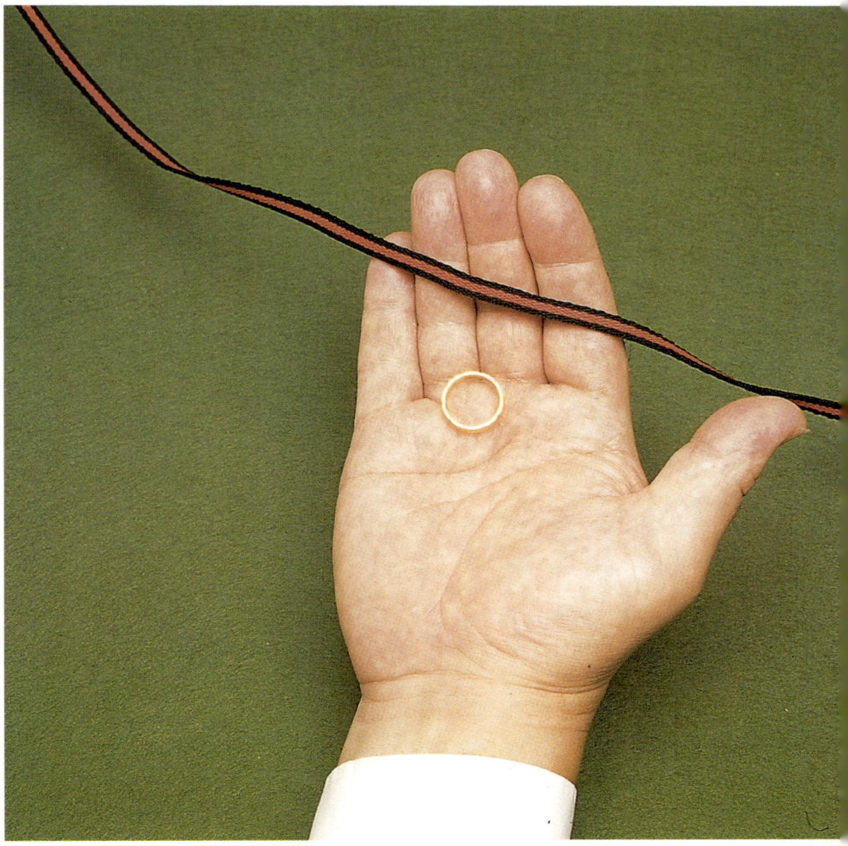

❾ Frottez-vous les paumes l'une contre l'autre, puis soulevez la main gauche pour montrer que la bague repose dans la droite : elle a réussi à passer au travers de la corde !

La bague sur le crayon

Une bague empruntée à un spectateur disparaît et réapparaît passée à un crayon. La réussite du tour repose sur la préparation d'un mouchoir dans lequel on coud une autre bague.

MATÉRIEL

1 mouchoir préparé
1 sac en papier
1 grand crayon

❶ Pour confectionner le mouchoir indispensable à la réussite du tour, procurez-vous – outre le mouchoir lui-même – un morceau de tissu assorti, une bague en métal, du fil et une aiguille. Découpez un petit triangle dans le tissu et cousez-le sur une pointe du mouchoir. Avant de coudre le troisième côté, placez la bague dans la pochette ainsi formée. Cousez le troisième côté pour enfermer la bague.

❷ Au moment d'accomplir le tour, empruntez une bague à un spectateur. Tenez-la entre le pouce et l'index de la main droite et recouvrez-la du mouchoir.

❸ Confiez le tout à une autre personne de l'assistance. En réalité, la bague empruntée est à présent en votre possession car, en tendant le mouchoir au second spectateur, vous avez relevé de la main droite la pointe qui contient la bague et avez saisie celle-ci de la main gauche. En même temps, vous avez laissé la bague empruntée tomber dans la main droite.

❹ Donnez le mouchoir au second spectateur en lui demandant de le conserver. En fait, c'est la bague cachée qu'il va garder. Il est donc recommandé de ne pas confier le mouchoir au spectateur qui a prêté sa bague car il pourrait découvrir la supercherie au toucher.

❺ Tendez la main droite – où la bague est dissimulée – vers le sac en papier posé sur la table. Restez naturel et ne regardez pas votre main, faute de quoi vous attirerez l'attention du public sur elle. Essayez d'oublier que vous tenez la bague pour éviter de transmettre votre malaise aux spectateurs et de gâcher ainsi l'effet du tour.

❻ Prenez le sac de la main droite et glissez-y la gauche pour prendre le crayon. Ne précisez pas à l'assistance que le sac est vide, car vous risqueriez d'éveiller les soupçons. Enfoncez le crayon dans les deux épaisseurs de papier afin qu'il ressorte par l'autre côté du sac. Ce faisant, arrangez-vous pour y enfiler la bague dissimulée à l'intérieur. Sortez la main droite et repliez le haut du sac.

❼ Tendez le crayon au spectateur qui vous a prêté sa bague et demandez-lui de le tenir par les extrémités. Dirigez-vous vers la personne qui tient toujours le mouchoir et prenez celui-ci par une pointe. Ramenez-le vers vous d'un geste vif pour faire croire que la bague a disparu.

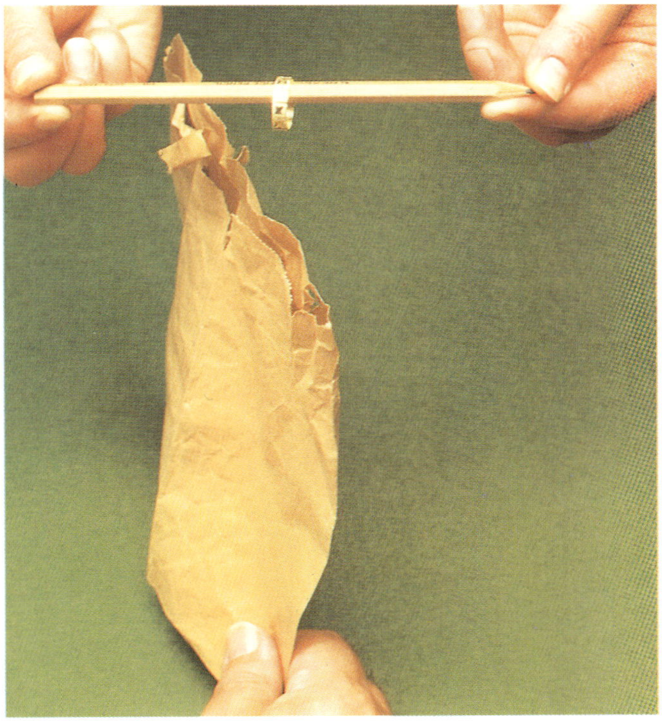

❽ Revenez vers le premier spectateur et arrachez le sac en le tirant vers le bas. La bague empruntée se retrouve suspendue au crayon. Demandez à son propriétaire de confirmer qu'il s'agit bien de la sienne. Concluez en remerciant vos deux assistants pour leur aide.

Truc de métier

- Un mouchoir dont la poche contient une pièce de monnaie permet de faire disparaître une pièce empruntée à un spectateur.

LE FAUX DEVIN

AVEC UN PEU D'AIDE, UN COMPLICE DU MAGICIEN EST CAPABLE DE NOMMER LA CARTE CHOISIE PAR UN SPECTATEUR.

MATÉRIEL

1 JEU DE CARTES

2 COMPLICES

❶ Expliquez qu'avec une amie présente dans l'assistance, vous avez mis au point une technique de télépathie qui vous permet de lire non seulement vos pensées respectives, mais aussi celles de tiers. Présentez cette amie au public, puis demandez-lui de gagner le fond de la salle.

❷ Invitez un volontaire à tirer une carte, à prendre note de sa valeur, à la montrer à une personne qui jouera les arbitres et à la remettre dans le jeu.

❸ Demandez-lui ensuite de gagner une extrémité de la salle, de se concentrer sur la carte choisie et d'essayer d'en transmettre l'image à l'amie placée au fond.

❹ Expliquez qu'à chaque question que vous lui poserez, le volontaire ne doit répondre que par un mouvement de tête. Demandez à votre amie de vous rejoindre et d'étaler les cartes face en haut sur la table.

❺ Saisissez le trois de carreau en demandant s'il s'agit de la bonne. Votre amie acquiesce aussitôt, mais le volontaire, que vous regardez, hoche la tête en signe de dénégation. Sortez d'autres cartes du jeu. À chaque fois, votre amie acquiesce (toujours à tort).

❻ Presque en colère, tournez-vous vers le public et demandez si quelqu'un peut vous fournir un indice. À la surprise générale (notamment celle du volontaire), une voix hésitante venue du fond de la salle suggère, par exemple, le huit de pique. Il s'agit bel et bien de la carte choisie. Reprochez gentiment au volontaire d'avoir envoyé son message télépathique dans la mauvaise direction...

❼ Le secret tient au fait que vous avez forcé une carte (en l'occurrence, le huit de pique) auprès du volontaire, (voir les méthodes décrites pp. 41-52).

Trucs de métier

- Vous pouvez proposer au volontaire et à l'arbitre de choisir la carte d'un commun accord. En ce cas, vous devez trouver le moyen d'y jeter un œil.
- Avec vos complices, vous vous serez mis d'accord sur le choix de deux cartes clés : par exemple, la dame de pique et le sept de cœur. Chacun d'eux saura que la carte que vous proposerez à la suite de la dame de pique sera la bonne. La seconde carte clé sert de bouée de sauvetage, au cas où la dame de pique serait la carte choisie.
- Pour effectuer ce tour, deux complices vous sont nécessaires : l'amie qui se trompe dans ses propositions et le spectateur assis au fond de la salle qui, lui, tombe juste. Sur scène, l'amie peut faire toutes les singeries qui lui passent par la tête. Le second complice doit tenir un rôle beaucoup plus difficile : il doit se présenter comme un spectateur normal et, après le tour, expliquer à ses voisins que la vision d'un huit de pique s'est imposée à son esprit, et ce malgré ses efforts pour penser à autre chose...

LA PETITE COUPURE

DANS CE TOUR, VOUS ALLEZ À NOUVEAU EMPRUNTER DE L'ARGENT À UN SPECTATEUR. IL S'AGIRA CETTE FOIS-CI D'UN BILLET QUE VOUS GLISSEREZ DANS UN CYLINDRE EN PAPIER APLATI. LE PUBLIC DISTINGUERA LE BILLET À TRAVERS LES FENÊTRES DÉCOUPÉES À CHAQUE EXTRÉMITÉ DU CYLINDRE. AVEC UNE PAIRE DE CISEAUX, VOUS DÉCOUPEREZ À LA FOIS LE CYLINDRE ET LE BILLET. QUELQUES INSTANTS PLUS TARD, VOUS SORTIREZ POURTANT CE DERNIER EN PARFAIT ÉTAT.

MATÉRIEL

1 CYLINDRE EN PAPIER (VOIR ÉTAPE 1)
1 PAIRE DE CISEAUX
1 BILLET DE BANQUE

1 Confectionnez le cylindre aplati avec une enveloppe longue et étroite. Cachetez-la et découpez une bande à chaque extrémité pour la transformer en cylindre. Sur l'envers, découpez deux fentes séparées par environ 5 cm et suffisamment hautes pour que le billet puisse y être glissé. Sur l'endroit, découpez deux fenêtres carrées.

2 Sur la table, posez les ciseaux et le cylindre (l'envers contre le plateau).

3 Empruntez un billet de banque et glissez-le dans le cylindre de sorte qu'il ressorte par l'extrémité opposée. Repassez-le dans le cylindre en le faisant sortir par une fente, puis rentrer dans l'autre. À l'envers, la partie centrale du billet se trouve donc hors du cylindre. À l'endroit, le public le voit distinctement par les fenêtres.

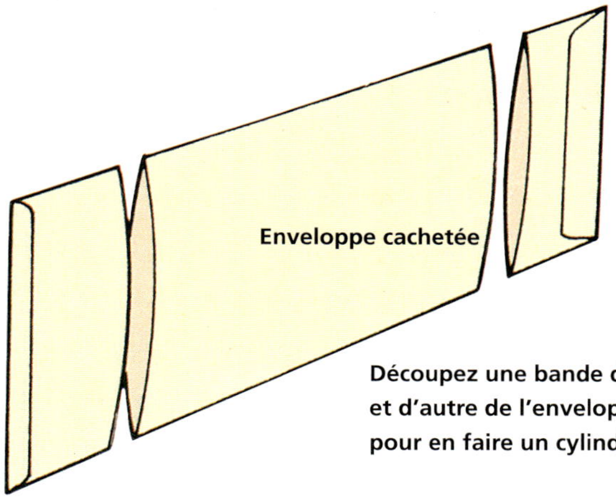

Découpez une bande de part et d'autre de l'enveloppe pour en faire un cylindre

Endroit

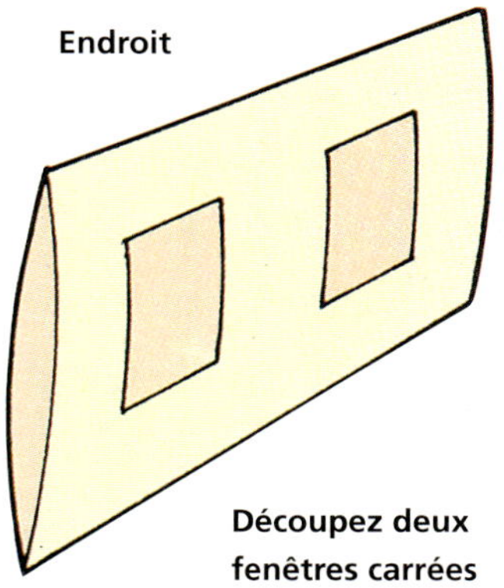

Découpez deux fenêtres carrées

Envers

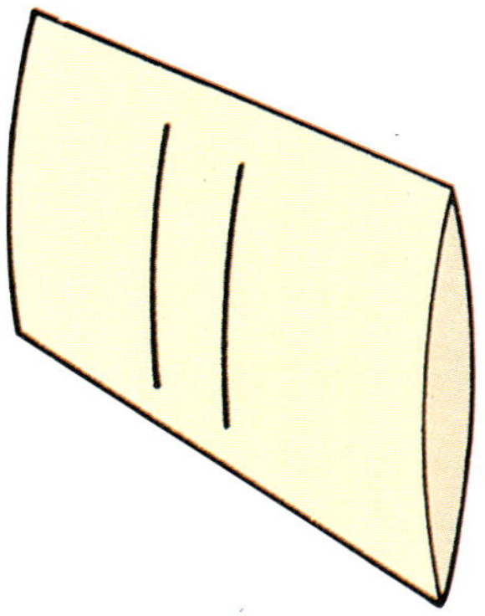

Découpez deux fentes séparées par environ 5 cm

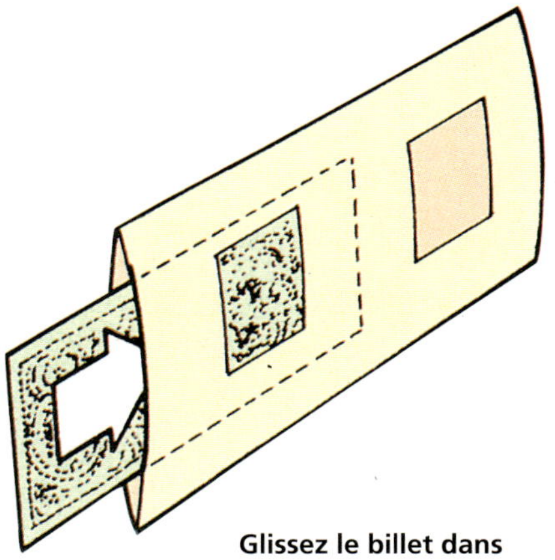

Glissez le billet dans le cylindre pour que le public le voie par les fenêtres découpées à l'endroit

4 Coupez le cylindre avec les ciseaux en glissant la pointe de derrière sous le billet, que vous laissez donc intact.

5 Écartez les deux sections du cylindre et sortez prestement le billet pour montrer qu'il est reconstitué. Froissez le cylindre ou découpez-le en petits morceaux pour effacer toute trace de la supercherie.

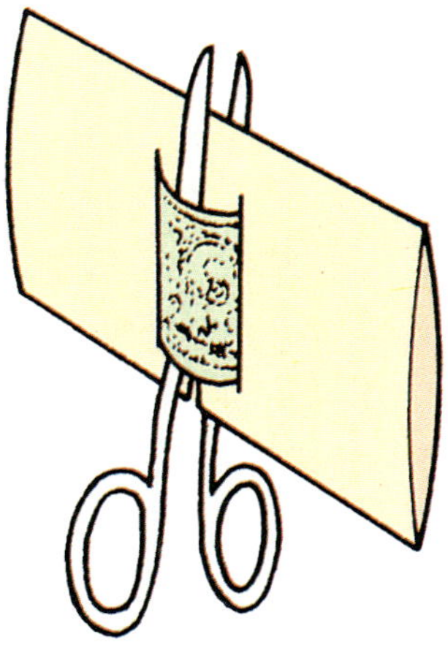

Pour couper le cylindre sans endommager le billet, glissez une pointe des ciseaux sous la partie qui ressort entre les deux fentes

LA PIÈCE DANS LA PELOTE DE LAINE

LE MAGICIEN EMPRUNTE UNE PIÈCE DE MONNAIE, LA FAIT DISPARAÎTRE ET LA RÉCUPÈRE DANS UNE PELOTE DE LAINE. VOUS AUREZ BESOIN D'UN « GLISSOIR » CONFECTIONNÉ AVEC UN TUBE DE MÉTAL APLATI ET SUFFISAMMENT LARGE POUR CONTENIR LA PIÈCE QU'ON VOUS PRÊTERA.

MATÉRIEL

1 PELOTE DE LAINE

1 « GLISSOIR »

1 PIÈCE DE MONNAIE

1 VERRE

❶ Enroulez la laine sur une extrémité du glissoir. Placez le tout dans une poche de veste ou sur la table, derrière un accessoire, de façon à pouvoir « charger » une pièce sur le glissoir de la main gauche, puis extraire le glissoir de la pelote sans que vos gestes soient trop visibles.

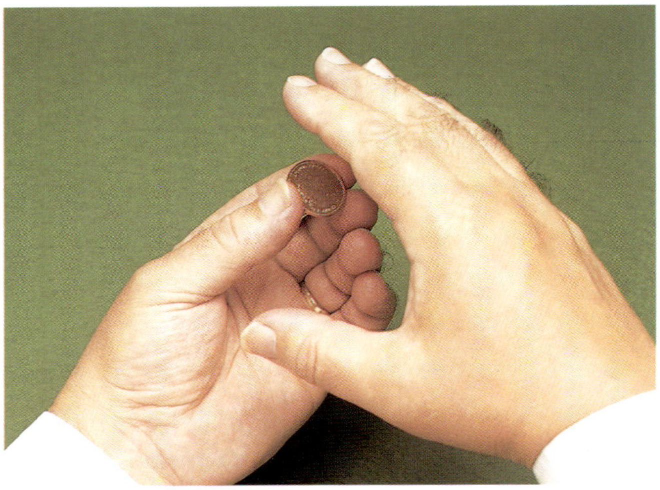

❸ Faites semblant de saisir la pièce de la main droite. Dès que la main gauche est cachée, laissez tomber la pièce dans votre paume.

❷ Empruntez une pièce à un spectateur. Tenez-la entre le pouce et l'index gauche.

❹ Au même instant, fermez la main droite comme si elle renfermait la pièce et redonnez-lui sa position initiale. Ce faisant, gardez les yeux fixés sur elle et laissez la main gauche retomber naturellement.

❺ Émettez quelques commentaires sur le caractère éphémère de l'argent. Dépliez les doigts de la main droite pour montrer que la pièce s'est envolée. Essayez d'oublier qu'elle se trouve dans votre main gauche et persuadez-vous qu'elle a vraiment disparu. C'est la seule façon de convaincre votre public.

❻ Tout en fixant des yeux étonnés sur votre main droite, tendez la gauche pour prendre la pelote de laine. Faites glisser la pièce à l'intérieur et sortez-en le glissoir. Avec un peu d'entraînement, cette manœuvre s'effectue en un rien de temps.

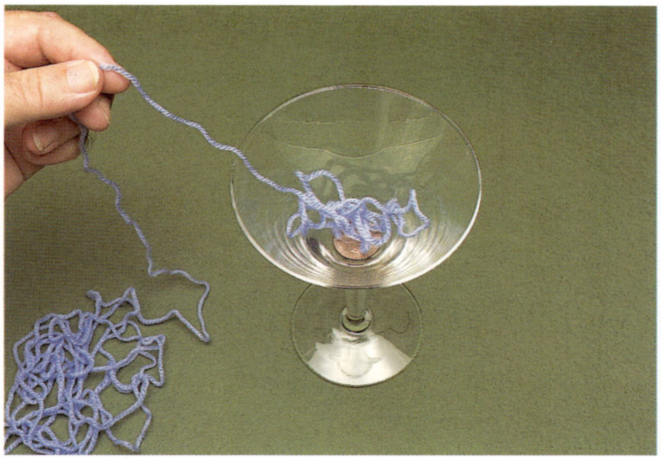

❼ Présentez la pelote au public, puis déposez-la dans le verre. Saisissez l'extrémité du fil de laine et tirez dessus. Lorsque la pelote s'est déroulée, la pièce apparaît au fond du verre.

❽ Tendez le verre à la personne qui vous a prêté la pièce et demandez-lui si elle reconnaît son bien.

Truc de métier

• Pour prouver que la pièce retrouvée dans le verre est bien celle qui a disparu, proposez à son propriétaire d'y fixer une pastille autocollante sur laquelle il peut en outre apposer sa signature. S'il vous prête une pièce particulière (par exemple, étrangère), cette précaution n'a plus lieu d'être.

LA PIÈCE PLIÉE

UNE PIÈCE DE MONNAIE ENVELOPPÉE DANS UN PAPIER DISPARAÎT.
CE TOUR PEUT S'IMPROVISER N'IMPORTE OÙ AVEC UNE PIÈCE EMPRUNTÉE
ET UN MORCEAU DE PAPIER DÉCHIRÉ DANS UN JOURNAL.

MATÉRIEL

1 PIÈCE DE MONNAIE
1 CARRÉ DE PAPIER

❶ Placez la pièce de monnaie au centre du carré de papier.

❷ Pliez le papier en rabattant le bas vers le haut. La partie visible du public doit déborder du reste sur environ un quart de sa hauteur.

❸ Repliez le côté droit vers le public.

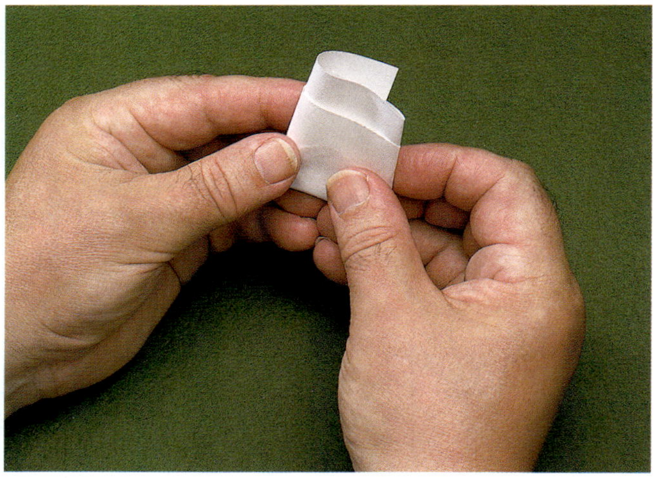

❹ Repliez le côté gauche vers le public.

❺ Repliez le haut du papier (la partie qui déborde) vers le public. Le papier semble enfermer la pièce, alors qu'en fait il reste ouvert en haut.

❻ Retournez le papier de sorte que son ouverture soit dirigée vers le bas et faites tomber la pièce dans votre paume droite.

❼ Déchirez le papier et jetez les morceaux sur la table. Apparemment, la pièce a disparu. En réalité, vous la gardez dissimulée dans la main droite.

LA TEINTURE DIABOLIQUE

LES MAGICIENS UTILISENT LE VERRE « OKITO » DEPUIS DE LONGUES ANNÉES. IL S'AGIT D'UN VERRE EN PLASTIQUE TRANSPARENT À L'INTÉRIEUR DUQUEL EST AMÉNAGÉ UN CYLINDRE. SA PAROI EXTERNE PRÉSENTE UNE SUCCESSION DE PANS QUI RENDENT LE CYLINDRE INVISIBLE. ON PEUT Y GLISSER, PAR EXEMPLE, UN MOUCHOIR DE SOIE QU'ON RESSORT PARFAITEMENT SEC ALORS QUE LE VERRE EST EMPLI DE LIQUIDE.

MATÉRIEL

1 VERRE « OKITO »
1 MOUCHOIR DE SOIE ROUGE DE 30 CM²
DE LA TEINTURE ROUGE EN POUDRE (COCHENILLE)
1 CARAFE D'EAU
1 PAIRE DE PINCETTES

❶ Avant le spectacle, versez de la teinture rouge dans le corps principal du verre (c'est-à-dire hors du cylindre). Avec un crayon, tassez le foulard dans le cylindre pour qu'il y soit bien enfoncé. Assurez-vous de le placer de sorte qu'il soit invisible du public lorsque vous tenez le verre dans votre main repliée en coupe.

❷ Au début du tour, prenez le verre dans la main gauche et présentez-le à l'assistance. Positionnez bien vos doigts autour de la base afin que le mouchoir tassé dans le cylindre reste caché aux regards.

❸ De la main droite, soulevez la carafe et versez soigneusement de l'eau dans le corps principal du verre. L'eau vire au rouge en se mêlant à la teinture.

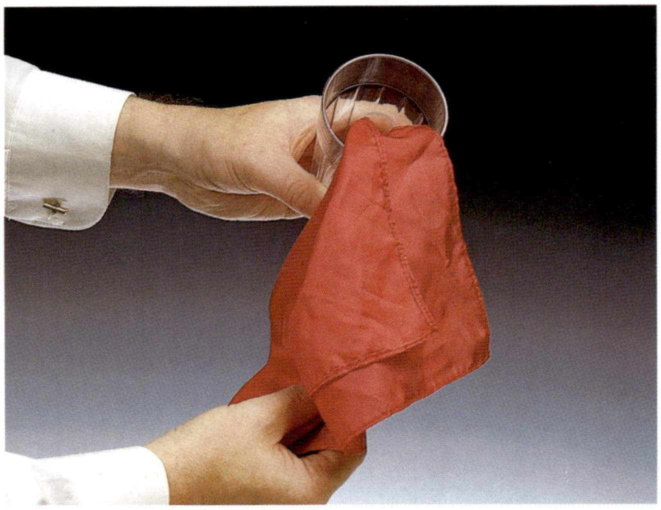

❹ Avec des pincettes, sortez le mouchoir de soie rouge du centre du verre et agitez-le en direction du public pour montrer qu'il est parfaitement sec.

La boîte et le verre

Depuis toujours, les magiciens inscrivent à leur programme un tour de passe-passe qui consiste à faire alternativement apparaître une bouteille et un verre. Tout aussi efficace, la version expliquée ci-dessous fait appel à des accessoires qu'on trouve n'importe où. Deux cylindres de carton sont posés sur la table. Lorsque l'exécutant les soulève, ils révèlent respectivement une boîte de Coca-Cola et un verre. La fois suivante, ces deux accessoires ont changé de place.

MATÉRIEL

2 boissons en boîtes identiques (voir étape 1)
2 verres identiques, suffisamment petits pour tenir dans les boîtes
2 cylindres de carton, légèrement plus larges et plus hauts que les boîtes

❶ Découpez le fond de chaque boîte avec un ouvre-boîtes et jetez le liquide. Le haut des boîtes doit rester intact. À la base de chaque cylindre, découpez un orifice où vous puissiez glisser le pouce. Peignez les cylindres en argenté pour leur donner un aspect métallique.

❷ Juste avant le début du tour, placez les deux verres sur la table à environ 30 cm l'un de l'autre. Posez les boîtes par-dessus. Enfin, posez les cylindres sur le tout en dirigeant les orifices vers vous.

❸ Pour faire apparaître une boîte, soulevez un cylindre. Pour faire apparaître un verre, glissez le pouce dans l'orifice découpé dans le cylindre et soulevez-le avec la boîte. La réussite du tour dépend de cette opération délicate.

❹ Soulevez les deux cylindres en même temps, de chaque main, de sorte que celui de droite révèle la boisson en boîte et celui de gauche le verre. Inversez la manœuvre pour produire un effet de transposition et répétez le mouvement jusqu'à plus soif !

LE GOBELET MAGIQUE

UTILISÉ DANS DES DIZAINES DE TOURS, CET ACCESSOIRE SE PRÉSENTE COMME UN GOBELET OPAQUE DONT ON PEUT MONTRER L'INTÉRIEUR ET L'EXTÉRIEUR AU PUBLIC. IL PERMET DE FAIRE DISPARAÎTRE CERTAINS OBJETS OU DE LES REMPLACER PAR D'AUTRES, PARFOIS TOTALEMENT DIFFÉRENTS ET PARFOIS PRESQUE SEMBLABLES.

MATÉRIEL

2 GOBELETS IDENTIQUES (VOIR ÉTAPE 1)
1 PETITE SCIE À MÉTAUX
1 PAIRE DE CISEAUX
DES ENVELOPPES D'ENVIRON 22 CM X 15 CM (VOIR ÉTAPE 2)

Note : les enfants doivent exécuter ce tour sous la surveillance d'un adulte.

❶ Prenez deux gobelets identiques, hauts et opaques, qui puissent s'emboîter l'un dans l'autre. Enfoncez le premier dans le second. Avec une petite scie à métaux, sciez soigneusement le haut du premier de sorte qu'il ne dépasse plus du second. Ainsi raccourci, il peut facilement se glisser dans l'autre et en être extrait.

❷ Découpez les extrémités latérales de chaque enveloppe. Pliez le reste en deux dans le sens de la longueur, puis dépliez-le pour former un étui à base carrée. Veillez à ce qu'ils soient plus hauts que le gobelet intact.

❸ Quand vous commencerez votre tour, le gobelet intact sera placé bien en vue sur la table et le gobelet raccourci sera caché dans l'étui. Si vous souhaitez faire disparaître un objet (par exemple, un mouchoir), faites en sorte que le public vous voie le déposer dans le gobelet intact. Prenez ensuite le gobelet raccourci dissimulé dans l'étui et placez le tout sur le gobelet intact. Relevez alors l'étui en laissant le gobelet raccourci dans le gobelet intact. Le mouchoir aura bien disparu. Vous pourrez présenter l'ensemble face au public, qui verra un gobelet vide.

❹ Vous pouvez également placer un objet dans le gobelet raccourci caché par l'étui, poser le tout sur le gobelet intact et relever l'étui. Sortez alors l'objet du gobelet raccourci et présentez-le à la salle.

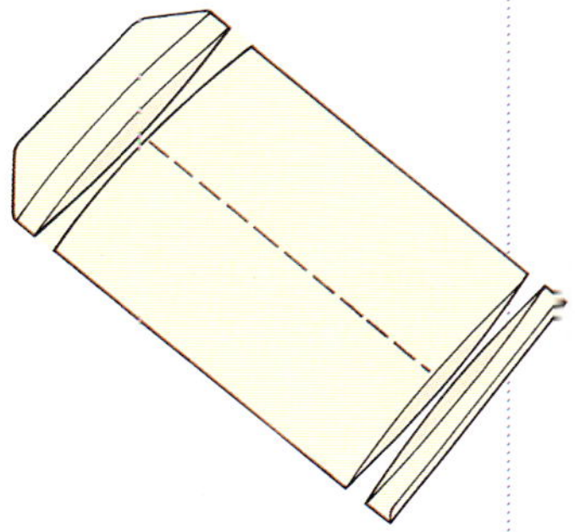

Pour confectionner l'étui, découpez les extrémités latérales d'une enveloppe

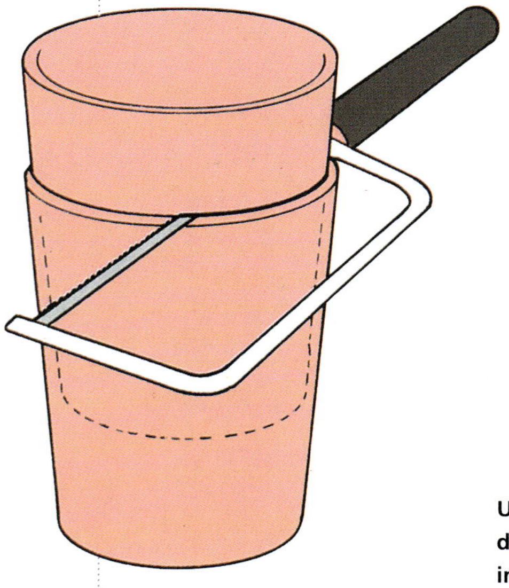

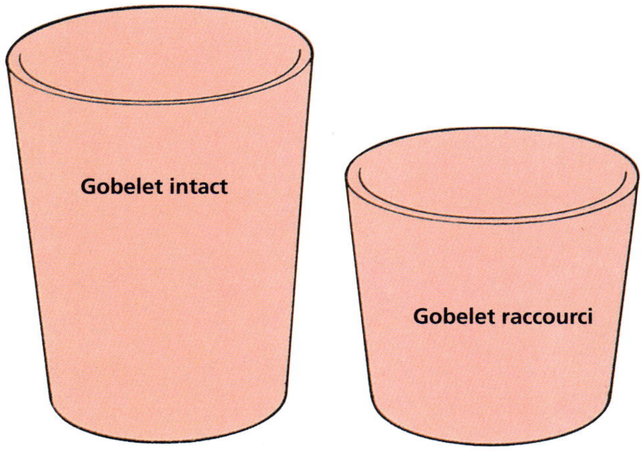

Une fois placé à l'intérieur du premier gobelet (qui reste intact), le second est scié de sorte que l'ensemble se présente comme un seul et même gobelet

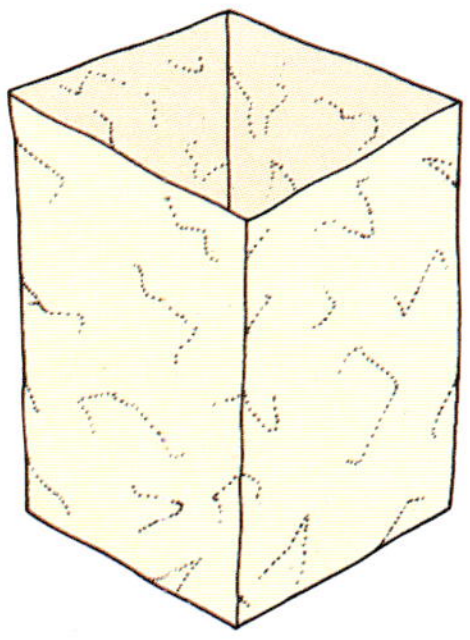

Pliée dans le sens de la longueur, puis dépliée, l'enveloppe peut se transformer en étui à base carrée et recouvrir le gobelet intact

20 TOURS AVEC LE GOBELET MAGIQUE

Voici quelques tours qui peuvent s'effectuer avec un gobelet magique.

❶ Pour faire disparaître des mouchoirs de soie colorés, prenez le gobelet intact et montrez-en l'intérieur. Placez-y plusieurs mouchoirs. Soulevez l'étui qui dissimule le gobelet raccourci. Tenez-le de façon à pouvoir insérer le gobelet raccourci dans le gobelet intact et cacher ainsi les mouchoirs. De la main droite, soulevez l'étui comme s'il contenait quelque chose. Faites en sorte que le public fixe son attention sur votre geste. Pendant ce temps, de la main gauche, saisissez l'ensemble gobelet intact-gobelet raccourci et présentez-en l'intérieur à l'assistance (qui ne voit donc que le second) pour montrer que les mouchoirs ont disparu. Posez le gobelet à l'écart et déchirez l'étui pour qu'on constate qu'il est vide.

❷ Avant le spectacle, placez une chaîne de trombones au fond du gobelet raccourci et dissimulez le tout sous l'étui. Présentez le gobelet intact et placez-y des trombones en les laissant tomber un par un. Posez l'étui et le gobelet raccourci sur le gobelet intact. Soulevez l'étui et montrez qu'il est vide. Puis, en veillant à ce que les trombones indépendants soient bien coincés entre les deux gobelets, lancez les trombones enchaînés en l'air.

❸ Pour préparer votre tour, faites tomber quelques allumettes brûlées dans le gobelet intact et placez-y le gobelet raccourci. Au début de l'exercice, lâchez quelques allumettes enflammées dans le gobelet (en réalité, dans le gobelet raccourci) et recouvrez le tout avec l'étui. Grattez une autre allumette et passez-la sous le gobelet. Soulevez l'étui et le gobelet raccourci et sortez les allumettes grattées du gobelet intact.

❹ Placez un billet de banque dans le gobelet. Une fois celui-ci recouvert, le billet s'est transformé en pièces de monnaie qui, additionnées les unes aux autres, atteignent le montant du billet.

❺ Des morceaux de papier colorés se changent en guirlande de Noël que le magicien extrait du gobelet.

❻ Une épingle de nourrice et un morceau de tissu sont placés au fond du gobelet. Quelques secondes plus tard, l'exécutant montre que l'épingle de nourrice est attachée au tissu.

❼ Des dates découpées dans un calendrier se transforment en dattes sèches.

❽ Le magicien place un ruban et quelques boutons dans le gobelet. Plus tard, il en sort le même ruban, sur lequel les boutons sont désormais cousus.

❾ Une aiguille et du fil sont placés dans le gobelet. Au bout de quelques secondes, on s'aperçoit que le fil est passé dans l'aiguille.

❿ Des morceaux de papier colorés se transforment en serpentin. Une fois le gobelet raccourci placé dans le gobelet intact (le tout dissimulé sous l'étui), l'exécutant retourne l'ensemble de sorte que le serpentin se déroule sur la table. Il utilise les doigts de la main qui soulève le gobelet pour empêcher le serpentin de tomber d'un seul coup.

⓫ Une bobine de fil de soie rouge se change en carré de soie rouge.

⓬ Deux ou trois petits carrés de soie colorés se transforment mystérieusement en pluie de confettis.

⓭ Le magicien verse de l'eau qui se transforme instantanément en cubes de glace. Bien sûr, il doit accomplir ce tour juste après avoir placé les glaçons dans le gobelet raccourci.

⓮ Plusieurs élastiques se réunissent pour former une chaîne. Pour réaliser celle-ci, prenez des élastiques plats, coupez-les, enfilez-les les uns aux autres et scellez leurs extrémités avec une colle forte.

⓯ Une pelote de laine se change en pompon.

⓰ Placez des clous de type « pointe acier » dans le gobelet et secouez le tout. Lorsque vous renversez le contenu sur la table apparaissent des pointes tordues qu'un volontaire ne parvient pas à redresser.

⓱ Une petite pomme de terre placée dans le gobelet se change en frites. Le magicien fait semblant de découper la pomme de terre en agitant un couteau dans les airs.

⓲ L'exécutant verse du sucre en poudre dans le gobelet qui, une fois retourné, laisse tomber du sucre en morceaux.

⓳ De l'eau versée dans le gobelet se change en grains de riz.

⓴ De l'eau versée dans le gobelet devient rouge. Le magicien cache le gobelet avec l'étui et montre que l'eau rougie est devenue verte. Pour exécuter ce tour, versez du colorant alimentaire (cochenille) dans le gobelet raccourci. Vous ferez ainsi virer au rouge l'eau que vous y verserez. Pour effectuer la seconde transformation, veillez à avoir versé du jus de citron vert ou de l'eau mêlée à une teinture verte dans le gobelet intact.

LE VERRE SURGI DE NULLE PART

LE MAGICIEN MONTRE LES DEUX CÔTÉS D'UN MOUCHOIR DONT IL COUVRE SA MAIN. SOUDAIN, UNE FORME SE DEVINE SOUS LE TISSU. LORSQU'IL ÔTE LE MOUCHOIR, LE MAGICIEN DÉCOUVRE UN VERRE DE VIN. POUR DES RAISONS QUI DEVIENDRONT ÉVIDENTES À LA LECTURE DES EXPLICATIONS SUIVANTES, CE TOUR DOIT ÊTRE LE PREMIER DE VOTRE SPECTACLE.

MATÉRIEL

DU VIN, DU JUS DE FRUITS OU TOUT AUTRE LIQUIDE COLORÉ
1 VERRE À VIN
1 MORCEAU DE FILM PLASTIQUE RÉSISTANT (SUFFISAMMENT GRAND POUR RECOUVRIR LE VERRE)
1 ÉLASTIQUE
1 MOUCHOIR

1 Versez le liquide dans le verre et recouvrez celui-ci d'un film plastique que vous serrerez avec un élastique. Celui-ci doit être suffisamment tendu pour maintenir correctement le film et suffisamment lâche pour que vous puissiez l'ôter facilement. Essayez-en plusieurs avant de choisir celui qui s'adapte le mieux à votre verre.

2 Coincez le verre sous votre aisselle gauche, le pied dirigé vers le public. Arrangez les plis de vos vêtements pour le dissimuler du mieux possible.

3 Entrez sur scène et commencez votre tour en montrant le mouchoir tenu à deux mains.

4 Amenez votre main gauche vers la droite et votre main droite vers la gauche. Ce geste vous permet à la fois de montrer la face cachée du mouchoir et de saisir le verre de la main droite.

❺ Saisissez le pied du verre entre l'index et le majeur droit, puis replacez vos deux mains en position initiale, le mouchoir restant tendu de l'une à l'autre. Le verre à vin est donc caché derrière la pointe supérieure droite du mouchoir.

❻ Lâchez cette pointe et déplacez la main droite au centre du mouchoir. Ce faisant, de la main gauche, lissez le mouchoir sur votre paume droite. Comme le verre pend toujours tête en bas entre vos doigts, le public ne peut rien deviner.

❼ Des doigts de la main gauche, saisissez le centre du mouchoir et soulevez-le. Au même instant, votre main droite fait pivoter le verre pour le placer en position normale.

❽ Votre main gauche s'abaisse et il est évident, aux yeux du public, que quelque chose apparaît sous le mouchoir.

❾ Des doigts de la main gauche, ôtez l'élastique et le film qui couvre le verre. L'action s'accomplit à travers le tissu. Retirez alors le mouchoir pour faire apparaître le verre. Profitez du fait que l'assistance a les yeux fixés sur lui pour poser le mouchoir – qui cache le film et l'élastique – sur un côté de la table.

LES MOUCHOIRS DÉSOLIDARISÉS

DEUX MOUCHOIRS SONT PASSÉS L'UN DANS L'AUTRE JUSQU'À CE QU'ON NE PUISSE PLUS LES DÉSOLIDARISER. LE MAGICIEN SOUFFLE SUR EUX ET LES MOUCHOIRS SEMBLENT S'INTERPÉNÉTRER. POUR RENDRE LA DESCRIPTION PLUS CLAIRE, PRENONS L'EXEMPLE D'UN MOUCHOIR ROUGE ET D'UN AUTRE VIOLET, BIEN QU'EN RÉALITÉ LES COULEURS IMPORTENT PEU.

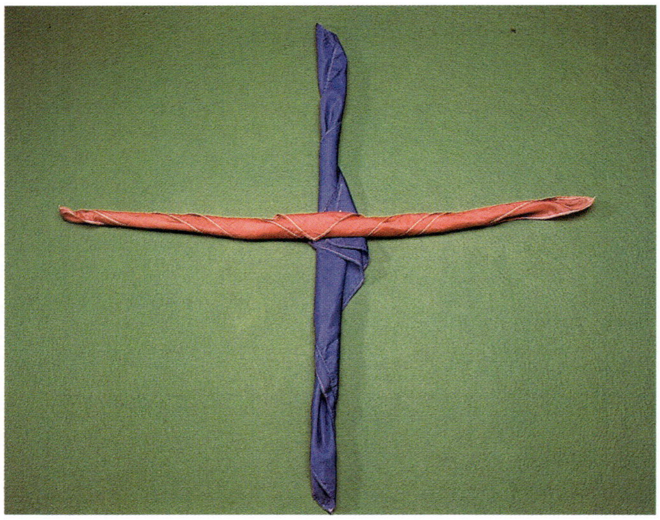

MATÉRIEL

2 MOUCHOIRS DE COULEUR

1 Saisissez chaque mouchoir par les pointes d'une de ses diagonales et roulez-le sur lui-même pour en faire une sorte de boudin. Posez le violet sur la table et placez le rouge au-dessus de sorte que l'ensemble dessine une croix.

2 Soulevez les deux mouchoirs en prenant leur point de jonction entre le pouce et les doigts de la main gauche.

3 De la main droite, saisissez l'extrémité gauche du mouchoir rouge, faites-la passer sous le foulard violet et amenez-la vers la droite.

4 Ramenez-la ensuite à gauche en la faisant passer sur le foulard violet.

❺ Saisissez la pointe violette, dirigée vers vous, passez-la sous la pointe rouge, dirigée vers la droite, et orientez-la vers le public.

❻ Saisissez la pointe rouge, dirigée vers la gauche, faites-la passer sous la pointe violette, que vous venez de manipuler, et amenez-la vers la droite. Ce faisant, ne relâchez pas la pression de vos doigts à la jonction des deux mouchoirs.

❼ Posez délicatement les mouchoirs sur la table. Saisissez les extrémités du rouge dans la main droite, celles du violet dans la main gauche. Le public pense que l'ensemble est intimement lié.

❽ Soufflez doucement sur les mouchoirs – pour que le charme opère – et écartez les bras. À la surprise générale, les deux mouchoirs se désolidarisent.

Truc de métier

- Bien que le tour fonctionne tout seul, vous devrez donner l'impression que votre talent et votre expérience de magicien sont responsables de l'effet final. Et, bien qu'il soit automatique, vous devrez le répéter autant qu'un exercice difficile.

LA UNE DÉCHIRÉE

VOUS FEREZ CERTAINEMENT LA UNE DE LA PRESSE APRÈS AVOIR ACCOMPLI CE TOUR ORIGINAL. PRENEZ LA PREMIÈRE PAGE D'UN JOURNAL ET ATTIREZ L'ATTENTION DU PUBLIC SUR SON NOM ET SON GROS TITRE. DÉCHIREZ CETTE PARTIE ET REPLIEZ LE JOURNAL. FROISSEZ LA PARTIE DÉCOUPÉE ET FAITES-LA DISPARAÎTRE. UNE FOIS LE JOURNAL DÉPLIÉ, ON S'APERÇOIT QUE SON NOM ET SON GROS TITRE ONT RÉAPPARU.

MATÉRIEL

2 JOURNAUX IDENTIQUES
1 PAIRE DE CISEAUX
1 RÈGLE
DE LA BANDE ADHÉSIVE TRANSPARENTE

1 Avant le spectacle, prenez un des deux journaux et préparez-le. Pour ce faire, suivez le pli central du cahier et déchirez la première page depuis le haut jusque sous le nom et le gros titre. Repliez cette partie vers l'arrière en marquant bien le pli.

❷ Prenez le second journal et préparez-le également. Pour ce faire, suivez encore le pli central du cahier et déchirez la première page comme précédemment, mais sur une hauteur légèrement supérieure. Puis déchirez-la dans le sens de la largeur en vous aidant de la règle. Le nom du journal et son gros titre sont donc séparés de la page. Conservez cette découpe et jetez le journal.

❸ Appliquez un peu de bande adhésive sur l'envers et au bas de la découpe. Placez-la délicatement au niveau du pli de la première page du journal initialement préparé. Celui-ci paraît donc intact.

❹ Au début du tour, prenez le journal et montrez sa première et sa dernière page au public. À ce stade, il est inutile de l'ouvrir. Tenez-le de la main droite et « déchirez » le haut de la première page de la main gauche. Montrez cette découpe et posez-la sur la table. Présentez ensuite le journal privé de sa partie supérieure et retournez-le pour diriger la dernière page vers le public. Des doigts de la main droite, dépliez discrètement la partie préparée. En reprenant sa position initiale, elle va masquer le vide créé par la « déchirure ». Pliez le journal en deux de sorte que la dernière page soit exposée et posez-le sur la table.

❺ Vous pouvez alors froisser la fausse découpe et vous en débarrasser en employant une des méthodes destinées à faire disparaître une boule (voir pp. 32-34), mais aussi en recourant à une boîte magique, un sac à échanges ou tout autre accessoire comparable.

❻ Après vous être défait de cette partie, prenez le journal et dépliez-le en dirigeant sa première page vers le public. On verra ainsi que le nom et le gros titre ont mystérieusement réapparu.

UNE ENVELOPPE DE GRANDE VALEUR

LE MAGICIEN PRÉSENTE QUATRE ENVELOPPES NUMÉROTÉES DE 1 À 4. IL EXPLIQUE QUE L'UNE D'ELLES RENFERME DE L'ARGENT QUE TROIS SPECTATEURS VONT POUVOIR REMPORTER. APRÈS AVOIR FAIT CHOISIR UNE ENVELOPPE À CHACUN, IL CONSERVE LA QUATRIÈME. LES SPECTATEURS OUVRENT LEURS ENVELOPPES ET DÉCOUVRENT QU'ELLES SONT VIDES. LE MAGICIEN OUVRE CELLE DONT PERSONNE N'A VOULU ET GAGNE LE GROS LOT. AVANT LE SPECTACLE, GLISSEZ UN MORCEAU DE PAPIER DANS CHAQUE ENVELOPPE. CACHETEZ-LA ET INSCRIVEZ-Y UN NUMÉRO. CETTE DERNIÈRE OPÉRATION PEUT S'EFFECTUER AU MOYEN D'UN STYLO OU DE CHIFFRES-DÉCALQUES DISPONIBLES DANS TOUTES LES PAPETERIES. L'IMPORTANT EST QUE LE PUBLIC VOIE BIEN LES NUMÉROS.

MATÉRIEL

4 ENVELOPPES NUMÉROTÉES
1 BILLET DE BANQUE (UNE GROSSE COUPURE)
4 MORCEAUX DE PAPIER DE LA TAILLE DU BILLET

❶ Formez un éventail avec les enveloppes disposées en ordre numérique. Posez-les sur la table, l'enveloppe 1 étant placée à gauche des autres. Pliez le billet en quatre et bloquez-le avec le pouce sur le côté de l'enveloppe 2. Présentez l'éventail de sorte que le billet soit invisible.

❷ Au début du tour, saisissez les enveloppes entre le pouce et les doigts de la main gauche de façon à tourner les numéros vers le public. Vous pourrez voir le billet, qui restera invisible de la salle.

❸ Demandez à chacun des trois spectateurs de choisir une enveloppe en annonçant son numéro. Lorsque c'est chose faite, sortez l'enveloppe correspondante de l'éventail et tendez-la au spectateur. Faites en sorte que le billet reste bloqué par votre pouce gauche.

❹ Lorsqu'il ne vous reste qu'une enveloppe, tenez-la en dissimulant toujours le billet.

5 Demandez aux spectateurs s'ils souhaitent modifier leur choix. Ils peuvent faire un échange entre eux ou avec vous. Dans le premier cas, vous n'avez pas à vous inquiéter. Dans le second cas, prenez l'enveloppe qu'on vous tend et placez-la devant celle que vous tenez. Puis sortez cette enveloppe et offrez-la au spectateur, de sorte que le billet reste invisible pendant l'opération.

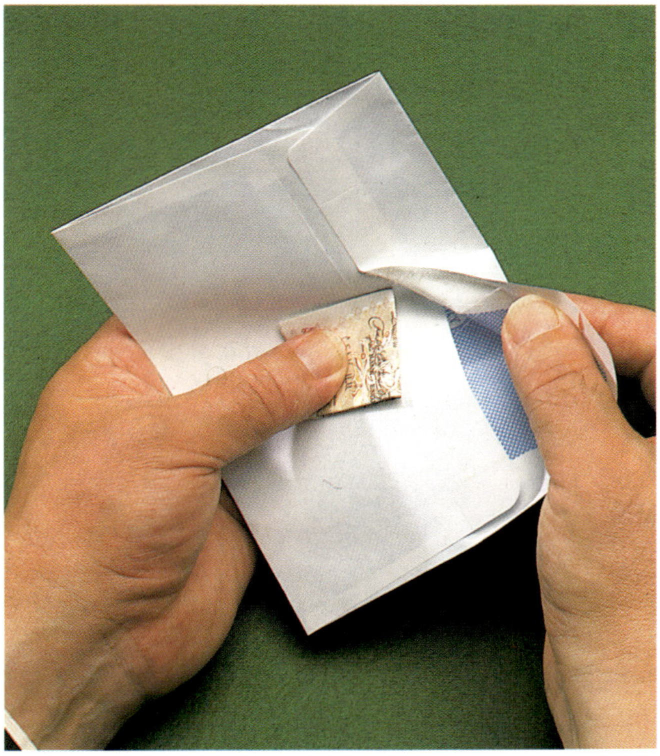

6 Invitez les spectateurs à voir s'ils découvrent le billet dans leur enveloppe. Bien sûr, tout le monde a perdu ! Tout en gardant le billet caché, commencez à ouvrir la vôtre.

7 Glissez-y les doigts de la main droite. Posez le pouce droit sur le billet et écartez la main en entraînant le billet dans le mouvement.

8 Quand vos doigts deviennent visibles, on constate qu'ils tiennent un billet plié. Pour tout le monde, ce billet est sorti de l'enveloppe et l'illusion est parfaite. Apparemment, c'est vous qui avez remporté le gros lot...

Truc de métier

- Au lieu de laisser les enveloppes vides, glissez-y un petit mot de consolation que chaque spectateur pourra lire à voix haute. Parmi les formules possibles, citons : « L'argent ne fait pas le bonheur », « Malheureux au jeu, heureux en amour », « La prochaine fois sera la bonne », etc. Il est conseillé de prévoir des formules humoristiques qui renforceront la légèreté de l'exercice.

LES BALLONS DÉBALLÉS

CET EFFET INSOLITE FAIT APPEL À DES ACCESSOIRES QU'IL EST FACILE DE SE PROCURER. L'EXÉCUTANT FAIT CIRCULER DANS LE PUBLIC DEUX SACS EN PAPIER, DONT UN ORNÉ D'UNE PASTILLE VERTE ET L'AUTRE D'UNE PASTILLE ROUGE. IL FAIT APPARAÎTRE DEUX BALLONS, UN VERT ET UN ROUGE, ET PLACE CHACUN D'EUX DANS LE SAC CORRESPONDANT. QUELQUES INSTANTS PLUS TARD, IL SORT LE BALLON ROUGE DU SAC VERT ET LE BALLON VERT DU SAC ROUGE. VOILÀ UNE BELLE TRANSPOSITION !

MATÉRIEL

2 BALLONS VERTS
2 BALLONS ROUGES
2 SACS EN PAPIER
1 PASTILLE AUTOCOLLANTE VERTE
1 PASTILLE AUTOCOLLANTE ROUGE

1 Préparez votre tour en collant une pastille sur chaque sac en papier. Avec l'extrémité non taillée d'un crayon, introduisez un ballon vert dans le ballon rouge et un ballon rouge dans le ballon vert. Laissez l'embout du ballon interne pointer discrètement au-dehors.

2 Faites circuler les sacs en papier dans le public pour qu'on constate qu'ils sont vides. Présentez chaque ballon et placez-le dans le sac qui porte la pastille assortie à sa couleur. Ce faisant, cachez les embouts avec vos doigts.

3 Agitez votre baguette magique ou claquez dans les doigts pour accentuer le caractère magique du tour. De la main gauche, prenez le premier sac et maintenez-le fermement par la base en serrant vos doigts, à travers le papier, sur le ballon qu'il contient. Plongez-y la main droite pour extraire le ballon interne. Froissez le sac où reste le ballon externe et débarrassez-vous du tout.

4 Reproduisez l'opération avec l'autre sac. Vous aurez montré que les deux ballons ont été interchangés.

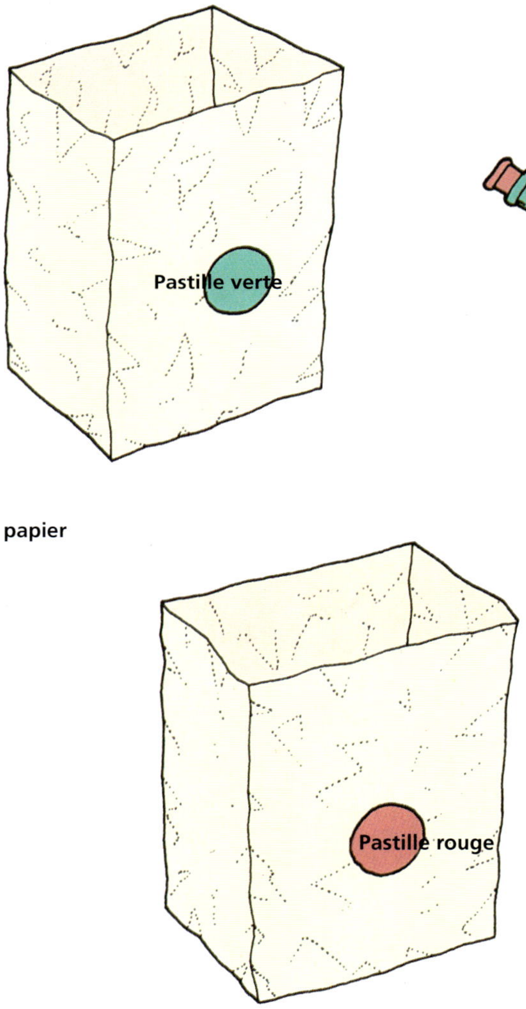

Deux sacs en papier

Ballon vert

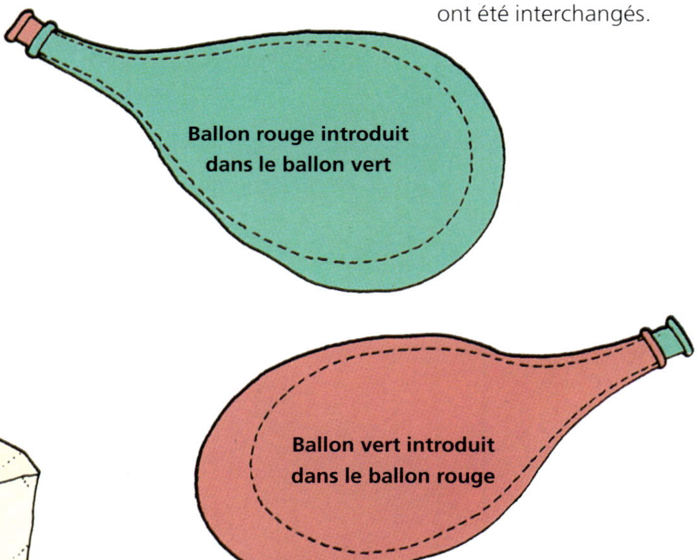

Ballon rouge

LA MAGIE MENTALE

QU'ILS CROIENT OU NON À LA TÉLÉPATHIE, LES SPECTATEURS N'EN SONT PAS MOINS FASCINÉS PAR LA MAGIE MENTALE. POUR DÉSIGNER CES EXERCICES OÙ RÈGNE LA SUPERCHERIE, LES spécialistes préfèrent employer le terme « expériences », car un tour ne rate jamais alors qu'une expérience peut échouer. En ce cas, il est facile de mettre l'échec sur le compte de l'atmosphère ou de la résistance d'un participant. N'incluez jamais ce type d'exercice à un numéro de magie classique.

DE LA SUITE DANS LES IDÉES

LE MAGICIEN FAIT CIRCULER UN JEU PARMI LES SPECTATEURS ET DEMANDE À QUATRE D'ENTRE EUX DE TIRER CHACUN UNE CARTE APPARTENANT À UNE COULEUR DIFFÉRENTE. APRÈS AVOIR RÉCUPÉRÉ LE JEU, IL DISTRIBUE LES CARTES FACE EN HAUT ET ANNONCE RAPIDEMENT L'IDENTITÉ DES CARTES MANQUANTES. PLUS QUE D'UN TOUR, IL S'AGIT D'UNE PRATIQUE NÉCESSITANT UNE FORTE CONCENTRATION. LE MAGICIEN DOIT EN EFFET EFFECTUER QUATRE CALCULS DIFFÉRENTS AU MÊME MOMENT.

MATÉRIEL

1 JEU DE CARTES

1. Imaginez quatre colonnes organisées selon l'ordre de supériorité en vigueur dans les contrats de bridge : pique, cœur, carreau et trèfle. Chacune est réservée à la comptabilité d'une couleur.

2. En distribuant chaque carte, reportez sa valeur (valet = 11, dame = 12, roi = 13) dans la colonne concernée. Une suite complète produit un total de 91. Si vous le souhaitez, vous pouvez faire l'addition en même temps que la distribution. Un total de 83, 79, 88 et 85 implique que les cartes manquantes sont le huit de pique, la dame de cœur, le trois de carreau et le six de trèfle.

3. Il est toutefois plus simple de calculer en base 13 et de remplacer les trois chiffres excédentaires par trois lettres : 1, 2, 3, 4, 5, 6, 7, 8, 9, x, y, z, 10, 11, 12. Lorsqu'un 10, un 11 ou un 12 apparaissent sur une colonne, annulez le 1 initial et transformez-les en 0, 1 et 2. Une fois le compte achevé, soustrayez le total de 13 et vous obtiendrez la valeur de la carte manquante.

Truc de métier

- Ce tour est assez ardu. En vous y exerçant, n'utilisez que vingt-six cartes (les piques et les cœurs) et laissez les autres de côté. Lorsque vous aurez acquis une certaine confiance en vous, ajoutez les carreaux, puis les trèfles. Ne désespérez pas s'il vous faut du temps pour prendre le pli. Quand vous maîtriserez la technique, vous pourrez distribuer les cartes sans avoir à marquer une pause pour calculer. Ce procédé vous sera également utile dans d'autres tours (par exemple, pour identifier une seule carte manquante).

Les cartes renvoyées dos à dos

Le magicien tend un jeu déployé en éventail à un spectateur et lui demande d'y choisir une carte. Il montre qu'elle présente un dos différent des autres. Dans un second jeu, la même carte présente également un dos différent. Comment l'exécutant peut-il connaître la carte choisie et effectuer la substitution en conséquence ?

MATÉRIEL

2 jeux de cartes aux dos différents

❶ Avant le spectacle, prenez le jeu au dos bleu (par exemple) et ôtez-en une carte (par exemple, le cinq de pique) que vous n'aurez même pas à garder sur vous. Déformez légèrement le reste du jeu de sorte qu'il présente une courbure vers le haut lorsqu'il est placé face en haut. Remplacez la carte manquante par la même carte (en l'occurrence, le cinq de pique) extraite du jeu au dos rouge (par exemple). Posez ce dernier sur la table, bien en vue du public.

❷ Laissez le cinq de pique au dos rouge au-dessous du jeu au dos bleu tout en battant les cartes.

❸ Avec le jeu au dos bleu, formez un éventail face en haut. Demandez au volontaire d'y tirer une carte et de la nommer (par exemple, le roi de cœur). Au moment où il fait son choix, repliez l'éventail.

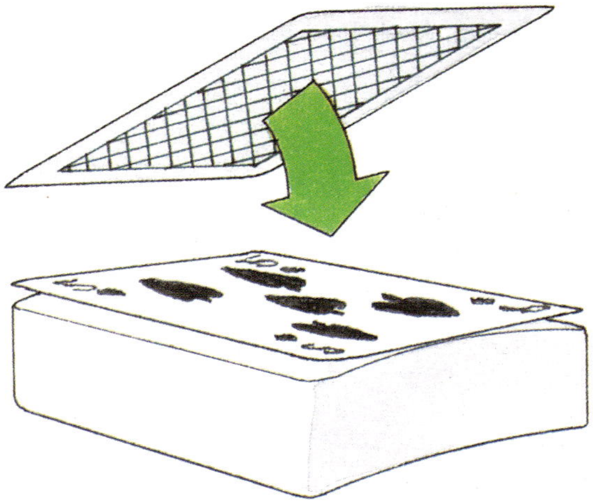

❹ Tenez le jeu face en haut et posez le roi de cœur sur le dessus. Il se trouve donc au-dessus du cinq de pique, qui est la seule carte non déformée.

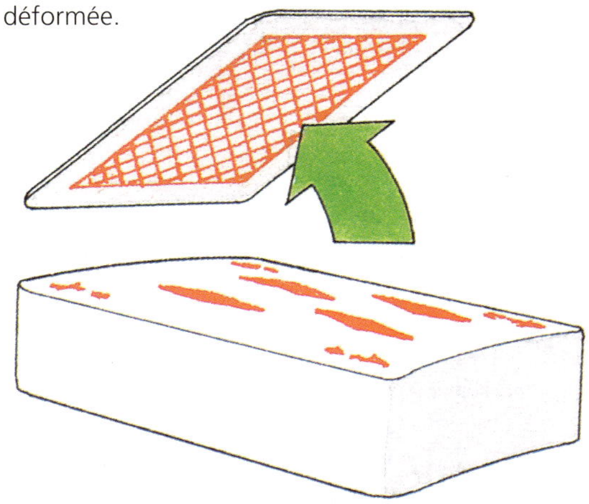

❺ Il vous est alors facile de saisir en même temps les deux cartes du dessus et de montrer que le roi de cœur possède un dos rouge.

❻ Expliquez au public que cette carte doit provenir d'un autre jeu. Prenez celui qui se trouve sur la table (le jeu au dos rouge), glissez-y le roi de cœur et battez les cartes. Vous pouvez vous interrompre pour montrer que le roi de cœur est la seule carte de ce jeu à présenter un dos bleu.

Trucs de métier

- On peut effectuer ce tour avec deux jeux au dos de même couleur, mais ornés de dessins suffisamment différents pour être facilement identifiables. Les jeux au dos bleu ou rouge produisent toutefois un meilleur effet.
- Il est possible de compliquer l'exercice en écrivant une prédiction sur une feuille de papier et en la confiant au spectateur qui va tirer la carte. Le texte annoncera : « Par deux fois, vous allez choisir la carte qui présente un dos différent. » Demandez au volontaire de le lire après avoir fait son choix, au moment où vous vous apprêtez à prendre le second jeu sur la table. Comment pouvez-vous connaître la carte sur laquelle doit porter la substitution ?

LES STYLOS QUI RENDENT FOU

UN ACCESSOIRE ON NE PEUT PLUS QUOTIDIEN, AJOUTÉ À UNE PRÉSENTATION THÉÂTRALE, PERMET DE PRODUIRE UN ÉTONNANT EFFET DE MAGIE MENTALE. L'EXÉCUTANT PROPOSE TROIS STYLOS APPAREMMENT IDENTIQUES À UN VOLONTAIRE QUI DOIT EN CHOISIR UN. L'EXÉCUTANT EST ALORS CAPABLE DE DEVINER LA COULEUR DE L'ENCRE, ET CE AUTANT DE FOIS QUE L'OPÉRATION SE RÉPÈTE.

MATÉRIEL

3 STYLOS À BILLE

1 Choisissez des stylos à bille au corps de plastique opaque. Veillez à ce qu'ils possèdent des capuchons et des corps identiques, mais que leurs encres soient différentes : rouge, bleue et verte.

2 Présentez-les au public et demandez à un volontaire de les prendre pour gribouiller quelque chose sur une feuille de papier. Montrez à l'assistance que les encres sont différentes bien que les stylos soient apparemment identiques.

3 Demandez au volontaire de remettre les capuchons et de mélanger les stylos avant de les poser sur votre table. À ce stade du tour, vous pouvez vous faire bander les yeux ou vous placer dos à la salle.

4 Invitez le spectateur à prendre un stylo et à vous le tendre. Retournez-vous vers la salle tout en effectuant la manipulation sur laquelle repose votre réussite : les deux mains derrière le dos, décapuchonnez rapidement le stylo et posez sa pointe sur l'ongle de votre pouce pour y laisser une tache de couleur. Replacez le capuchon tout aussi rapidement et présentez le stylo au public.

5 Récapitulez les différentes étapes du tour pour créer une tension dramatique et rendez le stylo au volontaire. Si vous portez un bandeau, ôtez-le et jetez un œil à l'ongle de votre pouce pour y déceler la tache. Annoncez la couleur et demandez au spectateur de confirmer vos dires.

À CHACUN SA CROIX

CETTE EXPÉRIENCE DE « TÉLÉPATHIE » EST EN FAIT D'UNE SIMPLICITÉ PRESQUE GÊNANTE. AVEC UN PEU D'APLOMB, VOUS POURREZ LA MENER AVEC BRIO ET CONVAINCRE LE PUBLIC QUE LA TÉLÉPATHIE SUBLIMINALE AGISSANT ENTRE DEUX VOLONTAIRES LEUR PERMET DE CHOISIR LA MÊME CARTE.

MATÉRIEL

1 JEU DE CARTES

2 BANDEAUX

2 STYLOS-FEUTRES

1 Avant de vous produire, tracez une croix rouge sur chaque côté du deux de carreau et videz les deux feutres de sorte qu'ils ne fonctionnent plus. Au début du tour, quand vous battez le jeu, gardez la carte marquée contre votre paume pour la placer au centre plus tard.

2 Expliquez au public que vous allez réaliser une expérience de « télépathie subliminale ». Demandez à deux volontaires de prendre place de part et d'autre de la scène et bandez-leur les yeux.

3 Prenez le jeu et battez-le en gardant le deux de carreau contre la paume. Mêlez les cartes en dirigeant d'abord leur face, puis leur dos vers le public, pour montrer que le jeu est parfaitement normal.

4 Donnez un feutre à chaque volontaire. En revenant vers le premier, battez les cartes et faites passer le deux de carreau au centre du jeu. Formez un éventail face en haut et demandez au premier volontaire de tirer une carte et de tracer une croix sur sa face. Invitez-le ensuite à replacer la carte « comme il le sent ».

5 Retournez vers le second volontaire et répétez l'opération, à cette différence près qu'il devra tracer une croix au dos de la carte choisie.

6 Battez le jeu une dernière fois tout en regagnant le centre de la scène et demandez aux volontaires d'ôter leur bandeau. Présentez les cartes en éventail face en haut et demandez au premier volontaire d'identifier celle qu'il a marquée. Il s'agira, bien sûr, du deux de carreau.

7 Laissez la carte parmi les autres, battez le jeu et dirigez-vous vers le second volontaire. Offrez-lui l'éventail face en bas. Lorsqu'il aura identifié sa propre carte, on s'apercevra qu'il s'agit aussi du deux de carreau.

Truc de métier

- Lorsque chaque volontaire replacera sa carte dans le jeu, il voudra se servir de ses deux mains. Vous le débarrasserez alors du feutre, que vous glisserez naturellement dans la poche de votre veste. Ce faisant, vous empêcherez le volontaire en question de vérifier le fonctionnement du feutre.

LA DOUBLE VUE

Ce tour peut s'effectuer à l'improviste ou parmi tout un programme de magie mentale. L'exécutant est capable de deviner le symbole de PES choisi par un spectateur, bien que les cubes ornés desdits symboles soient enfermés dans une boîte en carton. Le secret de l'exercice ne réside pas dans la capacité du magicien à lire les pensées, mais dans son habileté à manipuler les accessoires.

MATÉRIEL

2 petites boîtes cubiques en carton, d'environ 5 cm² de côté et dotées d'un couvercle à rebords

2 cubes identiques pouvant facilement se glisser dans les boîtes et dont chaque face s'orne d'un symbole de PES (l'étoile, les parallèles brisées, le carré, le cercle, la croix et le triangle)

1. Avant le spectacle, placez un cube dans chaque boîte et reposez le couvercle.

2. Expliquez au public qu'une seule et même pensée peut se dédoubler pour s'infiltrer simultanément dans l'esprit de deux personnes.

3. Présentez les boîtes et demandez à un spectateur de les examiner. Précisez qu'elles contiennent deux cubes ornés des mêmes symboles de PES. Insistez sur le fait que les boîtes et les cubes qu'elles renferment sont de tailles, de formes et de couleurs identiques.

4. Demandez au spectateur de choisir une boîte, d'extraire le cube, de se concentrer sur un des symboles et de modifier son choix s'il le souhaite. Pendant qu'il s'exécute, retournez-vous afin de ne rien voir de ce qui se passe. Lorsqu'il a fini, demandez-lui de reposer le cube dans sa boîte, de sorte que le symbole choisi soit tourné vers le haut. Enfoncez le couvercle sur la boîte et placez le tout sur la table. Invitez le spectateur à se concentrer à nouveau sur le symbole sélectionné.

Deux boîtes en carton identiques munies de couvercles à rebords

Deux cubes identiques ornés des symboles de PES

Point de vue de l'exécutant

Couvercle enfoncé
sur une face de la boîte

Boîte basculée de façon à faire
apparaître le symbole choisi

5 Retournez-vous face au public et récapitulez les différentes étapes du tour. Ce faisant, prenez la boîte choisie et mettez les mains derrière le dos. C'est alors que vous devez effectuer la manipulation sur laquelle repose votre réussite. À l'insu de l'assistance, soulevez le couvercle et glissez-le sur une face de la boîte. Puis faites basculer la boîte pour que le public pense que le couvercle est resté sur le dessus. Tendez-la vers le public en dirigeant vers vous le symbole choisi par le volontaire. Jetez-y un œil et posez l'ensemble sur la table.

6 Dirigez-vous vers la seconde boîte. Feignant de lire les pensées du volontaire, tournez le cube en tous sens et posez-le enfin dans la boîte de sorte que le même symbole soit tourné vers le haut.

7 Il ne vous reste plus qu'à ouvrir les boîtes et à montrer que vous avez fait le bon choix. Prenez celle du volontaire puis, d'un geste rapide et naturel, refermez la main droite sur le couvercle et soulevez-le tout en faisant basculer la boîte de sorte que le fond repose sur votre paume gauche. Ce mouvement de rotation doit rester invisible du public.

8 Posez le couvercle pour montrer le symbole dirigé vers le haut. Demandez au volontaire de soulever le couvercle de votre propre boîte et de faire voir le symbole qui apparaît.

9 Si vous le souhaitez, proposez à un autre spectateur d'examiner les cubes et les boîtes.

COMBIEN SONT-ELLES ?

VOUS PRÉSENTEZ SIX BOÎTES, DONT CHACUNE CONTIENT UN CERTAIN NOMBRE D'ALLUMETTES. ELLES SONT MÉLANGÉES À VOTRE INSU. DANS CES CONDITIONS, POURRIEZ-VOUS DIRE COMBIEN D'ALLUMETTES SE TROUVAIENT DANS LA BOÎTE CHOISIE PAR UN SPECTATEUR ?

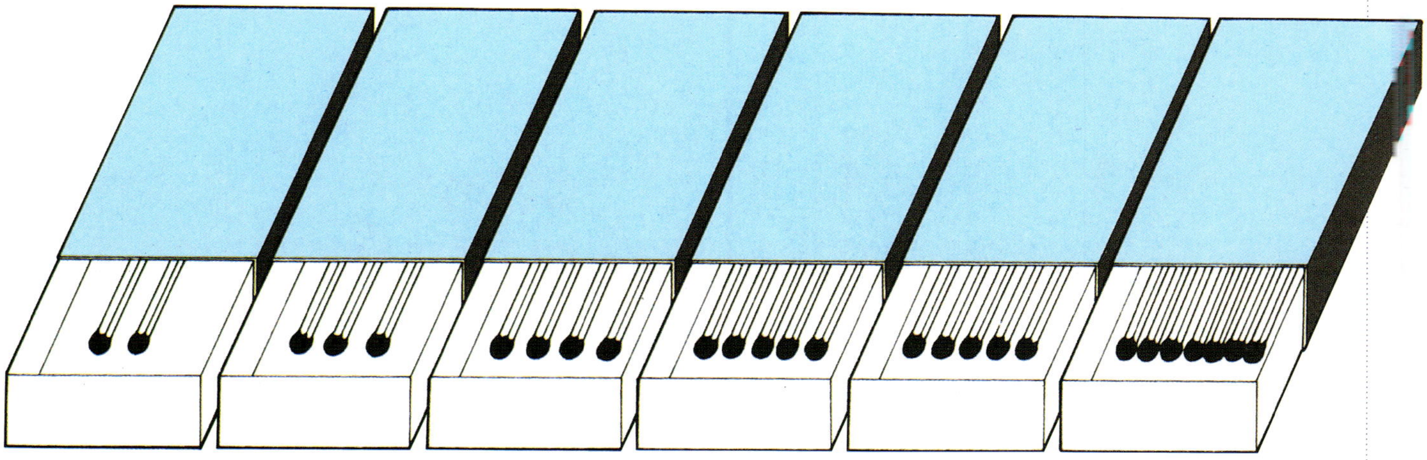

MATÉRIEL

6 BOÎTES D'ALLUMETTES IDENTIQUES
DES ALLUMETTES
1 SAC EN PAPIER

❶ Préparez votre tour en plaçant des allumettes dans toutes les boîtes. Vous pouvez en mettre autant que vous le souhaitez, mais il est préférable de limiter leur nombre. Au début, placez-en au moins deux, trois, quatre, cinq, six et sept. Posez le sac près des boîtes.

❷ Faites circuler les boîtes parmi les spectateurs pour qu'ils les ouvrent. Attirez leur attention sur le fait qu'ils n'en trouveront pas deux qui contiennent le même nombre d'allumettes.

❸ Tournez le dos à la salle ou sortez en donnant ces instructions : un volontaire doit fermer les boîtes, les mélanger et les confier à six personnes de l'assistance. Il doit ensuite choisir un spectateur qui ouvrira sa boîte, comptera les allumettes qu'elle contient et la refermera.

❹ Replacez-vous face au public ou rentrez sur scène et demandez au spectateur dont la boîte a été choisie de se signaler. De la main gauche, saisissez le sac en papier, puis récupérez les boîtes une à une de la main droite. Après avoir pris celle qui a été choisie, ouvrez-la discrètement en la laissant tomber dans le sac. Une fois les six boîtes restituées, repliez le haut du sac et demandez à quelqu'un de secouer le tout vigoureusement.

❺ Commencez à jouer les devins. Prenez une première boîte et placez-la sur votre front en faisant semblant de vous concentrer. Déclarez qu'il ne s'agit pas de la boîte choisie. Reproduisez l'opération avec les deux boîtes suivantes. En sortant la boîte partiellement ouverte, jetez un œil aux allumettes qui apparaissent et comptez-les. Refermez la boîte avant qu'elle ne soit visible du public. Posez-la à côté des autres et sortez celles qui restent.

❻ Donnez le nombre d'allumettes enfermées dans la boîte posée à côté des autres et prouvez votre compétence en renversant son contenu sur la table.

LE COMPTE DES CARTES

LE MAGICIEN COMPTE UN CERTAIN NOMBRE DE CARTES À PARTIR DU DESSUS DU JEU, DEMANDE À QUELQU'UN DE LUI DONNER UN CHIFFRE ENTRE 10 ET 20, ET PEUT RETROUVER LA CARTE CHOISIE GRÂCE À UN SIMPLE CALCUL. LE PUBLIC NE REMARQUE PAS QUE CE TOUR FONCTIONNE TOUT SEUL.

MATÉRIEL

1 JEU DE CARTES

❶ Commencez par compter dix cartes. Pour ne pas attirer l'attention sur le fait qu'il y en a dix, faites le compte à voix basse ou, si vous le faites à voix haute, annoncez onze cartes et arrêtez-vous juste avant d'abattre la onzième carte sur le tas. Faites diversion en expliquant que chacun dispose de pouvoirs magiques sans en être forcément conscient.

❷ En reposant le tas sur le jeu, jetez un œil à la carte du dessous (par exemple, le dix de cœur). Ce faisant, annoncez que l'inconscient de chaque spectateur a enregistré l'emplacement de chaque carte (notamment du dix de cœur) dans le jeu.

❸ Demandez à un volontaire de choisir un nombre entre 10 et 20. S'il annonce, par exemple, le 17, comptez les cartes comme auparavant jusqu'à la dix-septième.

❹ Écartez le reste du jeu, prenez les dix-sept cartes et additionnez les deux chiffres du nombre choisi : 1 + 7 = 8.

❺ Distribuez huit cartes du tas. La huitième sera bien le dix de cœur.

Truc de métier

• Bien évidemment, ce tour ne fonctionne pas si quelqu'un annonce le nombre 20, mais il semblerait étrange de limiter le choix de 10 à 19. En outre, il est fort improbable qu'un spectateur choisisse le 20. Si c'est pourtant le cas, précisez que vous avez demandé un nombre *entre* 10 et 20. Vous pouvez aussi demander à l'ensemble du public de vous donner un nombre et faire semblant de ne pas entendre la personne qui proposerait le 20.

LE COMPTE DES CARTES – VARIANTE

LA RÉUSSITE DE CE TOUR IMPLIQUE UNE CERTAINE AGILITÉ MENTALE. LE MAGICIEN DONNE À UN SPECTATEUR NEUF CARTES (DE L'AS AU NEUF) DE DIFFÉRENTES COULEURS. IL LES RÉPARTIT EN TROIS RANGÉES DE TROIS CARTES, SE RETOURNE ET PARVIENT À IDENTIFIER LA CARTE QUE LE VOLONTAIRE A EXTRAITE DE L'ENSEMBLE.

MATÉRIEL

1 JEU DE CARTES

1 STYLO OU 1 CRAYON

DU PAPIER

❶ Vous avez soigneusement choisi les cartes qui semblent pourtant tirées au hasard. Pour vous souvenir de leur identité, vous pouvez utiliser le procédé mnémotechnique le mieux adapté à votre personnalité. L'un des plus faciles consiste à penser à l'ordre de supériorité en vigueur au bridge : pique, cœur, carreau et trèfle. Les deux premières couleurs sont représentées par des nombres impairs et les deux dernières par des nombres pairs. En additionnant les piques, puis les chiffres qui composent le total, on trouvera un nombre plus élevé que pour les cœurs : ainsi, l'as, le cinq et le neuf sont des piques (1 + 5 + 9 = 15, 1 + 5 = 6), alors que le trois et le sept sont des cœurs (3 + 7 = 10, 1 + 0 = 1). De même, le deux et le six sont des carreaux, le quatre et le huit des trèfles.

❷ Comptez les neuf cartes que vous avez préalablement placées au-dessus du jeu et tendez-les à un spectateur en lui demandant de les répartir en trois rangées de trois cartes. Retournez-vous de façon à ne rien voir de leur ordonnancement.

❸ Le dos toujours tourné, invitez le volontaire à extraire une carte de l'ensemble.

❹ Demandez-lui d'imaginer que les cartes de chaque rangée forment un nombre de trois chiffres : par exemple, le quatre, le huit et le six donnent le nombre 486. L'emplacement de la carte extraite doit être considéré comme un 0. Demandez-lui ensuite d'additionner les nombres correspondant aux trois rangées, puis les chiffres qui composent le total. S'il le souhaite, il peut effectuer le calcul sur une feuille de papier.

❺ Invitez-le à vous communiquer le total. Vous pourrez alors identifier la carte manquante. Il est facile de déterminer sa valeur : soustrayez le total de 9 s'il est inférieur à 9, de 18 s'il se situe entre 9 et 17, ou de 27 s'il est supérieur à 18. Un simple principe mathématique vous garantit que le résultat de cette soustraction correspondra à la valeur de la carte manquante.

Truc de métier

• Vous pouvez répéter l'opération trois ou quatre fois. Gardez le dos tourné à la salle et prenez des volontaires différents qui répartiront les cartes à leur gré. Ne choisissez pas un procédé mnémotechnique trop simple. Quelqu'un pourrait remarquer, par exemple, que toutes les noires correspondent à des nombres impairs et toutes les rouges à des nombres pairs.

LE COMPTE DES CARTES – AUTRE VARIANTE

L'EXÉCUTANT DISTRIBUE LE JEU, APPAREMMENT AU HASARD, ET EST EN MESURE DE DEVINER LA VALEUR D'UN ENSEMBLE DE CARTES COMPTÉ PAR UN VOLONTAIRE.

MATÉRIEL

1 JEU DE CARTES

1 STYLO OU 1 CRAYON

DU PAPIER

1 Avant de commencer le tour, préparez le jeu en séparant les deux, les sept et les dames des autres cartes.

2 Choisissez un ordre (par exemple : trois, cinq, valet, roi, neuf, as, quatre, six, huit et dix) et répartissez dix cartes sur une rangée en mélangeant les couleurs.

3 Avec dix autres cartes, formez une deuxième rangée en reprenant le même ordre numérique et en mélangeant toujours les couleurs.

4 Effectuez l'opération une troisième et une quatrième fois. Formez une pile de chaque rangée et regroupez le tout pour obtenir un jeu de quarante cartes.

5 Battez bien les douze cartes extraites au début (les deux, les sept et les dames) et posez-les au-dessus du jeu.

6 Commencez le tour en comptant les dix premières cartes face en haut et demandez à un spectateur d'additionner leur valeur (valet = 11, dame = 12, roi = 13). Rassemblez les cartes et remettez-les dans le jeu. Pendant que le public se concentre sur le volontaire qui annonce le total, replacez environ la moitié des cartes au-dessus du jeu et environ la moitié au-dessous.

7 Comptez à nouveau les dix premières cartes à partir du dessus du jeu. Tandis que le spectateur effectue son calcul, écrivez le nombre 70 sur un morceau de papier. Pliez-le et confiez-le à quelqu'un d'autre.

8 Reprenez le deuxième groupe de dix cartes au volontaire et posez-le au-dessus du jeu. Annoncez que vous avez inscrit le total des dix cartes qui vont suivre.

9 Coupez le jeu au hasard et tendez la moitié inférieure au volontaire. Lorsqu'il aura compté les dix premières cartes et additionné leur valeur, il obtiendra effectivement un total de 70.

Trucs de métier

- D'un spectacle à l'autre, vous pouvez modifier le total en excluant trois autres cartes : par exemple, si vous éliminez les deux, les huit et les dames à la place des deux, des sept et des dames, le volontaire parviendra à un total de 69.
- Il est possible de renforcer l'effet en demandant au spectateur de couper le jeu – la coupe doit se faire au niveau du milieu. Si vous constatez qu'il s'apprête à couper vers le haut ou le bas, reprenez-lui les cartes sous un prétexte quelconque – « C'est un jeu neuf, on dirait que les cartes sont collées... Ah non ! Tout va bien ! » – et rendez-les lui. Il y a peu de risques qu'il se montre aussi pervers la fois suivante.

L'ÉPREUVE DU LIVRE

PLUSIEURS GÉNÉRATIONS DE MAGICIENS ET D'AMATEURS DE MAGIE MENTALE ONT UTILISÉ DES LIVRES DANS LEURS EXERCICES. LES MÉTHODES VARIENT, MAIS L'EFFET RESTE À PEU PRÈS IDENTIQUE. VOUS POUVEZ ACCOMPLIR CE TOUR EN EMPRUNTANT UN LIVRE À UN SPECTATEUR. EN PROUVANT QUE CET ACCESSOIRE NE COMPORTE AUCUN TRUCAGE, VOUS DONNEREZ UNE APPARENCE D'AUTHENTICITÉ À VOTRE EXPÉRIENCE.

MATÉRIEL

1 LIVRE DE POCHE D'ENVIRON 180 PAGES
1 CARTE À JOUER OU 1 CARTE DE VISITE

❶ Confiez le livre à un volontaire. Demandez-lui de constater que les pages sont bien toutes différentes et que le livre n'a nullement été préparé.

❷ Donnez-lui la carte à jouer ou la carte de visite. Invitez-le à choisir une page et à noter son numéro ainsi que son dernier mot. Demandez-lui alors de se concentrer – notamment sur le dernier mot – et de marquer la page avec la carte.

❸ Reprenez-lui le livre. La carte qui sert de marque-page va vous permettre d'obtenir les informations dont vous avez besoin : le numéro et le dernier mot de la page.

❹ Récapitulez les différentes étapes du tour. Ce faisant, promenez le pouce sur les pages comme pour effeuiller un jeu de cartes et expliquez que ce livre doit bien contenir des milliers de mots. Vous noterez que votre pouce s'arrête brièvement sur la page marquée, puis saute et passe à la suivante. Profitez de cet instant pour mémoriser le numéro et le dernier mot de la page et feuilletez le reste du livre. Par ce geste, vous êtes simplement censé constater qu'il comporte 180 pages et des milliers de mots.

❺ La suite ne pose aucun problème. Demandez au spectateur de se concentrer sur le numéro et le dernier mot de la page choisie. Il vous sera facile de les annoncer.

LES 49 CARTES

BIEN QU'IL FONCTIONNE TOUT SEUL, CE TOUR EXIGE DU MAGICIEN UNE CERTAINE APTITUDE AUX MATHÉMATIQUES. IL PEUT S'ACCOMPAGNER D'UN COMMENTAIRE AMUSANT ET ÊTRE EFFECTUÉ PAR UN VOLONTAIRE.

MATÉRIEL

1 JEU DE CARTES

❶ Retirez trois cartes du jeu et donnez le reste à un spectateur. Demandez-lui d'en choisir une, de la mémoriser, de battre le jeu et de le diviser en sept tas de sept cartes face en bas.

❷ Pendant qu'il s'exécute, éloignez-vous de la table. Invitez-le à retrouver sa carte dans un des sept tas qu'il a constitués, puis, en comptant de gauche à droite, à vous indiquer le numéro correspondant au tas en question. Demandez-lui ensuite de poser le deuxième tas sur le premier, le troisième sur le deuxième, le quatrième sur le troisième, etc.

❸ Lorsqu'il a reconstitué le jeu, proposez au spectateur de répartir les cartes face en bas en sept tas face en haut, d'y rechercher sa carte et de vous communiquer le numéro de celui qui contient la carte.

❹ Invitez-le à reposer les tas comme précédemment et à distribuer les cartes une à une. Au bout d'un moment, arrêtez-le et annoncez-lui que la carte suivante sera celle qu'il a choisie. Et de fait, vous aurez raison...

❺ En fait, le calcul est simple : il vous faut déduire 1 du numéro correspondant au deuxième tas et multiplier le résultat par 7. Ajoutez le numéro correspondant au premier tas et le total vous donnera l'emplacement de la carte choisie à la dernière donne. Imaginez, par exemple, que la carte du volontaire est la troisième lors de la première donne. Elle se trouvera donc dans le tas 3. Lors de la deuxième donne, elle sera placée en troisième position à partir du dessous du tas 1. 1 – 1 = 0 ; 7 x 0 = 0 ; 0 + 3 = 3. La carte choisie sera bel et bien la troisième à être distribuée lors de la dernière donne.

Truc de métier

• La plupart du temps, votre calcul aboutira à un nombre situé entre 20 et 40. Il vous faudra donc compter de nombreuses cartes. Au début, faites comme si de rien n'était, puis, lorsque le volontaire effectuera la dernière donne, commencez à manifester votre impatience. Le moment venu, approchez à grands pas de la table et sortez la bonne carte du jeu.

COMMENT RÉCITER UN JEU DE CARTES

ON DISTINGUE LES VRAIS SPÉCIALISTES DE MAGIE MENTALE À LEUR APPARENTE CAPACITÉ À DEVINER L'IDENTITÉ DES CINQUANTE-DEUX CARTES D'UN JEU. LE TOUR SUIVANT VOUS PERMETTRA D'ATTEINDRE CE RÉSULTAT. UN VOLONTAIRE BAT UN JEU, PUIS L'EXÉCUTANT DEVINE LA COULEUR ET LA VALEUR DES CARTES À MESURE QU'ELLES SONT RETOURNÉES.

MATÉRIEL

1 JEU DE CARTES

1 Juste avant le spectacle, prenez une carte assortie au jeu, mais non nécessaire (le joker fera parfaitement l'affaire) et déchirez son angle supérieur gauche, de façon à faire apparaître la valeur et la couleur de la carte suivante.

2 Demandez à un spectateur de battre le jeu. Si besoin est, désignez une personne dont vous aurez remarqué l'air sceptique et proposez-lui de faire de même.

❸ De retour sur scène, mettez les mains derrière le dos et expliquez que vous allez battre le jeu une dernière fois. En fait, cette explication ne servira qu'à justifier les mouvements de vos bras. Commencez par retourner la première carte de façon à ce qu'elle soit placée face en haut. Sortez la carte préparée d'une poche ou de tout autre endroit où vous l'aurez cachée et posez-la face en bas au-dessous du jeu. Lorsque vous refaites passer le jeu devant vous, assurez-vous de cacher l'angle déchiré avec votre pouce.

❹ Présentez le jeu en dirigeant la face de la première carte vers le public ; le joker vous présente donc son dos. Grâce à la découpe, vous voyez un angle supérieur de la carte suivante et pouvez annoncer sa valeur et sa couleur.

❺ Prenez soin de lancer chaque carte aux spectateurs pour qu'ils la vérifient (sur le lancer de cartes, voir pp. 25-27). Cette manœuvre les empêchera de remarquer que les cartes sont tournées dans le mauvais sens lorsque vous les sortez du jeu.

MUTUS NOMEN COCIS DEDIT

L'EXÉCUTANT DEMANDE À UN SPECTATEUR DE BATTRE LE JEU ET DE DISTRIBUER LES VINGT PREMIÈRES CARTES DEUX PAR DEUX. IL PEUT DEVINER LA VALEUR ET LA COULEUR DE LA PAIRE CHOISIE PAR LE VOLONTAIRE, BIEN QUE LE JEU AIT ÉTÉ REDISTRIBUÉ. SA RÉUSSITE DÉPEND DE SA CAPACITÉ À SE SOUVENIR D'UNE FORMULE LATINE : *MUTUS NOMEN COCIS DEDIT*.

MATÉRIEL

1 JEU DE CARTES

1 Demandez à un spectateur de battre le jeu et de distribuer les vingt premières cartes deux par deux. Écartez le reste du jeu.

2 Invitez le volontaire à choisir une des dix paires sans vous la révéler.

❸ Ramassez les vingt cartes et disposez-les sur la table, apparemment au hasard, en quatre rangées de cinq cartes. Demandez au spectateur de repérer les cartes de la paire dissociée et de vous indiquer la rangée ou les rangées où elles se trouvent. Vous pouvez immédiatement les identifier.

❹ En fait, lorsque vous répartissez les vingt cartes en quatre rangées de cinq, visualisez les mots de la formule latine ainsi agencés :

M U T U S
N O M E N
C O C I S
D E D I T

Posez la première carte sur l'angle supérieur gauche, à l'emplacement du M, et la deuxième carte au centre de la deuxième rangée, à l'emplacement de l'autre M. Les deux cartes suivantes prennent la place des deux U, les deux suivantes prennent celle des deux T, etc., jusqu'à épuisement du paquet.

❺ Il vous suffit donc de connaître la rangée ou les rangées où apparaissent les cartes de la paire choisie pour les identifier.

Truc de métier

• Pour obtenir un meilleur effet, demandez à différents spectateurs de choisir chacun une paire. Le fait que vous puissiez localiser deux cartes sur la base d'une seule information n'est en soi guère impressionnant. Mais si vous pouvez effectuer l'opération plusieurs fois et à toute vitesse, vous parviendrez à un effet véritablement magique.

LES 52 PENSÉES

APRÈS VOUS AVOIR VU RÉALISER CETTE AUTRE VARIANTE DE « COMMENT RÉCITER UN JEU DE CARTES » (VOIR P. 204), LE PUBLIC NE POURRA QU'ADMIRER VOTRE MÉMOIRE OU VOTRE HABILETÉ. UN VOLONTAIRE BAT LE JEU ET VOUS LE REND. VOUS RÉVÉLEZ ALORS LE NOM DES CINQUANTE-DEUX CARTES. PLUS COMPLEXE QUE LES DEUX PRÉCÉDENTES, CETTE VERSION PRÉSENTE L'AVANTAGE DE POUVOIR ÊTRE EXÉCUTÉE EN AVEUGLE. VEILLEZ À CE QU'UN COMPLICE VOUS BANDE LES YEUX DE FAÇON À ENTREVOIR UNE CARTE DÈS SON APPARITION.

MATÉRIEL

1 JEU DE CARTES
(ÉVENTUELLEMENT EMPRUNTÉ)

1 Demandez à un spectateur de battre le jeu. Lorsque vous le reprenez, mémorisez la première carte face en haut.

2 Tout en tenant les cartes, mettez les mains derrière le dos et coupez discrètement le jeu au niveau du centre. Toujours à l'insu du public, placez les deux moitiés dos à dos de sorte que l'une se présente face en haut et l'autre face en bas.

3 Faites passer le jeu devant vous en veillant à ce qu'il apparaisse face au public. La carte tournée vers la salle est celle que vous avez mémorisée. Annoncez son identité tout en jetant un œil à celle qui est dirigée vers vous.

4 Remettez les mains derrière le dos, retirez la carte du dessus, débarrassez-vous d'elle et retournez à nouveau le jeu.

5 Refaites passer le jeu devant vous. La carte placée face au public (apparemment, elle suivait celle que vous venez d'annoncer et d'écarter) est la deuxième que vous ayez mémorisée (voir étape 3). Donnez son identité.

6 Reproduisez l'opération jusqu'à épuisement des cartes. Retournez le jeu dès que vous avez passé les mains derrière le dos de façon à pouvoir jeter un œil à la carte suivante. Le public ne devinera jamais que la moitié du jeu est placée face à vous si vous égalisez bien les bords des cartes.

Les deux font la paire

Grâce à cette expérience, vous allez pouvoir captiver l'attention des spectateurs en quête de nouveauté...

MATÉRIEL

1 jeu composé de 27 paires de cartes
Des enveloppes

❶ Expliquez au public que vous tenez un jeu composé de vingt-sept paires de cartes assorties. Tendez-les à un spectateur pour qu'il les batte. Reprenez-les et choisissez une carte au hasard (vous pouvez aussi faire choisir la même personne). Jetez-y un œil discret et glissez-la dans une enveloppe sans la faire voir à la salle.

❷ Disposez le jeu en éventail et présentez-le face en haut aux spectateurs pour qu'ils puissent l'examiner. Ce faisant, repérez l'emplacement de la carte assortie à celle qui se trouve dans l'enveloppe.

❸ En repliant l'éventail, coupez le jeu discrètement de sorte que la carte assortie se retrouve au-dessus des autres (toutes sont à présent face en bas). Posez naturellement l'enveloppe sur le jeu et demandez à quelqu'un de la signer pour prouver qu'il n'y a pas de trucage.

❹ Lorsque vous prenez l'enveloppe pour la déposer sur un côté de la table, saisissez en même temps la première carte. Demandez à un autre spectateur de couper le jeu et marquez la coupe en insérant l'enveloppe (et la carte cachée) entre les deux moitiés. La carte assortie se trouve donc à l'endroit de la coupe.

❺ Expliquez qu'il serait étrange de voir une paire constituée de la carte tirée au hasard, puis placée dans l'enveloppe, et de la carte choisie par le spectateur en coupant. Demandez alors au premier volontaire de soulever une moitié du jeu, de saisir l'enveloppe, de l'identifier comme celle qu'il a signée et d'en sortir la carte.

❻ Proposez au second volontaire de prendre la carte qui marque la coupe (au-dessus de la moitié inférieure du jeu) et de la placer face en bas à côté de la précédente. Retournez les deux cartes pour montrer qu'elles forment bien une paire.

Des rayons X au bout des doigts

Un volontaire coupe et distribue les cartes, mais le magicien est capable, grâce à son pouvoir de concentration, d'identifier cinq d'entre elles à la vue de leur dos.

MATÉRIEL

1 jeu de cartes

❶ Avant d'entrer en scène, placez sous le jeu cinq cartes dont vous avez mémorisé l'identité et l'ordre. En dernière position, placez la dame de pique.

❷ Expliquez au public que vous devez vous débarrasser de deux cartes pour former cinq paquets égaux. Prévenez un volontaire qu'il va devoir extraire les deux cartes jugées les plus néfastes : la dame de pique et l'as de pique.

❸ Battez le jeu en laissant les cinq cartes mémorisées et la dame de pique au-dessous des autres. Demandez au volontaire d'extraire d'abord l'as de pique et de couper le jeu. Cette coupe ne modifie en rien l'ordre des cartes.

❹ Demandez-lui alors d'extraire la dame de pique et de recouper le jeu. Cette seconde coupe, effectuée après que la dame de pique a disparu, a pour effet de replacer les cinq cartes choisies au-dessous du jeu.

❺ Proposez-lui de répartir les cartes en cinq paquets égaux de la façon suivante : une, une, une, une, une, deux, deux, deux, deux, deux, etc., et non dix à la suite, puis dix autres, etc.

❻ Appuyez l'extrémité des doigts sur la première carte de chaque paquet et feignez de vous concentrer. Annoncez que la première carte du premier paquet est, par exemple, un huit de pique. Bien évidemment, ce sera le cas. Répétez l'opération pour les quatre autres paquets.

L'ART DE COMBLER LES VIDES

CETTE EXPÉRIENCE DE MAGIE MENTALE PERMET À L'EXÉCUTANT DE DEVINER LA VALEUR ET LA COULEUR D'UNE CARTE CHOISIE PAR UN SPECTATEUR. ELLE NÉCESSITE LA PARTICIPATION DE QUATRE PERSONNES DE L'ASSISTANCE ET IMPLIQUE QUE LE MAGICIEN TOURNE LE DOS À LA SALLE, D'OÙ UN EFFET PARTICULIÈREMENT SAISISSANT.

MATÉRIEL

1 JEU DE CARTES

❶ Avant le spectacle, glissez dans la poche de votre veste trois cartes prises au hasard dans le jeu.

❷ Posez le jeu sur la table et retournez-vous. Demandez à un spectateur de tirer quatre cartes, puis de les disposer de gauche à droite et face en bas.

❸ Le dos toujours tourné vers la salle, invitez le spectateur à regagner son siège. Demandez à un autre volontaire de tirer une des quatre cartes (par exemple, le cinq de cœur), de la montrer au public et de retourner s'asseoir.

❹ Proposez à un troisième spectateur de ramasser les cartes en respectant le même ordre et de vous les apporter. Renvoyez-le à sa place, examinez les cartes et mettez-en une dans votre poche de poitrine. Demandez à un quatrième volontaire de prendre les trois cartes restantes et de les disposer comme auparavant, en laissant un espace à l'emplacement de la carte manquante.

❺ Retournez-vous vers le public, observez les cartes alignées sur la table, sortez la quatrième de votre poche et posez-la sur l'emplacement vide. Il s'agit, bien sûr, du cinq de cœur.

❻ Lorsque vous avez le dos tourné, profitez de la diversion provoquée par les allées et venues des volontaires. Quand vous expliquez au public que vous glissez une seule carte dans votre poche, en fait vous empochez les quatre. Après vous être retourné, l'emplacement vide vous indique la position de la carte choisie. Mettez la main à la poche et prenez-y la bonne carte. Sortez-la comme si elle était seule à se trouver dans votre poche.

LE MOUTON NOIR

UN VOLONTAIRE FORME UN TAS DE CARTES ROUGES ET UN TAS DE CARTES NOIRES. LE MAGICIEN PRÉDIT LE NOMBRE DE CARTES QUI MANQUERA AU PLUS PETIT POUR ÊTRE ÉGAL AU PLUS GRAND. CE TOUR REPOSE SUR UNE SUPERCHERIE ASSEZ SIMPLE, AISÉMENT DISSIMULÉE PAR UN COMMENTAIRE ADÉQUAT ET QUELQUES COMPLICATIONS INUTILES.

MATÉRIEL

1 JEU DE CARTES

1 CRAYON OU 1 STYLO

DU PAPIER

❶ Avant le début du tour, sortez deux cartes noires du jeu.

❷ Commencez par battre le jeu, puis demandez à un volontaire d'en faire autant. Par précaution, proposez à un autre spectateur de refaire l'opération.

❸ Pendant ce temps, écrivez une prédiction sur une feuille de papier, pliez-la en deux ou en quatre et confiez-la à une personne assise au premier rang en lui recommandant de ne pas l'ouvrir.

❹ Demandez au premier volontaire de distribuer les cartes deux par deux. S'il retourne deux rouges, il devra les poser à droite et s'il retourne deux noires, à gauche. S'il retourne deux cartes de couleurs différentes, il devra les mettre de côté.

❺ Lorsque c'est chose faite, invitez-le à compter les cartes du tas de droite et celles du tas de gauche.

❻ Demandez à la personne qui a gardé la feuille de papier de se lever et de lire votre prédiction : « Il y aura deux cartes rouges en plus. » Le volontaire confirme que c'est bien le cas.

ILLUSIONS

POUR RÉALISER DES ILLUSIONS, IL EST NÉCESSAIRE DE DISPOSER D'ACCESSOIRES VOLUMINEUX, D'UNE SCÈNE ASSEZ VASTE ET D'UN ASSISTANT. L'ÉQUIPEMENT REQUIS POUR MONTER UN SPECTACLE professionnel s'avère parfois coûteux. Ce chapitre présente pourtant certains tours qui peuvent s'effectuer avec un matériel extrêmement réduit. L'assistant joue un rôle très important, car c'est souvent lui qui accomplit le tour, tandis que le magicien se contente d'assurer la présentation.

COMMENT S'ÉVADER D'UN SAC

HARRY HOUDINI POUVAIT SE LIBÉRER DE CHAÎNES, DE CAMISOLES DE FORCE ET DE SACS. PARVENU À LA GLOIRE DE SON VIVANT, IL RESTE BIEN CONNU DES PUBLICS CONTEMPORAINS. EXTRÊMEMENT SIMPLE ET FAISANT APPEL À DES ACCESSOIRES QU'IL EST FACILE DE CONFECTIONNER, CE TOUR PRODUIT AUTANT D'EFFET QUE LES EXERCICES PRATIQUÉS PAR LE ROI DE L'ÉVASION AU SIÈCLE DERNIER.

MATÉRIEL

1 SAC DE TOILE SUFFISAMMENT GRAND POUR CONTENIR UN HOMME (VOIR ÉTAPE 1)
DE LA CORDE EN GRANDE QUANTITÉ
1 PARAVENT OU 1 RIDEAU

Note : les enfants doivent exécuter ce tour sous la surveillance d'un adulte.

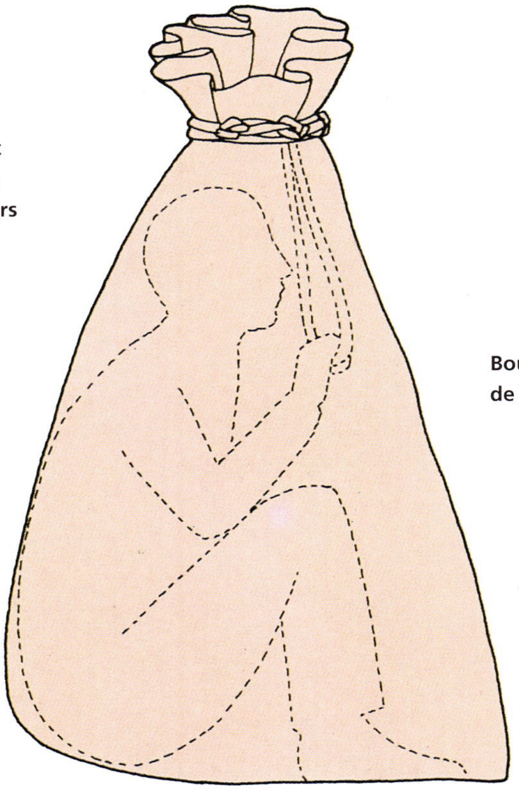

❶ Confectionnez un sac avec de la toile noire. Au sommet, prévoyez plusieurs trous (renforcés par des œillets si vous souhaitez reproduire l'exercice) dans lesquels une corde pourra coulisser. Veillez à ce qu'une bonne longueur de corde subsiste de chaque côté de la partie passée dans les trous. Au début de votre prestation, le sac doit être posé sur un paravent plié.

❷ Bien qu'il soit possible de demander la participation d'un seul spectateur, l'illusion est plus impressionnante si deux volontaires interviennent. La fermeture et la vérification du sac sont en effet les étapes les plus importantes. Demandez aux spectateurs d'examiner soigneusement le sac, de le poser à terre et d'en faire voir le fond.

❸ Placez les pieds sur le fond du sac et invitez les volontaires à le relever. Au même moment, abaissez légèrement une main et accroupissez-vous. Ce faisant, effectuez le geste d'où va dépendre votre réussite : saisissez la corde et retenez-la fermement tandis que vous vous baissez. Gardez cette boucle bien en main pendant que les spectateurs tirent sur le reste de la corde pour fermer le sac.

❹ Lorsqu'ils auront fait autant de nœuds que possible autour de l'ouverture du sac, demandez-leur de déplier le paravent devant vous et de regagner leur place.

❺ Pour réussir votre évasion, lâchez la boucle que vous retenez, dégagez l'ouverture du sac et redressez-vous. Vous pouvez faire durer l'illusion en produisant des bruits qui feront penser que vous éprouvez des difficultés à vous libérer. Jetez le sac par-dessus le paravent et faites votre apparition.

Truc de métier

- Bien qu'il ne faille que quelques secondes pour sortir du sac, il serait bon de demander à un spectateur de vous chronométrer afin de renforcer votre effet.

ENFONCER UNE TIGE EN MÉTAL DANS UN CORPS

S'IL EST FACILE D'ENFONCER UNE ÉPÉE OU UN MORCEAU DE BOIS DANS LE CORPS D'UN ASSISTANT ENFERMÉ DANS UNE MALLE, IL EST BEAUCOUP PLUS DIFFICILE D'ENFONCER UNE TIGE MÉTALLIQUE DANS LE CORPS D'UN SPECTATEUR AU VU ET AU SU DE TOUS.

MATÉRIEL

1 TIGE D'ACIER D'ENVIRON 40 CM DE LONG, EFFILÉE À UNE EXTRÉMITÉ POUR PARAÎTRE PLUS DANGEREUSE

2 BOULES DE BOIS IDENTIQUES (VOIR ÉTAPE 1)

DE LA COLLE FORTE

1 MOUCHOIR DE POCHE

Note : les enfants doivent exécuter ce tour sous la surveillance d'un adulte.

❶ Percez un trou jusqu'au centre d'une boule de bois et enfoncez-y l'extrémité non effilée de la tige métallique. Si vous le souhaitez, versez quelques points de colle forte à la jonction de la boule et de la tige ; vous pourrez ainsi manipuler l'ensemble sans craindre qu'il se dissocie. Percez la seconde boule de part en part de sorte que le diamètre du trou soit supérieur à celui de la tige à son extrémité la plus épaisse. Préparez un mouchoir en le tachant d'une peinture qui imite les gouttes de sang. Repliez le mouchoir de façon à ce que les taches soient invisibles.

❷ Pour accomplir ce tour, passez une veste. Mettez la boule indépendante et le mouchoir dans votre poche droite. Posez la tige sur la table.

❸ Demandez l'aide d'une personne de l'assistance, que vous appellerez la « victime », en précisant qu'elle ne court aucun danger.

❹ Tendez-lui la tige pour qu'elle l'examine. Donnez-en un grand coup sur la table pour éprouver sa solidité et renforcer le caractère dramatique de la scène.

❺ Sortez le mouchoir de votre poche droite en expliquant que vous en aurez peut-être besoin en cas d'« incident ». Ce faisant, dissimulez la boule dans la paume droite.

❻ Posez le mouchoir (désormais inutile) sur la table tout en enfilant discrètement la boule empaumée sur la tige.

❼ Demandez au spectateur de se placer de profil ou de face par rapport à la salle. Pendant ce temps, glissez la boule jusqu'à celle qui est fixée à l'autre extrémité de la tige.

❽ Posez la main sur la boule mobile, tournez-vous de façon à présenter votre profil droit au public et enfoncez légèrement la pointe de la tige dans le dos du spectateur.

❾ Seule la boule mobile est visible (la boule fixe est dissimulée par le bras droit). Poussez-la le long de la tige et enfoncez ainsi la boule fixe et la tige dans la manche droite de votre veste. Vue du public, la tige entre bien dans le corps du volontaire.

❿ Prenez le mouchoir, couvrez-en la boule mobile et passez-le sur toute la tige. Il atteint donc l'extrémité de la tige en même temps que la boule mobile. Faites tomber discrètement celle-ci dans votre main gauche. Le public ne distingue rien de ce qui se passe de ce côté de votre corps.

⓫ Posez la tige sur la table. Dépliez le mouchoir pour montrer les fausses taches de sang et rangez-le (ainsi que la boule empaumée) dans votre poche gauche. Refaites circuler la tige pour qu'on l'examine.

L'ILLUSION DES 2 BOÎTES

LA PLUPART DES ILLUSIONS S'APPUIENT SUR DES MÉTHODES ANCIENNES. L'EFFET SUIVANT REPOSE SUR UN PRINCIPE ENCORE EN USAGE DE NOS JOURS : L'ART DU NOIR. CETTE TECHNIQUE VEUT QU'UN OBJET NOIR PLACÉ DEVANT UN ARRIÈRE-PLAN NOIR SOIT INVISIBLE. LE MAGICIEN MONTRE DEUX GRANDES BOÎTES VIDES ET LOGE LA PREMIÈRE DANS LA SECONDE. LORSQUE RETENTIT UN COUP DE FEU, UN ASSISTANT SURGIT DE L'ENSEMBLE.

MATÉRIEL

3 GRANDES BOÎTES EN CARTON (VOIR ÉTAPE 1)
DE LA PEINTURE ROUGE, JAUNE ET NOIR MAT
1 MORCEAU DE VELOURS NOIR
1 COUTEAU
DES AGRAFES OU DE LA COLLE FORTE
1 CARTOUCHE À BLANC OU 1 PISTOLET D'ALARME (FACULTATIF)

1 Essayez de vous procurer trois boîtes en carton comme celles qui servent à emballer certaines pièces d'équipement électroménager (machines à laver, cuisinières, réfrigérateurs). Elles existent en toutes tailles, mais il importe d'en trouver trois qui puissent se loger les unes dans les autres. Peut-être vous faudra-t-il les égaliser un peu pour obtenir ce résultat. Découpez le haut et le bas de ces boîtes pour en faire des sortes d'étuis à base carrée.

2 Avec un couteau, découpez un élément décoratif dans la boîte la plus grande. Après l'avoir peinte en rouge, vous vous en servirez comme boîte externe. Laissez celle du milieu sans ornement, mais peignez-la en jaune. Quant à la plus petite, la boîte interne, peignez-la en noir mat à l'intérieur et à l'extérieur. Peignez également en noir mat l'intérieur de la boîte rouge et de la boîte jaune. Avec des agrafes ou de la colle forte, fixez le velours noir sur la boîte noire en laissant un pan de tissu suffisamment long pour couvrir l'ouverture.

3 Préparez votre effet en logeant les boîtes les unes dans les autres. Demandez à votre assistant de s'accroupir au fond de la boîte interne et tirez le velours noir sur sa tête pour le cacher aux regards.

Boîte externe **Boîte médiane** **Boîte interne**

Les trois boîtes logées les unes dans les autres

❹ Pendant toute la durée du tour, le public doit croire que seules deux boîtes sont utilisées. La troisième est dissimulée selon le principe de l'art du noir. Pour créer cette illusion, soulevez la boîte rouge et montrez son extrémité supérieure au public pour qu'il voie que l'intérieur est noir.

❺ Replacez la boîte rouge sur la jaune et soulevez cette dernière. Grâce à la décoration ajourée de la boîte externe, on verra qu'elle en sort bel et bien. Après l'avoir extraite, montrez-en l'intérieur à la salle. À travers la décoration ajourée, on ne distingue que du noir, qu'on croit correspondre à l'intérieur de la boîte rouge. En haut, seul se voit le noir du velours. Les deux boîtes paraissent donc vides. En présentant la deuxième, faites légèrement diversion de sorte que tous les regards restent fixés sur vous plutôt que sur la boîte. Remettez-la en place.

❻ Votre assistant repousse lentement le velours tiré au-dessus de lui. Tirez un coup de feu ou produisez un bruit quelconque pour lui donner le signal. Il peut alors surgir des boîtes et se montrer au public. Si vous le souhaitez, achevez l'illusion en repliant les boîtes.

La boîte ajourée

Voici une variante de l'illusion précédente. Elle repose sur le même principe, exploité à moindre échelle. L'exécutant montre une boîte complètement vide, d'où il sort toute une série de mouchoirs et de serpentins.

MATÉRIEL

1 boîte cubique présentant une face ajourée
1 cylindre collé à l'intérieur de la boîte
1 cube ouvert en haut et en bas (suffisamment petit pour se glisser dans la boîte et suffisamment grand pour recouvrir le cylindre)
Des mouchoirs de soie, des rubans, des serpentins, etc.

❶ Avant le spectacle, placez dans le cylindre les rubans, les serpentins ou les objets à produire. Glissez le cube ouvert dans la boîte.

❷ Au début du tour, soulevez le cube ouvert et montrez qu'il est vide. À cet instant, le public peut voir l'intérieur de la boîte à travers les jours pratiqués sur le devant. Mais comme le cylindre et l'intérieur sont noirs, la boîte semble également vide.

3 Remettez le cube ouvert en place.

Trucs de métier

- Si vous utilisez cet accessoire pour faire apparaître de grands carrés de soie, ne vous contentez pas de les déposer les uns sur les autres dans le cylindre. Il est préférable de les emmêler les uns aux autres de sorte que le premier entraîne le deuxième, qui entraînera lui-même le troisième, etc.
- Les dimensions de l'accessoire varieront en fonction de l'usage que vous en ferez. Si vous voulez faire apparaître de petits objets tels que des rubans, la boîte (confectionnée avec du bois, du plastique, du métal ou du carton) doit mesurer environ 20 cm de large sur 15 cm de haut. Si vous voulez produire un animal ou une personne, prévoyez les dimensions adéquates. Peignez en noir mat l'intérieur de la boîte et du cube ouvert. L'extérieur du cylindre fixé dans la boîte doit également être noir.
- Vous pouvez fabriquer un serpentin multicolore en collant bout à bout plusieurs longueurs de papier crépon. Ce genre d'article s'achète aussi dans les magasins de magie ou de farces et attrapes. Lorsque vous le sortirez de la boîte, vous obtiendrez un effet véritablement magique.

4 Effectuez de mystérieuses passes au-dessus de la boîte et plongez-y le bras pour en sortir les rubans, les foulards, les mouchoirs, les serpentins, etc.

L'ILLUSION DES PARAVENTS

L'exécutant présente deux paravents, qu'il déplie pour former un cabinet. Il monte sur un tabouret et produit toutes sortes d'objets de derrière les paravents. Il descend, replie les paravents et fait apparaître une assistante. La méthode employée est fort simple : il suffit de minuter soigneusement chaque mouvement de sorte que la manipulation des paravents reste naturelle. Il faut donc impérativement que l'exécutant et son assistante répètent chaque étape du tour avant de le présenter en public.

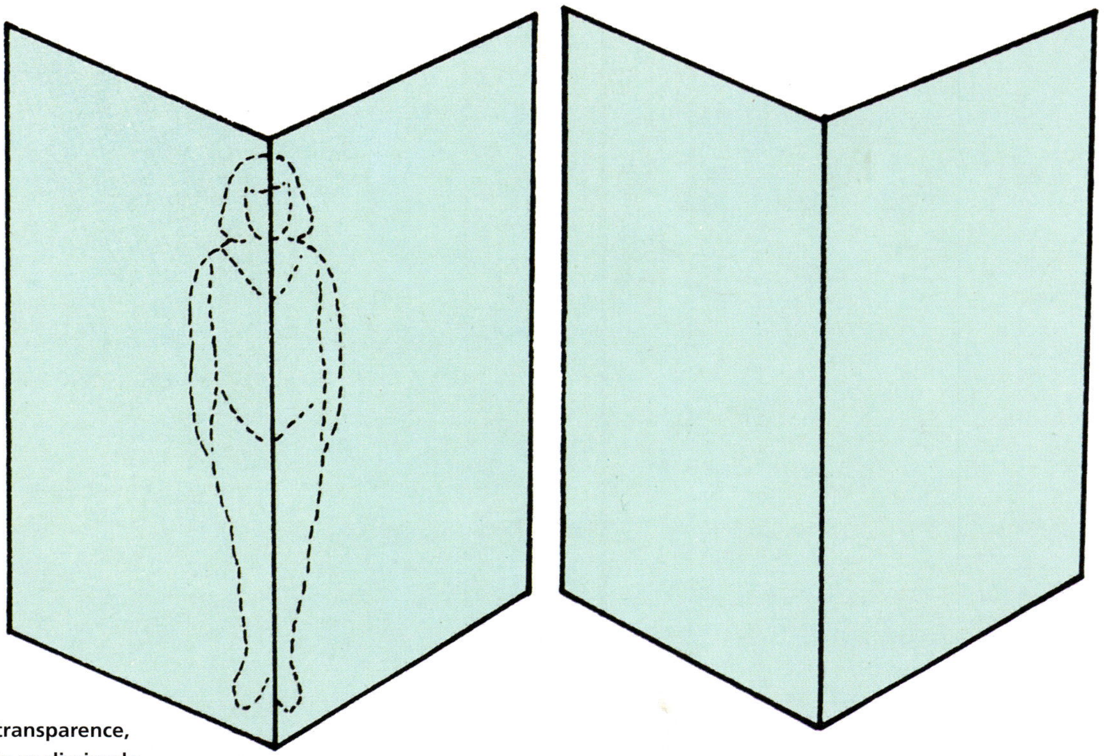

Vue par transparence, l'assistante se dissimule derrière un paravent

MATÉRIEL

2 paravents pliants
d'environ 1,80 m de haut
1 tabouret
1 grand sac en tissu
contenant les objets
à produire

❶ Au début du tour, les deux paravents sont dressés, ouverts de façon à former un angle identique et placés à 60-90 cm de distance. L'assistante se dissimule derrière le paravent A. Elle porte au cou un sac en tissu contenant les objets qui vont apparaître par la suite. Le tabouret est placé non loin de l'ensemble.

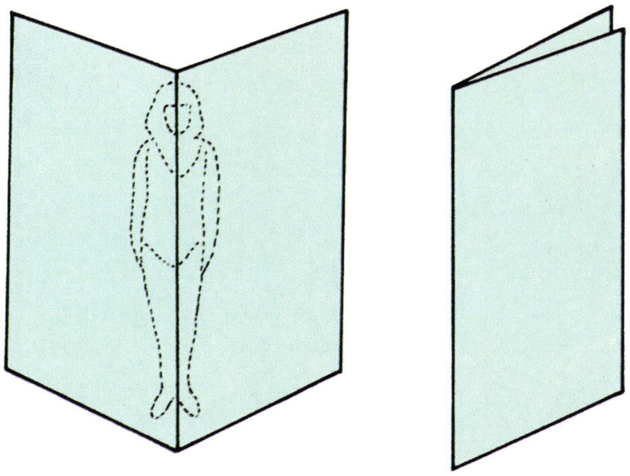

❷ Montrez le paravent B en le repliant et en tournant ses deux faces vers le public.

❸ Dépliez le paravent B de sorte que les deux panneaux soient alignés sur le même axe. Veillez à ce que le panneau gauche masque le panneau droit du paravent A. À cet instant, votre assistante doit se déplacer du paravent A au paravent B.

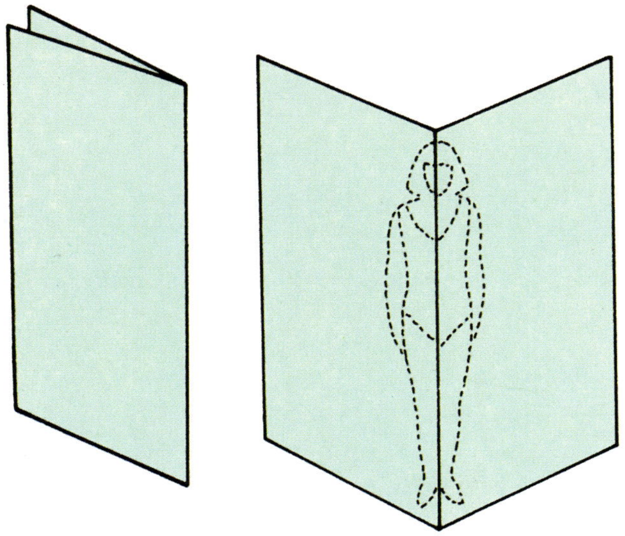

❹ Repliez légèrement les panneaux du paravent B pour qu'il tienne debout. Votre assistante se dissimule dans l'angle ainsi formé. Montrez le paravent A au public.

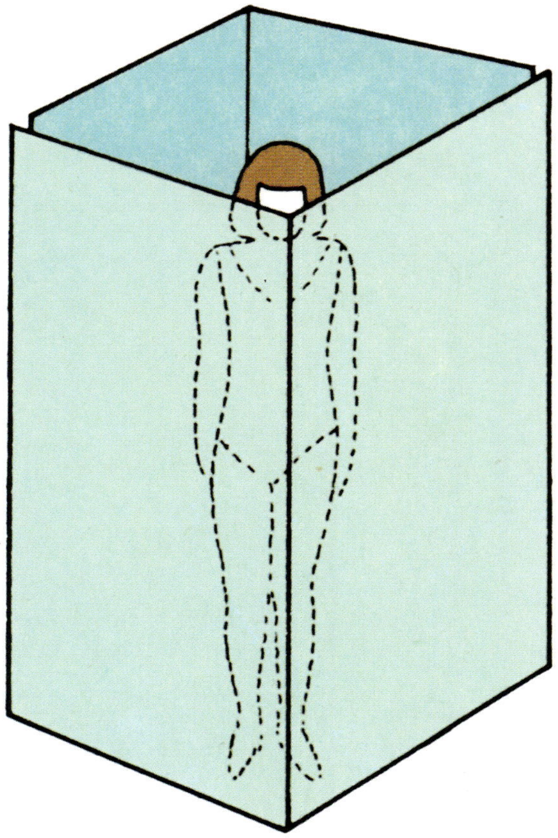

❺ Placez le paravent A derrière le paravent B de façon à former un cabinet. L'assistante est enfermée dans cette structure à quatre pans.

❻ Montez sur le tabouret et passez le bras derrière le paravent B. Avec l'aide de votre assistante, produisez les objets contenus dans le sac en tissu. Pour assurer au tour un rythme soutenu, l'assistante doit vous tendre les objets rapidement.

❼ Faites finalement apparaître le sac en tissu. Votre assistante est alors tout à fait présentable. D'un geste élégant, repliez le paravent B pour révéler sa présence.

GLOSSAIRE

Argent de scène : faux billets de banque employés, entre autres, lors de spectacles de magie.

Art du noir : principe selon lequel un objet noir placé devant un fond noir est invisible.

Carte clé : carte que le magicien peut reconnaître d'une façon ou d'une autre.

Carte de face : voir Carte du dessous.

Carte de PES : carte utilisée lors d'expériences de PES. Le jeu regroupe vingt-cinq cartes, dont cinq ornées d'un cercle, cinq d'une croix, cinq de parallèles brisées, cinq d'un carré et cinq d'une étoile. On s'en sert également dans certains tours de magie.

Carte du dessous : carte dont on voit la face lorsque le jeu est constitué ; également appelée carte de face.

Carte du dessus : carte placée face en bas au-dessus du jeu si celui-ci est présenté face en bas, ou face en haut au-dessus du jeu si celui-ci est présenté face en haut.

Carte retournée : carte replacée dans le jeu face en haut si le jeu est tenu face en bas ou face en bas si le jeu est tenu face en haut.

C et R : abréviation de « coupé et reconstitué », utilisée pour désigner les tours dans lesquels une corde, un fil, un ruban, etc., réapparaissent intacts après avoir été coupés.

Chargement : article(s) préparé(s) de façon à être placé(s) dans un réceptacle quelconque en vue d'une production ultérieure.

Choix de l'illusionniste : choix impossible pour le spectateur. Voir Forcer.

Ciment à corde : colle parfois employée pour sceller les deux extrémités d'une corde.

Couper : diviser un jeu de cartes en deux parties ou plus. La coupe est complète lorsque les différentes parties sont reposées l'une sur l'autre.

Diversion : action qui permet de détourner l'attention du public à un moment important du tour.

Donne par le bas : distribution de la carte située au-dessous, et non au-dessus du jeu.

Égaliser : ajuster les côtés d'un jeu de cartes en les alignant avec les doigts et le pouce, notamment après un mélange.

Effet : description d'un tour tel qu'il est vu du public.

Effeuiller : passer le pouce sur un côté des cartes comme pour feuilleter les pages d'un livre.

Emmancher : placer un objet dans une manche discrètement.

Empalmage postérieur : empalmage effectué au dos de la main.

Empaumer : dissimuler un objet dans une main sans obligatoirement replier les doigts dessus.

Épreuve du livre : en magie mentale, expérience dans laquelle l'exécutant devine ou prédit le passage choisi par un volontaire dans un livre ou une revue.

Évasion : art du magicien qui se libère de menottes, de cordes et d'autres liens.

Faux compte : façon de compter des pièces de monnaie, des cartes, etc., visant à faire apparaître plus d'objets qu'il n'en existe réellement.

Faux mélange : apparent mélange de cartes qui ne modifie en rien leur ordonnancement initial.

Forçage au couteau : forçage d'une carte effectué en demandant à un spectateur d'introduire la lame d'un couteau dans un jeu. Manipulation qui fait passer la carte forcée au-dessus ou au-dessous du jeu.

Forcer : restreindre le choix d'un spectateur à un seul objet tout en lui faisant croire qu'il peut choisir librement.

Jeter : poser les dernières cartes sur le jeu après un mélange.

Laisser tomber : rompre l'équilibre des cartes tenues en main pendant un mélange pour qu'elles s'ajoutent aux cartes déjà battues.

Leurre : accessoire préparé qui entre dans la réalisation d'une supercherie.

Magie mentale : branche de la magie à laquelle sont associées des formes de télépathie, de voyance et de divination qui font appel à des moyens exclusivement physiques.

Maintien par les côtés : façon de tenir une carte en plaçant le pouce et les doigts sur ses côtés longs.

Maintien par les extrémités : façon de tenir une carte en plaçant le pouce à une extrémité et les quatre doigts à l'autre.

Manipulation : action invisible permettant la réussite d'un tour.

Mélange américain : mélange de cartes réparties en deux tas égaux. De nombreux tours reposent sur cette méthode, qui nécessite une adresse considérable.

Mélange honnête : mélange de cartes dépourvu de supercherie. Voir Faux mélange.

Mélange simple : façon la plus fréquente de battre les cartes ; celles-ci sont retenues dans la main gauche et mêlées de la main droite (vice versa pour les gauchers).

Mouvement : manipulation nécessaire à la réalisation d'un tour.

PES : abréviation de « perception extra-sensorielle ». Ce terme s'applique à la télépathie, à la voyance et à divers phénomènes inexpliqués.

Pont : vide provoqué dans un jeu par la courbure des cartes.

Première carte : carte située sur le dessus d'un jeu tenu face en bas. Première carte à être donnée aussi bien face en haut que face en bas.

Préparation : agencement d'un accessoire avant le tour.

Produire : faire apparaître un ou plusieurs articles d'un réceptacle apparemment vide ou du néant.

Recourber : plier discrètement l'angle d'une carte.

Réserve : partie principale d'un jeu de cartes, par opposition aux cartes distribuées lors du jeu ou du tour de magie.

Réserve du dessous : ensemble des cartes situées au-dessous du jeu après que celui-ci a été coupé.

Sac à échanges : sac en tissu pourvu de deux compartiments (minimum) et servant à échanger un article contre un autre.

Substituer : échanger subrepticement un article contre un autre apparemment identique.

Transposer : mettre un objet à la place d'un autre.

Vide : espace créé sur le côté d'un jeu de cartes par l'insertion d'un ongle.

BIBLIOGRAPHIE

LIVRES

Les librairies et les bibliothèques proposent assez peu de livres consacrés à la magie. Plusieurs maisons d'édition se spécialisent pourtant dans la publication de ce type d'ouvrages. En règle générale, les titres mentionnés plus bas sont vendus dans les librairies générales, les magasins spécialisés et les antennes des grandes associations. Ils doivent impérativement entrer dans la composition de la bibliothèque de base de tout apprenti magicien.

ADAIR, Ian, *les Cent Meilleurs Tours de magie*, Éditions Solar, Paris, 1993.

ALPHA, *la Magie des cartes pour la scène*, Éditions Georges Proust, Paris, 1983.

BAKNER, Gérard, *Magie enfantine*, Éditions Georges Proust, Paris, 1986.

BERRY, Jay Scott, *Magie d'un monde nouveau*, Georges Proust-Académie de magie, Paris, s.d.

BOBO, J. B., *Traité de prestidigitation des pièces de monnaie*, Payot, Paris, 1956.

Collectif, *Cours Magica*, Éditions Mayette, Paris, s.d.

Collectif, *les Meilleurs Tours d'enfants de l'Académie de magie*, Georges Proust-Académie de magie, Paris, s.d.

DIF, Max, *Histoire et évolution technique de la prestidigitation*, trois volumes s.d. (à consulter uniquement en bibliothèque).

DIF, Max, *Histoire illustrée de la prestidigitation*, Éditeur Maloine, Paris, 1986.

HODGES, James, *Tout sur le faux pouce pour la scène, le cabaret, le close up*, Georges Proust-Académie de magie, Paris, 1984.

HODGES, James, *Quinze illusions avec l'universal de James Hodges*, Éditions Georges Proust, Paris, 1985.

HODGES, James, *Grandes Illusions de James Hodges*, Éditions Georges Proust, Paris, 1998.

HUGARD Jean et BRAUE Frédéric, *la Technique moderne aux cartes*, Payot, Paris, 1955.

KLINGSOR, Claude Isbecque, *Magie visuelle pour la scène et le salon*, Claude Isbecque-Klingsor Éditeur, Bruxelles, 1984.

KLINGSOR, Claude Isbecque, *Manuel rapide de prestidigitation*, Claude Isbecque-Klingsor Éditeur, Bruxelles, 1988.

MAJAX, Gérard, *Y a un truc*, Fernand Nathan, Paris, s. d.

MAJAX, Gérard, *le Merveilleux Magicien-Comment étonner ses amis*, Fernand Nathan, Paris, 1971.

MAJAX, Gérard, *les Cent Meilleurs Tours de cartes de Gérard Majax*, Fernand Nathan, Paris, 1979.

MONARQUE, Jean, *Je suis prestidigitateur*, Marabout-Flash, Verviers, s.d.

PAGE, Patrick, *le Grand Livre de l'illusionnisme et des tours de prestidigitation*, Éditions de Vecchi, Paris, 1984.

PAGE, Patrick, *120 tours de prestidigitation faciles et étonnants*, Éditions de Vecchi, Paris, 1997.

PROUST, Georges, *les Meilleurs Tours de foulards et de colombes de l'Académie de magie de Georges Proust*, Georges Proust-Académie de magie, Paris, 1986.

PROUST, Georges, *les Meilleurs Tours de pièces et de billets de l'Académie de magie de Georges Proust*, Georges Proust-Académie de magie, Paris, 1986.

PROUST, Georges, *les Meilleurs Tours psy*, Georges Proust-Académie de magie, Paris, 1986.

PROUST, Georges, *les Techniques de base de la prestidigitation*, Georges Proust-Académie de magie, Paris, s.d.

VOLPI, M., *45 tours de magie, Illusionnisme et tours de cartes*, De Vecchi Poche, Paris, 1993.

REVUES

La plupart des débutants ne savent pas qu'il existe des revues consacrées à la magie. Leur ignorance est due au fait que ces publications ne sont pas vendues dans les kiosques. En règle générale, les titres indiqués ci-dessous sont disponibles dans les magasins spécialisés, au siège des associations ou par abonnement.

Arcane
Revue de l'Amicale Robert-Houdin de Lyon
Abonnements :
Michel Balandras
Bagé-la-Ville
01 380 BAGÉ-LE-CHALET

Revue de la Prestidigitation
Publiée par l'AFAP (Association française des artistes prestidigitateurs),
9, rue de la Bienfaisance
75008 PARIS
Abonnements :
Dany Despelchin,
152, rue Édouard-Vaillant
App. 924
59 100 ROUBAIX

CLUBS ET SOCIÉTÉS

Comme n'importe quelle autre activité, la magie a suscité la création de nombreuses associations qui fonctionnent à l'échelon international ou national.

Fondé en 1905, le Magic Circle regroupe aujourd'hui quelque deux mille membres. Cette association internationale fortement hiérarchisée sélectionne les candidats en fonction de leur mérite.

Le siège de l'International Brotherhood of Magicians est établi aux États-Unis. La communication entre ses membres se fait par le biais de *The Budget*, la publication mensuelle qui leur est réservée.

En France, l'AFAP (Association française des artistes prestidigitateurs) possède trente-sept antennes réparties sur l'ensemble du territoire : Angers, Annemasse, Auxerre, Avignon, Blaye, Blois, Bordeaux, Bourges, Saint-Cast-le-Guildo (Bretagne), Chateauroux, Clermont-Ferrand, Dijon, Romans (Drôme-Ardèche), Fontainebleau, Grenoble, Le Puy, Lille, Limoges, Lorient, Lyon, Marseille, Montpellier, Nancy, Nice, Nîmes, Hérouville-St-Clair (Normandie), Paris, Perpignan, Poitiers, Reims, Rodez, Saint-Dizier, Saintes, Saint-Étienne, Strasbourg, Toulouse, Tours. Son siège social est établi :

9, rue de la Bienfaisance
75008 PARIS.

À l'échelon local, la majorité des clubs rassemble une vingtaine ou une trentaine de membres qui se consacrent à l'apprentissage et à la pratique de la magie. Le montant des cotisations est variable. Certains magiciens s'inscrivent dans plusieurs organisations afin d'élargir leur champ d'action et de bénéficier d'une vue plus large de la question.

♦ ♠ ♣ ♥

INDEX

A
accessoires 7, 12-13
À chacun sa croix 195
Allumettes brûlées, les 158
Anneaux chinois, les 125-127
argent (voir tours avec des pièces de monnaie et des billets de banque)
Art de combler les vides, l' 210
Art de passer le sel, l' 147
art du noir 214
As, les 108
assistants et complices 12, 13, 172
automates 9

B
Bague sur le crayon, la 170-171
Ballons déballés, les 190
Bière, Arnold de 130
Blackstone Fils, Harry 9
Boîte à cartes, la 116-117
Boîte ajourée, la 216-217
boîte « Okito » 156
Boîte ou le verre, la 179
Burton, Lance 9

C
calcul mental, importance du 6
Carte dans l'étui, la 97
Carte domino, la 164
Carte du milieu, la 161
Carte et le chapeau, la 77
Carte et le mouchoir, la 49
Carte qui voit rouge, la 63
Carte retournée, la 100-101
Carte vaniteuse, la 64-65
Cartes en lévitation, les 10, 81
cartes géantes 42
Cartes qui connaissent l'orthographe, les 59-61
Cartes rebelles, les 79
Cartes renvoyées dos à dos, les 193
Cartes sauteuses, les 78
Cartes volantes, les 25-27
C'est moi la meilleure 66-67
Changement de partenaire 68-69
Chung Ling Soo 9
Cigarette qui sort du poing, la 36
Cigarettes et la boîte d'allumettes, les 37
Cinq mystique, le 86
Cinquante-deux pensées, les 208
Circulez, 'y a rien à voir ! 98
classiques de la prestidigitation 112-143
Clé du mystère, la 165
Combien sont-elles ? 198
Commentaire, importance du 6, 11-12
Comment réciter un jeu de cartes 204-205
Comment s'évader d'un sac 212
Compte des cartes, le 199-201
Copperfield, David 9
Cordelette coupée et reconstituée, la 128-129
Cordelette et la bague, la 168-169
Corde raide, la 157
Cordes inégales, les 132-133
Coupe claire, la 63
Coupe complète, la 93
Coupe en croix, la 48
Coupez vous-même 44

D
Dame déchirée en deux, la 99
Dames et les rois au-dessus, les 107
Daniels, Paul 9
Dans le noir 58
Dans votre paume 44
Dé sans taches, le 162-163
Deux font la paire, les 209
Devant, David 9
diversion 12
Djédi de Meïdoum 8
Donne truquée, la 95
Donnez vous-même 45
Double vue, la 196-197
Downs, T. Nelson 9

E
Échanger une carte contre une autre 116
électromagnétisme 8
Élimination, l' 82
Empalmage, l' 20
Empalmage d'une boule, l' 31
Enfoncer une tige métallique dans un corps 213
Entraînement, importance de l' 10-11
En un clin d'œil 87
Enveloppe de grande valeur, une 188-189
Épreuve du livre, l' 202
évasion 9, 212
Éventail de cartes, faire apparaître un 23

F
Faire apparaître des boules 114-115
Faire apparaître des cartes 21-23
Faire apparaître des cigarettes 35-37
Faire apparaître des dés à coudre 28
Faire apparaître un lapin 118
Faire apparaître un mouchoir 148-149
Faire apparaître une pièce de monnaie 39-40
Faire disparaître des dés à coudre 29-30
Faire disparaître la moitié d'un jeu 24
Faire disparaître une boule 32-34
Faire disparaître une carte 116
Faire disparaître une cigarette allumée 150-151
Faire disparaître une pièce de monnaie 39
Faire disparaître un mouchoir 148-149, 181
Faux devin, le 172
fleurs 135
Forçage américain, le 43
Forçage au chapeau, le 47
Forçage au trombone, le 52
forçage des cartes 41-52

G
Gobelet magique, le 180-181
Gobelets et les boules, les 8, 119-124
  Chargement à l'envers, le 124
  Déplacement, le 121
  Galop, le 120
  Pénétration, la 123
  Production d'une boule, la 122

H
histoire, commentaire en forme d' 11-12
historique de la magie 8-9
Houdin, Robert 8-9
Houdini, Harry 9, 212

I
Illusion des paravents, l' 218-219
illusions 211-219
  Boîte ajourée, la 216-217
  Comment s'évader d'un sac 212
  Enfoncer une tige métallique dans un corps 213
  Illusion des deux boîtes, l' 214-215
  Illusion des paravents, l' 218-219
Impair et passe 83
Inusable boîte magique, l' 118

J
Jacques a dit 94
Jeu retourné, le 54
jongleurs 8

K
Kellar, Harry (le Doyen de la magie) 9

L
Lapin extrait du chapeau, le 142-143

M
magasins spécialisés 13
magie comique 10
magie mentale 10, 191-210
  À chacun sa croix 195
  Art de combler les vides, l' 210
  Cartes renvoyées dos à dos, les 193
  Cinquante-deux pensées, les 208
  Combien sont-elles ? 198
  Comment réciter un jeu de cartes 204-205
  Compte des cartes, le 199-201
  Deux font la paire, les 209
  Double vue, la 196-197
  Épreuve du livre, l' 202
  Mouton noir, le 210
  Mutus nomen cocis dedit 206-207
  Prédiction capitale, la 135, 138-139
  Quarante-neuf cartes, les 203
  Suite dans les idées, de la 192
  Stylos qui rendent fou, les 194
Maskeline, John Nevil 9
matériel 7, 12-13
  cartes 42
Méfiez-vous des cartes géantes 104-105
mélanges
  Mélange américain, le 17
  Mélange arrêté, le 45
  Mélange hindou, le 17
  Mélange simple, le 15
  Supercheries du mélange simple 16
Ménage à trois, le 85
Mouchoir brûlé et reconstitué, le 152-153
Mouchoirs désolidarisés, les 184-185
Mouchoirs du XXe siècle, les 113
Mouton noir, le 210
mouvement, importance du 6, 11
Multiplication des boules de billard, la 114-115
Mutus nomen cocis dedit 206-207

O
œuf changé en poulet 135

P
Pair ou impair 160
patiences, cartes pour 42, 167
Petite coupure, la 173
Pièce dans la pelote de laine, la 174-175
Pièce qui tombe pile, la 156
Pont, le 43
Pouce passe muraille, le 154
Prédiction capitale, la 138-139
Psycho 9
public, relation au 10-12
publicité 13

Q
Quarante-neuf cartes, les 203

R
Reflet, le 62
Retournement de situation 70
Retrouver rapidement une carte 62
Rêve de l'imprimeur, le 71
Roi du poker, le 91
Rois au-dessus, les 106
Rouge et le noir, le 72
Rouge évanescent, le 110-111

S

Sac à échanges, le (voir tours avec un sac à échanges)
Sac aux œufs, le 130-131
Sac débordant de soie, le 140-141
Saut, le 18-19
secret, importance du 7
Siegfried et Roy 9
Soleil et la lune, le 136-137
spectacle, organisation du 10-13
Stylos qui rendent fou, les 194
Suite dans les idées, de la 192
Supercherie, la 109
Sur le bout de la langue 50-51

T

Teinture diabolique, la 178
télépathie 9
Tenez-vous à carreau ! 83
tenue de scène 13
Tour de cartes du Lapin Blanc, le 55
tours « automatiques » 7
tours avec des allumettes
- Allumettes brûlées, les 158
- Combien sont-elles ? 198
- Gobelet magique, le 181
- Pair ou impair 160
- Pochette surprise, la 159

tours avec des boîtes
- boîte « Okito » 156
- Combien sont-elles ? 198
- Double vue, la 196-197
- étuis de cartes à jouer 116-117
- Inusable boîte magique, l' 118

tours avec des boules
- Disparition, la 115
- Empalmage d'une boule, l' 31
- Faire disparaître une boule 32-34
- Gobelets et les boules, les 8, 119-124
- Multiplication des boules de billard, la 114-115

tours avec des cartes 15, 41-42
- À chacun sa croix 195
- achat de cartes 42
- Arrivée dans un mouchoir, l' 88-89
- Art de combler les vides, l' 210
- As, les 108
- Boîte à cartes, la 116-117
- Carte contrôlée, la 56-57
- Carte dans l'étui, la 97
- Carte domino, la 164
- Carte du milieu, la 161
- Carte et le chapeau, la 77
- Carte et le mouchoir, la 49
- Carte photographique, la 46
- Carte qui voit rouge, la 63
- Carte retournée, la 100-101
- Carte vaniteuse, la 64-65
- Cartes en lévitation, les 10, 81
- cartes géantes 42
- Cartes qui connaissent l'orthographe, les 59-61
- Cartes rebelles, les 79
- Cartes renvoyées dos à dos, les 193
- Cartes sauteuses, les 78
- Cartes volantes, les 25-27
- C'est moi la meilleure 66-67
- Changement de partenaire 68-69
- Cinq mystique, le 86
- Cinquante-deux pensées, les 208
- Circulez, 'y a rien à voir ! 98
- Comment réciter un jeu de cartes 204-205
- Compte des cartes, le 199-201
- Coupe claire, la 63
- Coupe complète, la 93
- Coupe en croix, la 48
- Coupez vous-même 44
- Dame déchirée en deux, la 99
- Dames et les rois au-dessus, les 107
- Dans le noir 58
- Dans votre paume 44
- Deux font la paire, les 209
- Donne truquée, la 95
- Donnez vous-même 45
- Échanger une carte contre une autre 116
- Élimination, l' 82
- Empalmage, l' 20
- En un clin d'œil 87
- Épreuve du livre, l' 202
- Éventail de cartes, faire apparaître un 23
- Faire disparaître la moitié d'un jeu 24
- Faire disparaître une carte 116
- Faux devin, le 172
- Forçage américain, le 43
- Forçage au chapeau, le 47
- Forçage au trombone, le 52
- forçage des cartes 41-52
- Impair et passe 83
- Jacques a dit 94
- Jeu retourné, le 54
- Méfiez-vous des cartes géantes 104-105
- Mélange américain 17
- Mélange arrêté, le 45
- Mélange hindou, le 17
- Mélange simple, le 15
- Ménage à trois, le 85
- Mouton noir, le 210
- *Mutus nomen cocis dedit* 206-207
- patiences, cartes pour 42, 167
- Pont, le 43
- Production de cartes, la 21-23
- Quarante-neuf cartes, les 203
- Reflet, le 62
- Retournement de situation 70
- Retrouver rapidement une carte 62
- Rêve de l'imprimeur, le 71
- Roi du poker, le 91
- Rois au-dessus, les 106
- Rouge et le noir, le 72
- Rouge évanescent, le 110-111
- Sac à échanges, le 134
- Saut, le 18-19
- Suite dans les idées, de la 192
- Supercherie, la 109
- Supercheries du mélange simple 16
- Sur le bout de la langue 50-51
- Tenez-vous à carreau ! 83
- Tour de cartes du Lapin Blanc, le 55
- tours avec une boîte à cartes 116-117
- tours complexes 53-111
- tours de passe-passe 15-27
- Triple carte, la 76
- Trouvez le joker 80
- Trouvez votre carte 92
- Valet conformiste, le 102-103
- Valets fuyants, les 90
- Ventilateur magique, le 167
- Vilains Valets, les 12, 73-75
- Voleur insoupçonnable, le 96
- Votre carte est… 72

tours avec des cigarettes 35
- Cigarette qui sort du poing, la 36
- Cigarettes et la boîte d'allumettes, les 37
- Faire disparaître des cigarettes 38
- Faire disparaître une cigarette allumée 150-151
- Produire des cigarettes 35-37

tours avec des cordes
- Cordelette coupée et reconstituée, la 128-129
- Cordelette et la bague, la 168-169
- Corde raide, la 157
- Cordes inégales, les 132-133
- Sac à échanges, le 135

tours avec des dés à coudre 28
- Production de dés, la 28
- Faire disparaître des dés 29

tours avec des mouchoirs
- Arrivée dans un mouchoir, l' 88-89
- Bague sur le crayon, la 170-171
- Boîte ajourée, la 216-217
- Clé du mystère, la 165
- Disparition, la 115
- Faire apparaître un mouchoir 148-149
- Faire disparaître une cigarette allumée 150-151
- Faire disparaître un mouchoir 148-149
- Gobelet magique, le 180-181
- Mouchoir brûlé et reconstitué, le 152-153
- Mouchoirs désolidarisés, les 184-185
- Mouchoirs du XXe siècle, les 113
- Multiplication des boules de billard, la 114-115
- Pouce passe muraille, le 154
- Sac à échanges, le 135
- Sac débordant de soie, le 140-141
- Teinture diabolique, la 178
- Verre surgi de nulle part, le 182-183

tours avec des pièces de monnaie et des billets de banque 39
- Enveloppe de grande valeur, une 188-189
- Faire apparaître une pièce de monnaie 39-40
- Faire disparaître une pièce de monnaie 39
- Gobelet magique, le 180-181
- Petite coupure, la 173
- Pièce dans la pelote de laine, la 174-175
- Pièce pliée, la 176-177
- Sac à échanges, le 135

tours avec le faux pouce 144-154
- achat du faux pouce 145
- Art de passer le sel, l' 147
- Faire apparaître un mouchoir 148-149
- Faire disparaître une cigarette allumée 150-151
- Faire disparaître un mouchoir 148-149
- Mouchoir brûlé et reconstitué, le 152-153
- Pouce passe muraille, le 154
- Présenter des mains vides 146

tours avec une boîte à cartes 116-117
tours avec un sac
- Sac aux œufs, le 130-131

tours avec un sac à échanges 134-135
- Prédiction capitale, la 138-139
- Sac à échanges, le 134-135
- Sac aux œufs, le 130-131
- Sac débordant de soie, le 140-141
- Soleil et la Lune, le 136-137

tours de cartes complexes 52-111
tours de magie rapprochée 155-165
- Allumettes brûlées, les 158
- Carte du milieu, la 161
- Carte domino, la 164
- Clé du mystère, la 165
- Corde raide, la 157
- Dé sans tache, le 162-163
- Pair ou impair 160
- Pièce qui tombe pile, la 156
- Pochette surprise, la 159

tours de passe-passe 14-40
Triple carte, la 76
Trouvez le joker 80
Trouvez votre carte 92

U

Une déchirée, la 186-187

V

Valet conformiste, le 102-103
Valets fuyants, les 90
Ventilateur magique, le 167
verre « Okito » 178
Verre surgi de nulle part, le 182-183
Vilains Valets, les 12, 73-75
Voleur insoupçonnable, le 96
Votre carte est… 72